考古地理论集

王妙发 著

前　言

本书为作者历年发表的学术论文选集,内容涉及考古学、历史地理学、古地图学和古代中日交流史。目录按发表年月顺序排列。

作者的主要研究方向为考古地理学,该学科为跨考古学和地理学的新兴学科。本书主要为作者从国外引进该学科理论,付诸研究实践,并致力于中国考古地理学学科建设的成果汇集,有各课题、各案例的具体研究,也有研究理论和研究方法的探讨。从本书中大体可以看到考古地理学学科在中国逐渐建立、发展以及作者对这个学科探究的轨迹。其中包含一篇译文,是介绍(引进)日本学者小野忠熙探讨考古地理学理论的颇具经典意义的论文,两篇地图史相关的书评,一篇探讨早期中日交流史(徐福东渡问题)的论文,以及几篇探讨历史地理学课题的文章。原计划收入的文章要比现在多,坦率地说,是因为出版经费略拮据,于是删去了一部分课题相近又确实有扩展研究想法的,待积累了或会另外结集。

关于考古地理学的定义可能还有争论,但大体可以表述为以考古资料为研究基础解决地理学相关课题的学科。本书所收各篇文章中大量引用了基于调查发掘的田野考古资料以及许多相关学者的研究成果。大家知道,考古学是一门发展的、等待的,甚至"遗憾"的学科,不时的新发现也会不断修正甚至推翻此前的认识或结论。比方说,在本书《中国史前城址分布与规模之研究》一文中,按照当时的认识,良渚遗址西北部的"外城墙"所围城址规模达100万平方米,但是到2015年,终于得到确认当时认为的"外城墙"其实是大规模水利工程的一部分。这一重大考古发现修正了此前整个学术界的认识。发表于1989年的《关于中国早期都市》中,笔者根据当时的考古发现推测中国最早的都市"有可能早到龙山文化中期"。若干年后郑州西山城址的发现,证实了比笔者推测得更早,即仰韶文化晚期就可能已经出现了都市。今天我们根据最新的考古发现,已经有理由推测最早的都市有可能早到仰韶文化中期。类似的认识过程或者结论需要修正的例子在本书的其他篇目中还有,不再一一列出,可以认为这是学科发展过程中值得欣喜的正常现象,似乎也不必将原来的说法分别修改。另外,本书各篇成于不同时期,包括对有些课题不同角度、不同场合的再探讨,因而引用资料以及相关论述会有一些重复之处,为保留原篇的独立和完整,也就没有改动。

  学术研究犹如登山,或者似海边拾贝,交代在这里的,就像是登山途中的若干记录或者海边拾得的些许碎贝。这些记录有无失误,或者这些拾捡是否得当,就不再自陈了。或许有些关心者会过来翻检,则恳请不吝斧砍凿正,作者先致谢于此。

2021年4月

目 录

关于秦代象郡地望的讨论 …………………………………… 001

徐霞客《盘江考》辨析 ……………………………………… 015

黄河流域的史前聚落 ………………………………………… 022

关于中国早期都市 …………………………………………… 059

《山海经》所载之金属矿产地 ……………………………… 073

略论似城聚落 ………………………………………………… 079

关于"都市(城市)"概念的地理学定义考察 ……………… 087

徐福东渡日本研究中的史实、传说与假说 ………………… 102

考古地理学之意义(译文) ………………………………… 121

黄河流域史前聚落之再检讨——以河南省为例 …………… 138

青海省马家窑文化聚落规模考察 ·················· 156

海野一隆的《地图文化史》(书评) ················ 185

考古地理学研究之回顾与前瞻 ···················· 191

论长江流域早期都市 ···························· 206

理想的考古报告——不厌其详的"全信息报告" ······ 240

试论中国最早的一批都市 ························ 244

中国史前城址分布与规模之研究 ·················· 268

海野一隆遗作《地图文化史上的〈广舆图〉》(书评) ·· 287

论考古地理学 ·································· 296

长江中下游史前城址考察 ························ 316

中国史前城墙聚落研究的若干问题 ················ 336

齐家文化聚落规模试探 ·························· 361

都市与文明定义小议 ···························· 369

陶寺早期都市的认定以及相关的早期文明问题 ······ 377

关于秦代象郡地望的讨论

一

《史记·秦始皇本纪》中有一段关于秦王朝疆域的记载:"二十六年(前221)……分天下为三十六郡……地东至海暨朝鲜,西至临洮、羌中,南至北向户,北据河为塞,并阴山至辽东。"同书二十八年(前219)秦始皇东巡至琅邪立刻石称:"六合之内,皇帝之土。西涉流沙,南尽北户。"又:"三十三年,发诸尝逋亡人、赘婿、贾人略取陆梁地,为桂林、象郡、南海,以适遣戍。"

象郡是秦王朝最南的一个郡,而"南至北向户"和"南尽北户"则很容易理解成指象郡南界所及,尔后的史书中就有很多与此相关的记载和解释。《汉书·地理志》日南郡条下:"故秦象郡,武帝元鼎六年开,更名。"颜师古注:"言其在日之南,所谓开北户以向日者。"《史记·秦始皇本纪》裴骃集解引《吴都赋》:"开北户以向日。"又引刘逵曰:"日南之北户,犹日北之南户也。"《水经·温水注》引应劭《地理风俗记》:"日南,故秦象郡,汉武帝元鼎六年开。""建八尺表,日影度南八寸。自此影以南,在日之南,故以名郡。望北辰星落在天际,日在北,故开北户以向日。"同书又引《晋书地道记》:"(日南)郡去卢容浦口二百里,故秦象郡象林县治也。"

后代著作中还有许多与此相同的说法,但究其根源,都离不开上面几条。历代学者绝大多数对此都深信不疑,即使看到了不同的记载,也都持异议态度。例如《汉书·昭帝纪》中有"元凤五年秋,罢象郡,分属郁林、牂牁"一条,与同书地理志显然不合。后人或者视而不见,或者如清人齐召南所称:"此文可疑。秦置象郡,后属南越,即故秦象郡置日南郡。以地理志证之,此时无象郡名,且日南郡固始终未罢也。"①同是班固所著,齐不加细究,相信《地理志》而怀疑《昭帝纪》,对于后代人的注更是深信不疑。汉日南郡位于秦象郡故地,亦即"北向户"之所在这种认识已有将近两千年之久,似乎被看作确凿无疑的定论。

近代较早对此提出怀疑的是越南人武范启②和法国人马司帛洛(H. Maspero)。马司帛洛在 1916 年作了一篇题为《秦汉象郡考》的研究文章③,认为秦代象郡界及今广西、贵州、湖南等省,郡治临尘(今广西崇左),郡界没有到达后来的汉日南郡辖地,即当时的法属安南地。他所依据的史料主要有这样四条:

《山海经》卷十三:"沅水出象郡镡城西,入东注江,入下隽西,合洞庭中。"镡城汉属武陵郡,位于今湖南省西南隅,贵州、广西之间。④

又:"郁水出象郡,而西南注南海,入须陵东南。"此处郁水当指今右江上游。

《汉书·高帝纪》五年,臣瓒注:"《茂陵书》曰:'象郡治临尘,去长安万七千五百里。'"

《汉书·昭帝纪》:元凤五年(前 76)秋,"罢象郡,分属郁林、

---

① 见齐召南《汉书》所附考证。
② [越]武范启:《象郡的首邑》,载法国《远东博物学院集刊》第 16 期(La Commanderie de Siany),未见原文。
③ 见冯承钧译编:《西域南海史地考证译丛四编》,商务印书馆 1962 年版。
④ 谭其骧:《秦郡界址考》,《真理杂志》1944 年第 2 期。

胖㧑"。

　　这四条可以作象郡北界和郡治所在之一说(不是没有可疑之处的,如郡治临尘距长安的里程就很成问题)。但是这四条并不能证明汉代日南郡就一定不在秦象郡故地上。马司帛洛有鉴于此,引《史记·南越列传》等书所载南越王赵佗与瓯骆国之间的争斗关系,认为秦置象郡时瓯骆地尚未被秦略并("瓯骆国"位于汉日南郡地,此学术界无争),而是南越王赵佗于"高后崩"年(前180)"以兵威边,财物赂遗……役属焉"或"攻破安阳王(瓯骆国主)",后来又"令二使典主交趾、九真二郡"①,这时才有瓯骆国地成为赵佗南越国二郡的事。应该说,这一点是马司帛洛立论的基础。

　　马司帛洛之后,又有日本人佐伯义明作《象郡位置考》一文,基本意见及所据史料据说同马司帛洛。②

　　此后,法国人鄂卢梭(L. Aurouseau)作《秦代初平南越考》一文③,力非马司帛洛之说。鄂卢梭认为,《山海经》是书"奇异而迷离不明",不足为据。《四库全书》列此书入小说类,据其材料进行考订"是一种危险的事";《茂陵书》所说临尘则可能是"临邑"之误,因秦象郡有林邑县(在鄂氏所识之象郡地),汉称象林,而林邑在汉代常被写作"临邑"④;至于《汉书·昭帝纪》元凤五年那条,鄂卢梭引齐召南的话以及钱大昕、王国维等考据家之说,都认为这条不足信,"毫无根据"。这样,马司帛洛所据上面四条在鄂卢

---

① 见《水经注》卷三十七引《交州外域记》及《史记》卷一百十三索隐引《广州记》文。
② 此文未见。原文载《南丰杂志》,汉译文有索隐称载《史学杂志》1928年第39卷第10期,恐误。
③ 原文载《新亚细亚》1933年第6卷第1—2期,见冯承钧译编:《西域南海史地考证译丛九编》,中华书局1958年版。
④ 此意见越南陶维英亦赞同。见[越]陶维英:《越南古代史》,刘统文等译,科学出版社1959年版。

梭面前被全部推翻，一条也没有站住。但是马司帛洛之说还有很重要的一个地方，就是蜀王子泮避秦祸，率人击败"雄王"，在"文郎国"故地建"瓯骆国"（即越南旧史所称第一个朝代蜀），而后击退秦军，享国共50年，最终死于南越王赵佗之手这种分别见于中越史书的记载。对于这些史料，鄂卢梭用一种很独特的方法进行了处理。他的结论是：先有秦军南进，彻底平定陆梁地，并建立了郡县（象郡等），尔后才有蜀王子泮的瓯骆国的建立。他认为是在秦始皇死后，因天下大乱，蜀王子泮才得以乘机略取象郡地，建立了瓯骆国，而且认为安阳王（即蜀王子泮）享国仅三年，应将安南传说前257年至前208年间的蜀朝，改为前210年至前208年间的蜀朝①，因为其前208年灭于赵佗之手。至于《史记·南越列传》将赵佗对瓯骆国的"役属"（索隐谓"攻破"）置于"高后崩"年的叙述，则不过是一种"追述"。鄂卢梭对待史料的态度不能不说颇具特色。他认为据《山海经》考订"很危险"，《茂陵书》则记载有误，《汉书·昭帝纪》"毫无根据"，《史记》又可在年代上作驰骋推想，越南史籍当然更不可信了。史料和年代都只有经他加以改动之后，才使得"安南本土即秦代之象郡一问题已可确定而解决矣"。

1947年，劳榦（劳贞一）作《秦汉帝国的领域及其边界》一文②，1949年，劳榦又作《象郡牂柯和夜郎的关系》③。这两篇文章提出一个新看法，认为汉代也有象郡，而汉代象郡和秦代象郡在地域上没有关系，正是《山海经》《茂陵书》所指以及昭帝元凤五年所罢的象郡。劳榦考定汉象郡的设置及存在应在武帝元鼎六年（前111）设西南夷七郡之后，至元凤五年被罢的35年间。至于

---

① 冯承钧译编：《西域南海史地考证译丛九编》，第100页。
② 见《现代学报》1947年第4—5期。
③ 见《历史语言研究所集刊》第14本，1949年。

秦代象郡，劳榦认为即在汉代日南郡地，"是用不着讨论的"，并且认为马司帛洛和佐伯义明的说法"四条证据有三个来源，迹接于无理取闹"。这两篇文章又成一说，而且言之成理，元凤五年罢象郡一条好像只有这样说才比较能说通。但是这一说法所依据的其实仅此一条，其他几条都是可以作几说的，实在显得孤单，所以响应者寥寥。如果真有汉代象郡存在过，而且也有几十年之久的话，历代史籍不会毫无其他蛛丝马迹吧？

中华人民共和国成立以后，顾颉刚与章巽所编《中国历史地图集·古代史部分》、郭沫若主编《中国史稿地图集》和一些学校自编的教学用图，都把秦代象郡及"北向户"标绘在今天的越南中南部，也就是依照传统的说法。《中国历史地图集》则取郡治临尘说，将象郡南界绘在红河平原以北。这种处理方式在主编谭其骧先生1944年的《秦郡界址考》一文中已形成①，文中有"旧说（象）郡域限于今越南境及粤省西隅，未得其全"等语。

1959年，陶维英所著《越南古代史》中译本出版，书中有专章讨论瓯骆国与象郡问题。作者在征引了大量史料之后认为，安阳王蜀泮确有其人，而且可以肯定是蜀王室的后裔，在征服了雄王的文郎国后自称安阳王。公元前3世纪末（具体推定为前218年，即秦始皇二十九年），"安阳王在领导了雒越人和一部分西瓯人抵抗秦朝军队侵略百越的战争中取得胜利以后，就将追随自己战斗的雒越和西瓯各部落集合在一起而成立了瓯雒国"②。陶维英认为瓯骆国的灭亡应在前180年或前179年，当时高后已死，汉朝对南越罢兵，于是赵佗在行有余力的情况下，才将兵灭亡了瓯骆国。陶维英在此考订了瓯骆国存在的上下年限为前218年

---

① 谭其骧：《秦郡界址考》，《真理杂志》1944年第2期。
② [越]陶维英：《越南古代史》，第198页。

至前180年或前179年，共38或39年。这个结论同鄂卢梭的瓯骆国仅存有3年的结论是大不相同了，同越南史书记载的安阳王自称王至灭国共50年的说法也不大一样。在"称王"和"灭国"之间，陶维英认为还有一个"建国"的事件（"建国"以前，即灭文郎国称安阳王的上限年代，陶维英没有回答）。在考订了瓯骆国存在的年代及据有的地盘（陶维英考为相当于以后的交趾、九真二郡地）之后，秦代象郡的地望即被排除在这个地域之外了。①

《辞海》的象郡条目，1963年未定稿、1978年修订稿和1979年正式版三种版本解释略有不同。1963年版："西汉时治所在临尘（今广西崇左县境），辖境约当今广西西部和贵州南部一带。元凤五年废。"1978年版："治所在临尘……元凤五年废。"1979年版："一说治所在象林（今越南维川南茶桥），汉改名日南郡；一说治所在临尘……元凤五年废。"可知此问题之难以确定。只是《辞海》有一点是一贯的，即"元凤五年废。"但是《史记》记载武帝元鼎六年平定南越后所置九郡中没有象郡。这样就仍有一个问题，即元鼎六年至元凤五年之间的象郡地望何在？如果有，似乎只能是在武帝所置九郡以外的地域。②

1981年，覃圣敏发表《象郡位置考略》一文。③ 文章的主旨是为传统说法（汉日南郡即秦象郡地）作辩。此文对马司帛洛所据史料也作了逐条批驳，但方法差不多和鄂卢梭一样，也是认为"未必可靠"，"真实性值得怀疑"。至于赵佗与安阳王之间的关系，覃文认为击破安阳王应在"尉佗"时期，而不是在南越王时期，"更确切地说，应在象郡设置之前，秦军进军越南的时候"（这里是先有

---

① 见［越］陶维英《越南古代史》。
② 关于汉代象郡的问题，周振鹤已有考证。见周振鹤：《西汉政区地理》，人民出版社1987年版。
③ 见《印度支那研究》1981年第4期。

瓯骆国后有象郡,这点不同于鄂卢梭)。而《史记》中记载"高后崩"后,赵佗"赂遗闽越、西瓯骆,役属焉"只不过是赵佗"抚慰自己下属","与击破安阳王风马牛不相及"。这个说法比较新,但也只能作为一种推测("由此推之……"),并无较可靠的史实依据。

1982年有两篇专谈象郡南界问题的文章,一是洪建新的《秦代北向户考》①,另一是余天炽的《秦象郡南界的辨正》②。《秦代北向户考》一文试图由考"北向户"地望入手来确定秦象郡南界,即秦王朝南部疆域的位置,但此文许多地方只是鄂卢梭论证的重复,"北向户"之考也只是一种推理,而并无证据。这篇文章的措辞略有可商之处,例如指斥马司帛洛和佐伯义明为"别具用心"的"帝国主义分子",由此说来,鄂卢梭岂非成了"友好分子"?另外,"北向户—象郡—日南郡三者的称呼虽有时间上的差异,而它们所指的地域基本上是差不多的"一句话,未免错得太明显。因为即使按作者的观点来看,南越地三郡被汉武帝裂为日南等九郡,故秦象郡和日南郡所辖地域也不可能"差不多",而应该是 3∶9 的平均比例,"差得多"了。

《秦象郡南界的辨正》一文的主要内容也是赞同鄂卢梭的即传统的观点,而不同意马司帛洛的意见。此文引用的史料很多,都是证明秦象郡在安南地的。但是我们发现,这些史料年代多偏晚,如果究其源头,怕都要追溯到《汉志》或《史记》上去。

1982年出版的《古代中越关系史资料选编》③一书中有一种关于象郡地望问题的看来全新的解释。作者在先肯定了象郡地望包括日后的日南郡以后写道:

---

① 见《学术论坛》1982年第1期。
② 见《印支研究》1982年第3期。
③ 中国社会科学院历史研究所:《古代中越关系史资料选编》,中国社会科学出版社1982年版。

何以又出现《山海经》《茂陵书》《汉书·昭帝纪》关于象郡位置的不同记载呢?赵佗在汉初并未立即归服于汉。因此,汉高祖五年二月,"以长沙、豫章、象郡、桂林、南海(郡)立番君吴芮为长沙王"。(《汉书·高祖纪下》)这样就产生了长沙王吴芮与赵佗夺取南越三郡的纷争。吴芮始终未能控制南越三郡,《山海经》《汉书·昭帝纪》中所提到位于今广西、贵州、湖南三省间的"象郡",当系此时长沙王所置。

最后一句话仍属推测,作者自己也不很有把握。而且这种解释还是不能回答赵佗与瓯骆国打交道的问题,于是作者又用起了和鄂卢梭差不多的办法:

至于安阳王,前章已经说明,关于他建立瓯骆国,为王五十年的说法,只是一种不可靠的传说,所以不能用这种说法来否定秦象郡在今越南境内。

真是软弱得厉害。因为作者知道,除了"传说"之外,还有例如《史记》这样非传说的有关记载。

还有一些谈到象郡问题的著作或文章,就观点而言,不外乎上述几种,其中以汉日南郡位于秦象郡故地的说法为最多。

以上或许可以看作迄今为止有关秦象郡地望争论情况的一个大致的小结。

二

关于秦代象郡地望问题的讨论其实涉及了很多方面,其中以象郡南界所及为分歧最大。争论的双方可以鄂卢梭和马司帛洛这两个法国人为代表。我们如果从双方认识中和所据史料中较接近的地方入手进行分析，或许可以找到比较符合事实的结论来。

先谈认识上的。"北户"或"北向户"在什么地方？太史公笔下以及后代人所理解、所运用的这个词究竟是什么含义？是广义的地域概念，还是具体的地方名称？从自然地理角度看，这是指北回归线和赤道之间太阳直射点（线）南北移动过程中的一种自然现象。会出现"开北户以向日"现象的，其实是一个很广泛的区域。不能否认这种区域特有现象会成为这一区域的代名词，也不能否认这种代名词有可能会演化成这一地域内某一特定地区的专用名词。但这只是一种推理，具体证实却需要有证据。实际上，"开北户以向日"即北回归线以南的地理知识早在先秦时代就有了。《尔雅·释地》言："觚竹、北户、西王母、日下，谓之四荒。"成书于秦末的《尚书大传》中所谓"南方之极，自北户南至炎风之野"，说明到秦代已经有了较"北户"更南的地理知识。事实上，"北户"一词在古人的词汇中一直表示着一个较为广泛的地理区域。唐代人段公路撰有《北户录》一书，序中说："以事南游五岭间，尝采其民风土俗、饮食衣制、歌谣哀乐有异于中夏者录而志之……"可见到唐代，所谓"北户"仍大致以五岭为界。古人还没有精确的回归线概念，而南岭（五岭）一带又正是近北回归线，而且东西向平行的重要地理分界线，所以以南岭（五岭）为大致界线，而称它以南的地方为"北户之地"是很容易理解的。中土人士很早就是这样认识的，到唐代仍然如此认识，不能说唐代的地理知识还不如秦汉。如果拘泥于今天的地理知识，一定要到北回归线以南甚至以南很远去找"北向户"，并且一定把它看作确切的地名来加以考证的话，怕有南辕北辙之虞。何况《秦始皇本纪》中谓

"南至北向户"以及琅邪刻石称"南尽北户"的时候是秦始皇二十六年和二十八年,这时秦三十六郡还只限于南岭以北,以南"陆梁地"即使已经开始了略取进程(从鄂卢梭说,他认为前221年秦始皇统一六国后不久就已开始南取),离平定其地置南海、桂林、象三郡(秦始皇三十三年)也还有好几年。所以《史记》中的这两句话只能看作夸饰之语。就秦始皇而言,琅邪刻石时"南尽北户"还顶多只是一种愿望而已。

再来看一些与象郡南界有关的秦军南征、安阳王、瓯骆国、南越王赵佗以及相互间关系的史料。

《淮南子·人间训》:"(秦)乃使尉屠发卒五十万,为五军……以与越人战。……越人皆入丛薄中,与禽兽处,莫肯为秦虏……夜攻秦人,大破之;杀尉屠睢,伏尸流血数十万,乃发谪戍以备之。"

《史记》卷一百十三索隐:"《广州记》云:'后蜀王子将兵讨骆侯,自称为安阳王……后南越王尉佗攻破安阳王,令二使典主交趾、九真二郡人。'寻此骆即瓯骆也。"

《水经注》卷十四引《交州外域记》:"后蜀王子将兵三万来讨雒王,服诸雒将,蜀王子因称安阳王。后南越王尉佗,举众攻安阳王。"

《史记·南越列传》:"秦已破灭,佗即击并桂林、象郡,自立为南越武王……汉十一年,立佗为南越王……高后时……遣将军隆虑侯灶往击(佗)……岁余,高后崩,即罢兵。佗因此以兵威边,财物赂遗闽越、西瓯骆,役属焉。"

《岭南摭怪·金龟传》:"瓯骆国安阳王,巴蜀人也,姓蜀名泮……兴兵攻雄王,灭文郎国,改曰瓯骆国……

赵佗来侵,与王交战,王以神弩射之,佗军大溃……遂和……未几,佗托求婚,王不意,以女媚珠嫁佗子仲始。仲始诱媚珠,观神机弩,潜作别机,代金龟爪。而诈归看父母,因谓媚珠曰:'……如两国失和,南北隔别,我来寻汝,将用何物表识?'媚珠曰:'……妾有鹅毛锦褥,常附于身,到处即拔毛置岐路以示之。'……佗……大喜,发兵攻王……众奔溃,(王)置媚珠于马后,与王南奔,仲始认鹅毛追之,王到海滨,途穷……"

《大越史记全书》:"安阳王(讳泮,巴蜀人也,在位五十年。旧史谓姓蜀,实误)……甲辰,元年[周赧王五十八年(前257)]王既并文郎国……乃改国号曰瓯骆……丁亥,四十四年(秦始皇三十三年)……(秦)略取陆梁地,置桂林、南海、象郡……秦始皇崩于沙丘……秦南海尉任嚣,龙川令赵佗来侵……佗败走。遣使讲和,王喜……佗遣子仲始为质,因求婚,王以女媚珠妻之……癸巳,五十年[秦二世亥二年(前208)]行南海尉赵佗复来侵,南军溃,王走入海,蜀遂亡。"

以上所引史料相互略有出入,也有一些传说色彩较浓,如《金龟传》,但即便是传说,也绝非子虚乌有,何况年代记载又是比较精确的,而且还有其他非传说史料的印证。

现在我们来看这样几个问题。

历史上曾经有过的"瓯骆国"建在大致相当于今天越南北中部的地区,这个"国家"是由安阳王泮(或蜀泮)所建的。关于这两点,争论的双方没有大的分歧(将此全然否定毕竟没有什么根据)。有分歧的是这个瓯骆国建于什么时候,建国以前这块地盘由谁掌握,瓯骆国的灭亡是在什么时候,又是灭亡在谁手中的,以及秦朝建象郡时和瓯骆国之间有过什么关系。

按上述史料,瓯骆国建于周赧王五十八年,建在原由"雄王"控制的"文郎国"地盘上。灭亡年代有二说,一是秦二世二年灭于"行南海尉"赵佗手中,另一说是"高后崩"年(前180)被"南越王"赵佗"役属",秦军南进吃了败仗,并没有能够灭亡安阳王的瓯骆国(或者并没有到达瓯骆国地域,《淮南子》等书所记的也许只是发生在"陆梁地"的事)。也就是说,秦始皇三十三年置象郡并不以这个瓯骆国的灭亡为前提。后面这一点即便是强烈主张象郡南界地即为日后汉日南郡的鄂卢梭也认同。但是这样一来,鄂卢梭就进入了一个夹缝当中。因为他先已确认象郡南部即汉代日南郡地,也不反对瓯骆国正是建于这个地区的,又认为秦始皇三十三年置象郡时和瓯骆国没有关系,剩下的也就只能是在年代上做文章了。前面已经引过:"应将安南传说前257年至208年间的蜀朝,改为前210年至208年间的蜀朝。"年代被这么一改,瓯骆国就只剩了三年寿命。光改年代还不够自圆其说,还必须改动史实(或传说),于是鄂卢梭提出,秦始皇三十七年死后,趁天下大乱,安阳王才夺取秦象郡地盘,建立了瓯骆国。换句话说,是先有象郡,后有瓯骆国。

前面说过,秦代象郡地望的讨论涉及了很多方面的问题,目前还不能都得到一一解决。但是关于秦代象郡的南界所及,应该说已经可以得到澄清了。争论双方所据的史料有相互矛盾的地方,无疑这些史料不会都正确,于是就要看双方立论的综合基础是否牢靠了。马司帛洛的立论基础能否推翻?鄂卢梭对其的否定有没有充足的理由?事实上,并没有充分的证据证明安阳王是在秦象郡故地上建立的瓯骆国。尽管安阳王享国50年的记载可能有出入,但绝不会只有三年,而且恰恰是秦始皇死至秦二世二年这三年。瓯骆国的灭亡可能是在前208年(秦二世二年),也可能是在前 180 年("高后崩"年),但绝不会是在前 214 年(秦始皇三十三年),因为这以后的史书上仍有很明确的瓯骆国与赵佗之间多次打交道的记载。自前 214 年至前 208 年(秦始皇三十三年至秦二世二年),秦象郡可能有的寿命顶多是七年,会不会是这七年中象郡辖地逐渐扩展到了瓯骆国地域呢?只好说还是没有证据。

现在我们已经可以这样结束此文:"北向户"不过是一个广泛的地域名称,而不是专用地名;有秦一代的疆域无疑是到达"北户之地"了,但离"南尽北户"还相当遥远之时,就已经国将不国了;秦始皇三十三年置南海、桂林、象三郡时的地域并不包括瓯骆国的地盘。也就是说,汉日南郡并不在秦象郡故地上,秦代象郡的南界没有到达今天的越南中部地区。

(说明:此文是为了寻找汉日南郡位于秦象郡故地更有说服力的证据而写起来的,但随着材料阅读的增加,最终得出了现在这个结论。)

附录:20 世纪以来与象郡地望及年代有关的论著简目(注释已有省略)

钱穆:《秦三十六郡考》,《清华周刊》第 37 卷第 9—10 期,1932 年 5 月。
梁东园:《古交趾考》,《新亚细亚》第 7 卷第 1 期,1934 年 1 月。
丁绍桓:《我国历代疆域和政治区划的变迁》,《地学季刊》第 2 卷第 1—2 期,1936 年 6 月。
许道龄:《南洋地名考异》,《禹贡》第 6 卷第 8—9 期,1937 年 1 月。
钱穆:《秦三十六郡考·补》,《禹贡》第 7 卷第 6—7 期,1937 年 6 月。
史念海:《秦县考》,《禹贡》第 7 卷第 6—7 期,1937 年 6 月。
陈修和:《越南古史及其民族文化之研究》,国立云南大学西南文化研究室 1943 年版。

曾昭璇:《秦郡考》,《岭南学报》第 7 卷第 2 期,1947 年 7 月。
谭其骧:《秦郡新考》,《浙江学报》第 2 卷第 1 期,1948 年 3 月。
吕谷:《中国和越南的历史关系》,《历史教学》第 1 卷第 2 期,1951 年 2 月。
陈修和:《中越两国人民的传统友谊和文化交流》,《光明日报》1955 年 8 月 18 日。
[日]驹井义明:《象郡再论》,《东洋学报》1955 年第 38 卷第 3 期。
[日]镰田重雄:《象郡考》,《日本大学世田谷教养部纪要》1955 年第 4 期。
迦节:《越南历朝世系》,载《西域南海史地考证译丛七编》,中华书局 1957 年版。
章巽:《秦帝国的主要交通线》,《学术月刊》1957 年第 2 期。
[英]布赛尔:《东南亚的中国人》,《南洋资料译丛》1957 年第 4 期。
[越]陶维英:《越南历代疆域》,河内科学出版社 1964 年版。
莫乃群:《广西简史》(连载),《广西日报》1980 年 1 月 14 日。
孙文明:《越南民族的形成》,《东南亚研究资料》1981 年第 4 期。
周宗贤:《论秦瓯战争》,《学术论坛》1982 年第 4 期。
吕名中:《秦瓯战争的始年问题》,《学术论坛》1983 年第 5 期。
蒙文通:《越史丛考》,人民出版社 1983 年版。

(原刊发于《历史地理研究》第 1 辑,复旦大学出版社 1986 年版)

徐霞客《盘江考》辨析

《盘江考》一文,历来被认为是徐霞客旅行考察了桂、黔、滇三省后,为纠正《大明一统志》(以下简称《一统志》)谬误而作的一篇地学论文,而且是《徐霞客游记》(以下简称《游记》)中传世的仅有的两篇地学论文之一(另一篇为《江源考》,一名《溯江纪源》)。一般认为,徐霞客自崇祯十一年(1638)夏由黔入滇,历五个月考察旅行,其主要目的即是弄清南、北二盘江的来龙去脉。作者在《盘江考》中也认为已纠正了《一统志》中的错误,并已获得了有关南、北盘江来龙去脉的真实认识,即文中如下一段:

> 今以余所身历综校之:南盘自沾益州炎方驿南下,经交水、曲靖,南过桥头,由越州、陆凉、路南,南抵阿弥州境北,合曲江、泸江,始东转渐北,合弥勒巴甸江,是为额罗江;又东北经大柏坞、小柏坞,又北经广西府东八十里永安渡,又东北过师宗州东七十里黑如渡,又东北过罗平州东南巴旦寨,合江底水;经巴泽、巴吉,合黄草坝水;东南抵坝楼,合者坪水;始下旧安隆,出白隘,为右江。北盘自杨林海子,北出嵩明州果子园,东北经热水塘,合马龙州中和山水,抵寻甸城东,北去彝地为车洪江;下可渡桥,转东南经普安州北境,合三板桥诸水;南

下安南卫东铁桥,又东南合平州诸水,入泗城州东北境;又东注那地州、永顺司,经罗木渡,出迁江、来宾,为都泥江,东入武宣之柳江。是南盘出南宁,北盘出象州,相去不下千里。而南宁合江镇,乃南盘与交趾丽江合,非北盘与南盘合也。其两盘江相合处,直至浔州府黔、郁二江会流时始合,但此地南、北盘已各隐名为郁江、黔江矣。则谓南盘、北盘,即为南宁左、右江之误,宜订正者三。

上述引文中地名皆为明代无疑。为本文后面的分析清晰起见,有必要与今天南、北盘江的地理状况作一简略的对照。

今天的北盘江上游仍称可渡河,发源于云南省曲靖市宣威县北来宾镇附近(明云南布政使司沾益州乌撒后所北),入贵州省经六盘水地区(明贵州布政使司普安州、安南卫与贵州宣慰司间)东南流,在黔、桂交界处蔗香镇(明广西布政使司泗城州、安隆司交界处)与南盘江汇流,称红水河,红水河在广西境内东南流,下游称黔江,于桂平(明广西布政使司浔州府治)与郁江合,为浔江东流而为西江上游。江流自可渡河—南盘江—红水河—黔江的名称演变,今天与明代大体相同,只是黔江以上一段红水河,明代似有都泥江之别称。

今天的南盘江发源于云南省曲靖市沾益区北松韶关与炎方镇间,南流经曲靖、陆良、宜良等地(上述地名皆仍同明代),至开远(明阿迷州治)北小龙潭折而东流,至三江口纳黄泥河(明时称块泽江),出云南为黔、桂界河,至贵州蔗香与北盘江合,东为红水河,下同前述。

与《盘江考》上述引文结合起来看,我们知道,徐霞客的结论性论述中不少地方是很正确的,那是因为他经过了身历其境的实地考察。但以其单人只身,要想顺两条江流全程实地踏查一遍,即使在今天也并非易事,何况在他那个时代。因而,他的上述结论中也有一些较明显的错误:如认南盘为右江上游,这在明代读书人中是较普遍的错误,徐霞客也未脱此窠臼;又如杨林海子水其实是入牛栏下长江,徐霞客误信沾益人龚起潜之说,以为是下可渡河,为北盘江上游。这些丁文江先生在《徐霞客年谱》中已经谈到①,谭其骧先生也有评价和分析②,此处不赘。需补充的是,南、北盘江来龙去脉有明一代是属全误,清者几无,因而《中国历史地图集》也就迁就其错,或谓几乎认其为不错,在第七册广西图上将右江上游也称为"南盘江",加上红水河上游之南盘江,同一图幅上有两条南盘江。③

现在的问题是,《盘江考》不只是上述结论中有错,笔者发现,其所引《一统志》也有出入,又有与《游记》所记有矛盾之处,令人不解。兹举数例。

其一,《盘江考》开始说:"《一统志》谓南、北二盘,俱发源于沾益州东南二百里,北流者为北盘,南流者为南盘,皆指此黑山南小洞岭,一东出火烧铺,一西出明月所二流也。"查《一统志》,在云南布政使司曲靖府"山川"部分,对于盘江是这样记的:"在沾益州,有二源。北流曰北盘江,南流为南盘江,环绕诸部各流千余里至平伐横山寨合焉。州据二江之间。"并无发源于"沾益州东南二百里"一语,也没有确指盘江源出何处之语。只是在盘江之前记有两座山,一为伯蒙,一为堆涌(嘉靖归仁斋刻本作"推涌"),原文如次:"伯蒙山,在沾益州东南二百里,高出诸山之上。""堆涌山,在

---

① 丁文江:《徐霞客游记·徐霞客年谱》,商务印书馆1928年版。
② 谭其骧:《驳丁文江所谓徐霞客地理学上之重要发现》,见国立浙江大学文科研究所史地学部丛刊第四号《徐霞客先生逝世三百周年纪念刊》,1943年。
③ 《中国历史地图集》第七册,中华地图学社1975年版,第70—71页。

沾益州东南二百里,延袤二百余里,峰峦堆突,如涌出然。"关于此伯蒙与堆涌山,《一统志》中并无任何可理解为与盘江源流有关的记述,只有"东南二百里"几个字与徐霞客引《一统志》所谓的"东南二百里"相同。又查《一统志》与盘江径流有关府州的"山川"部分,没有再发现有与盘江有关的"东南二百里"的记载,也没有发现与徐霞客所述相近的记载。

由于笔者开始所查的《大明一统志》是手边较易看到的出版于1978年长泽规矩也和山根幸夫编注的和刻本,因此很自然地想到了版本方面的问题,即现在我们看到的《大明一统志》与徐霞客所看到的是否有较大的出入。《大明一统志》本成书于天顺五年(1461),但编著《四库全书总目》时所用的清内府藏本已经称"此本内多及嘉靖、隆庆时所建置,盖后人已有所继入,亦不尽出天顺之旧",可见版本方面有出入的可能性很大。除了上面提到的1978年和刻本外,笔者共查阅了《大明一统志》如下几种版本:

明天顺五年内府刻本(上海图书馆藏);

明嘉靖三十八年归仁斋刻本(上海图书馆藏);

明万寿堂刻本(年代不详,复旦大学图书馆藏);

清道光二十九年重修万寿堂刻本(上海图书馆藏)。

另有上海图书馆藏明刻本(年代不详)一种,因虫蛀至甚,而未得查阅。据悉,《大明一统志》除上述几种版本外,尚有万历十六年归仁斋刻本及弘治十八年慎独斋刻本两种,笔者亦未看到。

在已经看到的五种版本的《大明一统志》中,云南布政使司曲靖府"山川"部分关于盘江的记载一条,文字全部一样;伯蒙山一条,也完全一致;只有堆涌山一条,嘉靖归仁斋本作"推涌山",并无其他大的出入。想万历归仁斋本和弘治慎独斋本及年代不详明刻本,在这几条记载方面也不会有太大的不同。除和刻本外,笔者也查阅了已读到的另四种版本中广西、云南、贵州三省的"山川"部分,不只有关盘江的,其他方面也没有发现值得一提的记载上的较大出入。那么,现在的问题就是,《盘江考》一文开始"《一统志》谓南、北二盘,俱发源于沾益州东南二百里……"一段话的根据是什么?似乎不应出现这么明显的误解。此为令人难解之处之一。

其二,"至《一统志》最误处,又谓南、北二盘分流千里,会于合江镇。盖惟南宁府西左、右江合流处为合江镇……则谓南盘、北盘,即为南宁左、右江之误,宜订正者三"。这里的所谓"《一统志》最误"似可分析。《一统志》广西布政使司南宁府"山川"部分载:"大江,在府城西南,左、右二江合流于此。左江源出广源州,右江源出峨利州,至合江镇合为一。江流入横州,号为郁江。《舆地广记》云郁江即夜郎豚水也。宋陶弼《左江诗》云:昔年观地志,此水出牂牁。"此处所称"至合江镇合为一"的是"大江",这是俗名,即"号为郁江者"。《一统志》并未直说此即南、北二盘相合处,只是引《舆地广记》称"即夜郎豚水也",并且引陶弼诗称所观地志"此水出牂牁"。豚水出夜郎,即今北盘江,其实与南宁左、右江无涉,认其为右江上游,则左、右江南宁相合就成了南、北二盘相合。即使以一般明人的"常识"而言,这也错得太明显,《盘江考》对《一统志》的指责似乎是对的。稍可作辩的顶多是此乃《一统志》引《舆地广记》及陶弼诗之误说,非始作俑者。但《盘江考》也未脱明人"常识"之窠臼,即以南盘为右江之上游。问题在于,《一统志》在云南曲靖府明言南、北二盘俱发源于沾益州,"环绕诸部各流千余里至平伐横山寨合焉",这与南宁府所记明显自相矛盾,而《盘江考》一文却对此未作任何评说,令人不解。那么,是徐霞客思未及此吗?也不对。《徐霞客游记》中《粤西游日记三》丁丑(崇祯十年)九月二十四日所记自注(季会明本)引上述《一统志》曲靖府盘江一条,且有评论:"今考平伐属贵州龙里、新添二卫(今贵州省黔南布依族苗族自治州贵定县),横山寨在南宁。闻横山寨与平伐相去已千余里,二水何由得合?"①可见徐霞客注意到了这条记载且有评论。此见解应属重要,理应见诸《盘江考》中,却只字不提,殊属费解。

顺便提一下,《一统志》引宋陶弼《左江诗》云:"昔年观地志,此水出牂牁。"此又为古人之语实属扑朔迷离之一例。此处"左江诗"若改为"右江诗"的话,则与《舆地广记》所说尚能相合,否则"出牂牁"之水(豚水或北盘)成了左江,那么右江之源又是什么水呢?南盘之水更到哪里去找呢?如果不是印刷脱误的话,只好说《一统志》引书几乎不加任何辨析,诚如顾亭林所说,"实为古来舆地书中之舛谬最甚者"②了。

由此看来,笔者以为,就《一统志》作者而言,文中谈到盘江源流去向的其实仅有一处,即云南曲靖府"盘江,在沾益州……"那一条,此条与南宁府记左、右江会于合江镇一条,两者间并无有机联系。很可能《一统志》作者并不以(不知)"夜郎豚水"为北盘江(上游),不用说还有引陶弼《左江诗》的混乱。但在读者看来,南宁府左、右江相合一条较易看作写南、北盘相合,如前所说,《盘江考》对《一统志》的指责似乎是有道理的。但徐霞客自己的错误则在于以南盘为右江上游,指合江镇左、右江之合为"南盘与交趾丽江合"。同时,《一统志》又记南、北盘江会于平伐横山寨,也觉错得明显。横山寨位于南宁以西是较为人所知的,怎么会跑到贵州平伐去?只是这些见解,理应集中见于《盘江考》中,尤其评论曲靖府所记那一条,实属重要,却只见于(季会明本)《粤西游日记》,在《盘江考》中只字不提,实在不解何故。

---

① 〔明〕徐弘祖著,褚绍唐、吴应寿整理:《徐霞客游记》,上海古籍出版社1980年版,第453页。
② 《日知录》卷三十一。

综上所述，《盘江考》一文令人疑惑不解之处有：

第一，"《一统志》谓南、北二盘，俱发源于沾益州东南二百里……"一语因何所误？

第二，《一统志》并未直陈南宁合江镇为南、北盘相合处，而《盘江考》则指为其"最误处"，此种指责是否合理？又是怎么会作此理解的？

第三，丁丑九月二十四日徐霞客所记南、北盘江会于平伐横山寨的一段评论，是徐的重要见解，为何不见于《盘江考》中？

可能有的解释或许是：

第一，"《一统志》谓……"一段话可能是由于徐霞客误将伯蒙、堆涌二山里程看作盘江里程；

第二，现在所看到的《盘江考》尚有严重脱漏；

第三，丁丑九月二十四日一段（即上海古籍出版社1980年版第453页小字所标）并非徐霞客自记，而是他人捉笔代注，辗转流传中注者名脱失，或原来即未署名；抑或是丁丑九月二十四日为徐霞客自记，而《盘江考》一文为他人托名伪作。

应该说，这几种解释都不能令人满意，但暂时又不能探得更好的解答，故而作为疑论，抛砖于此。

《徐霞客游记》作为中国文化宝库中的一块瑰宝，它的永久魅力以及它在中国地理学史上的光辉都是不容置疑的。正因如此，我们今天有责任将各种原因造成的《徐霞客游记》中的扑朔不解之处尽可能地条陈辨析，恢复徐霞客及其游记的真实面目，以纪念这位伟大的地理学家，推动我国地理科学史的研究。

（原刊发于《地理科学》1987年第3期）

黄河流域的史前聚落

一、前言

　　我国历史地理学界对历史聚落地理进行的研究，较多的是以某一聚落（一般是一座城市）的发展和演变为内容的，以某一时代或某一地区为对象的较宏观的研究迄今还不多。前者可以史念海先生以整个石器时代为对象所进行的研究为代表[1]，后者可以陈桥驿先生对宁绍平原历史聚落所进行的研究为代表[2]。由于近几十年来田野考古学的发展和资料的积累，本文进行的较大地域范围且跨越较长年代的宏观及微观相结合的研究，也已经有了材料方面的可行性。当然，尽管看起来已经发表的田野考古报告、简报等数量相当可观，但所提供的当时人类居住形态方面的信息却并不很多，内涵比较单一。这一方面是由于较为完整地保存下来的古代（原始）聚落实际上极为稀少，另一方面古文化遗址的完整考古剥落也是极为少有和困难的。再加上一般考古工作者的注意力主要都集中在陶器之类较敏感的文化指示器物上，往往忽视了对整个遗址地理性特征的观察和描述，一定程度上更增

---

[1] 史念海：《河山集》，生活·读书·新知三联书店1963年版。
[2] 陈桥驿：《历史时期绍兴地区聚落的形成与发展》，《地理学报》1980年第1期。

加了进行这方面研究的难度。何况聚落地理现象的变化发展事实上又是比较缓慢的,所以虽然考古学上的"文化"或"类型"已经可以分辨得非常细致,但聚落形态方面的区别和演变却正如张光直先生所说,只有通过较长时间才能够辨别出来。[①] 无论在横向的空间地域,还是纵向的时间范围方面,都只能用比较宏观的尺度观察,才能有所收获。本文的研究就是在此基础上进行的。

　　本文以"史前"为论述范围。然而,整个旧石器时代(包括"中石器时代"),即使以全球为观察背景,迄今为止,所能得到的有关人类居住地理方面的信息也是很零碎、很不完整的。只有到了新石器时代,人类生产力的发展已有了决定性的突破,人类社会的发展更为迅速,以遗迹和遗物的形式留存给后人、可资研究的材料才开始极大地丰富起来。随着现代考古学的发展,这些材料的发现和积累越来越多。中国的黄河流域就是这种现象的典型地区。自从20世纪20年代瑞典人安特生在河南渑池仰韶村首先发现"仰韶文化"以来,半个多世纪中,中国考古学,尤其是史前考古学获得了蓬勃的发展。在黄河流域,特别是黄河中游,即传统的中原地区,新石器时代文化自公元前七千纪直至进入历史时期,几乎没有大的年代间断,各地区考古文化均已自成系列。其相当丰富的内涵中,包括了可资聚落地理研究的相当多的信息。因而在地域上,本文将主要以黄河流域,或者说黄河中下游为论述对象。

　　本文的研究内容包括:聚落分布、聚落类型、聚落规模、聚落人口以及聚落布局形态。

　　本文的研究材料主要取自田野考古资料。对于这些数量浩繁的田野考古资料的取舍,原则是尽可能选取文化堆积比较单纯

[①] 张光直:《中国青铜时代》,生活・读书・新知三联书店1983年版,第107页。

的，或者尽管有若干种文化叠压，但却可以较清晰地分辨出不同时期（或某一主要时期）的聚落现象来的遗址（聚落）作为统计和分析的对象，因而得到统计的聚落数量远没有达到已经发表了的全部遗址（聚落）数量。这是需要说明的。

由于中国考古学者们的努力，黄河流域考古文化的研究已经达到了相当的深度。其中，有些研究方法是与地理学方法相通的。例如按地区划分考古文化类型，其"文化类型"本身即是一种受自然地理区域一定程度制约的文化地理现象，这是近几十年发展起来的较新的研究理论和研究方法。作为考古研究成果，黄河流域新石器时代考古文化可分为如下几个区域（自上游至下游）：甘青地区、陕晋豫交界地区、豫西地区、豫北冀南地区、黄河下游地区。①

上述各区域都各有一个相对独立的、年代上由早到晚的文化类型系列。各区系间互有渗透，发展过程有一定的同步性，只是在个别地区，绝对年代上有迟滞性。与此相应，聚落地理现象也同样迟滞。例如甘青地区大约要迟五百年。

在聚落形态方面，经过较系统的研究，发现各区系聚落由早到晚的发展都有较清晰的阶段，有某种规律可循。但对于不同区域的横向比较却显示，各区域聚落形态在生产力水平相近的情况下，有许多相似乃至几乎完全相同的地方，各区域自身的特色不像陶器那样明显。因而，各区域间的横向比较研究事实上是难以获得成果的。所以本文的研究将以纵向的比较作为考察变化的

---

① 此五个区域分别所指地域范围为：（1）甘青地区，指青海湖以东、河西走廊以及以南的黄河上游、洮河流域、渭河上游等地区；（2）陕晋豫交界地区，指陕西关中地区及秦岭山麓、晋西南黄河沿岸、河南西部黄河沿岸地区；（3）豫西地区，指河南西部、中部的伏牛、熊耳、嵩山等中等高度的山地，伊、洛河流域；（4）豫北冀南地区，指（今）黄河以北的河南省北部、河北省南部的太行山东麓向平原过渡地区，漳、卫河流域；（5）黄河下游地区，指鲁西山地南北两侧的黄河下游摆动地区，包括苏北、皖北的一部分。

主要手段。同时,由于各区域间同步相似处极多,而且聚落的发展演化研究本身就需要经过较大地域以及较长时间的比较才能得到成果,所以本文的研究将不以上述区系为基础,而以整个黄河流域为考察对象。在时间上,本文按各文化区系间的同步关系,使用几个跨度较大的相对年代单位,即前仰韶期、仰韶期、龙山期。

还需补充的是,所谓"黄河流域",尤其是史前,应该包括整个黄淮海平原,这是黄河曾经长时期漫流、泛滥和淤积的地方。大约从龙山时期开始,黄河就相对稳定地在渤海湾西岸入海了,长时期地在今天的华北平原上漫流。因而,南部的平原由高处向低地延伸,逐渐出现了聚落,而只有华北平原"不论是新石器时代或是商周以至春秋时代,平原的中部都存在着一片极为宽阔的、空无聚落的地区"[1]。也就是说,今天的华北平原不存在可供本文研究的材料。

二、黄河流域史前聚落

(一) 前仰韶期

前仰韶期指黄河流域四种早期新石器时代文化:陕晋豫地区的老官台文化[2]、豫西地区的裴李岗文化[3]、豫北冀南地区的磁山文化[4]以及黄河下游的北辛文化[5]。这四种文化是1977年才

---

[1]《中国自然地理·历史自然地理》,科学出版社1982年版,第40页。
[2] 张忠培:《华县、渭南古代遗址调查与试掘》,《考古学报》1980年第3期;刘随盛、杨国忠、梁星彭:《一九七七年宝鸡北首岭遗址发掘简报》,《考古》1979年第2期。
[3] 开封地区文管会、新郑县文管会:《河南新郑裴李岗新石器时代遗址》,《考古》1978年第2期;李友谋:《裴李岗遗址一九七八年发掘简报》,《考古》1979年第3期。
[4] 邯郸市文物保管所、邯郸地区磁山考古队短训班:《河北磁山新石器遗址试掘》,《考古》1977年第6期。
[5] 吴汝祚、万树瀛:《山东滕县北辛遗址发掘报告》,《考古学报》1984年第2期。

被发现的(严格地说是开始被确认的),年代跨度自前八千纪晚期至前六千纪中期,约一千五百年。

前仰韶期聚落分布范围相对集中在这样几个区域:太行山东麓,伏牛山、熊耳山、嵩山山麓,秦岭两侧及北山山系前缘,泰沂山麓。燕山南麓河北三河县孟各庄一期磁山文化遗址是目前所知这一时期文化分布的北界。① 这一聚落分布现象并不是没有意义的。前仰韶期的若干种文化是迄今所知中国大陆上最早的新石器时代文化,其所体现的是较原始却已定居的采集和锄耕相结合的农业生产形态。此类文化的分布一定程度上是农业起源地区的标志。国外的研究认为,农业的起源以西亚地区为最早,但西亚最早的农业并不在两河流域下游的沼泽地,也不在原生草地,而是在扎格罗斯山南麓和地中海东岸新月形地带,近草地和沼泽地带的亚热带森林区,因为森林边缘地区的开垦较草地、沼泽地更容易。中国的研究者中也有人认为,黄河流域前仰韶期遗址分布地区与西亚有许多相似的地方,纬度和当时的气候条件也相仿。② 据竺可桢研究,仰韶时期(包含本文的前仰韶期)黄河流域的1月平均气温较今天高3℃～5℃③,差不多为亚热带气候。因此,反映农业起源情况的、较前仰韶期更早的新石器时代聚落遗址,应该可以在现在所知的前仰韶期文化分布地带寻找。④ 照此分析,我们就比较容易把握和理解这一时期聚落分布的地理性特点和规律了。据陕西华县境内的调查,前仰韶期老官台文化遗址的海拔都在350米～360米之间,分布在渭河支流的两岸高地上,"不在这些支流进入渭河的入口处,也不在它的下游,同时河

---

① 金家广、王其劢:《河北三河县孟各庄遗址》,《考古》1983年第5期。
② 严文明:《黄河流域新石器时代早期文化的新发现》,《考古》1979年第1期。
③ 竺可桢:《中国近五千年来气候变迁的初步研究》,《考古学报》1972年第1期。
④ 严文明:《黄河流域新石器时代早期文化的新发现》,《考古》1979年第1期。

源及上游地区也缺乏遗址，而几乎全在这些支流的中游地区"①。其他地区大致也是这种情况，即大河沿岸及山脉高处都较少有这一时期的遗址，多在中低山地的中小河流的中游沿岸。目前所知唯一的一个例外是临潼白家遗址，位于"紧靠渭河北岸的二级阶地上"，而且遗址受河水冲刷，所存已经不多了。②但是考虑到有记载的渭河在历史时期的大规模侵蚀及河床游荡③，应该认为这个现象早在史前就已经开始了，那么白家遗址当初也可能并不是紧靠渭河岸边的。

从发现的数量看，当时的聚落分布是非常稀疏的。以陕西华县为例，根据1958年的调查④，年代越早，聚落分布越稀。在华县境内，前仰韶期的老官台文化遗址有2处，相距15千米；仰韶时期的半坡文化遗址5处，庙底沟文化遗址8处；龙山时期文化遗址9处。其中老官台文化堆积最薄。这种稀疏的分布一方面是由于年代越早，被破坏无存的可能性越大，另一方面是前仰韶期文化被认识得比较晚，发现的数量以及公开发表的遗址也都较少，这同时也说明前仰韶期人口和聚落的分布实际上是非常稀疏的。

前仰韶期文化层最厚的为2米（河南新郑唐户），最薄的是0.2米（陕西商县紫荆）。共14处可作统计的遗址中，1米以上的有6处，占38.4%，其余均不足1米，占61.6%。由于生产技术落后、土地肥力递减、抗御自然能力极低等，当时聚落的迁徙应该是比较频繁的，这是绝大部分文化层不足1米、较此后几个时期普遍要薄的原因之一。但即使有很频繁的迁徙，留存下来的遗址

---

① 张忠培：《华县、渭南古代遗址调查与试掘》，《考古学报》1980年第3期。
② 张瑞苓、高强：《临潼白家和渭南白庙遗址的调查》，《考古》1983年第3期。
③ 史念海：《古代的关中》，载《河山集》，第26—66页。
④ 张忠培：《华县、渭南古代遗址调查与试掘》，《考古学报》1980年第3期。

仍然不多。在渭南北刘、西安半坡、临潼姜寨等地，老官台文化地层和仰韶期的半坡文化地层之间都隔有一层棕褐色的硬土层（渭南北刘此层土厚 0.34 米～0.6 米）①，土层内不含文化遗物，是一种自然形成的堆积。这说明这些聚落的居民在迁走以后就再也没有回到此地，而且在相当长的时间内也没有其他人来此活动，于是逐渐形成了一种自然堆积。也就是说，在前仰韶期，同一群人在同样的活动时间内所能留下的遗址数量要较此后迁徙不大频繁的时期为多，但实际上留下的遗址绝对数量却不多，这是前仰韶期人烟稀少、聚落极疏的又一证明。对于前仰韶期聚落的分布密度，哪怕是在一个小范围内（例如一个县），以目前的材料也无法进行计量学意义上的统计，但是通过对有些现象进行分析，或许可以得到一种大致的印象。例如前面提到的陕西华县的情况，有老官台文化遗址 2 处，半坡文化 5 处，庙底沟文化 8 处，龙山文化 9 处。当然，同一文化的遗址不一定就是同一绝对年代的。然而我们也要看到，由于后代的破坏等，即使在一个相对小的区域内（如一个县），某一种文化的遗址（曾经有过的聚落）事实上也不可能被全部发现。两者相抵，我们或可以将目前所看到的分布密度看作当时某一绝对年代的实际密度，而且此区域（各地均有证明）内各种文化的遗址数量随年代递增，事实上也是符合历史发展规律的。

经观察，前仰韶期的聚落类型有两种，即阶地聚落和岗丘聚落，分别占 22％及 78％。②

---

① 西安半坡博物馆、渭南县文管会、渭南地区文管会：《渭南北刘新石器时代早期遗址调查与试掘简报》，载《考古与文物》1982 年第 4 期。
② 本文原有附表三份，即《前仰韶期遗址简表》《仰韶期遗址简表》《龙山期遗址简表》，初刊时因辑刊篇幅限制未予收录。此处可参《前仰韶期遗址简表》，载《历史地理研究》第 2 辑，复旦大学出版社 1990 年版。

1. 阶地聚落 较为普遍,聚落坐落在河流沿岸高度不等的阶地上。

2. 岗丘聚落 指坐落在不同的岗地、高地、土丘上的聚落。这类岗丘情况不一,有的紧贴河流却并非阶地,如淇县花窝;有的夹在两河中间,如密县马良沟;有的今天看起来遗址周围并无河流或距河很远,也可能是田野工作报告忽略了,所以只能按报告提供的材料进行分析,如山东兖州小孟村和堌城村,为"地势稍高"及"高十余米的土台"[①]。

不管现在我们看到的聚落是否直接沿靠河湖之类的地表水,在使用当初,聚落附近一定有河、湖、溪流之类的地表水。原因很简单,当时的生产力水平及考古发现都说明,当时的人类还不能有效地利用地下水。

聚落规模的研究可以从两个方面入手:一是田野工作测算出来的面积,这是每份报告或简报都不会忘记交代的;二是文化层厚度,因为这反映了先民们在此居住时间的长短,一定程度上同聚落面积成正比。但是应用这两项数据需注意分辨是单一文化时期还是不同文化时期的叠压堆积。本文各期的统计尽量避免了那些重复叠压又难以分辨的遗址,以文化较单一者为统计对象。另外,即使是同一时期,遗址范围和实际聚落面积仍是两个不同的概念,前者总要比后者大一些,而且还要考虑到现知的遗址范围和实际规模的不同,因为前者多半是经过不同程度破坏的。实际上,上述分辨比较困难,而且一时还没有有效地进行这种分辨的方法,因而我们只能带着一般的理智来对待这些数据。同时,笔者又认为从这些材料中是可以得出一般的规律性的认识来的。

[①] 薛金度、胡秉华:《山东泗水、兖州考古调查简报》,《考古》1965 年第 1 期。

前仰韶期遗址面积最大的为 10 万平方米,是河南新郑唐户和陕西商县紫荆。这两个遗址都有不同文化时期的叠压,因而不能把"10 万平方米"的数字认真看作全部是前仰韶期的。尤其是商县紫荆遗址,属于这一时期的文化堆积仅 0.2 米厚。其次是河北武安磁山,8 万平方米,该遗址文化比较单纯,因而可以将此数字看作前仰韶期最大的。随后有 7.5 万平方米 1 处,6 万平方米 3 处,5 万平方米 3 处,1 万~2 万平方米(含河南方城大张庄 A 区 21 600 平方米)10 处,1 000 平方米以上不足 1 万平方米 4 处,不足 1000 平方米 2 处,都是经过严重破坏的,可以忽略。故可作有效统计的共 24 处。这中间不足 1 万平方米的小聚落不多,有 4 处,占 16.7%;超过 6 万平方米的一共也有 4 处,占 16.7%;1 万~6 万平方米的共 16 处,占 66.6%,为绝大多数,其中又以 1 万~2 万平方米的为最多,共 10 处,占 41.7%,在 1 万~6 万平方米中占 62.5%。因此,我们认为前仰韶期聚落的规模多在 1 万~6 万平方米,其中尤以 1 万~2 万平方米的为最多,可以视作此时期聚落规模的常态。

前仰韶时期的人口,无论是数字总和还是地理分布状况,应该说目前都是无法计算的。尽管有报道称,前仰韶期遗址迄今发现的已有上百处[1],但实际发表的却很有限,即使全部发表了,也不足以进行此项内容的计算。下面所要做的,是试图估算一下不同面积的聚落所可能容纳的人口,作为条件成熟时计算某一文化时期人口的参考。

围绕石器时代人口的统计,可以肯定迄今尚无宏观性的研究工作。但微观的研究已有,可以巩启明、严文明《从姜寨早期村落

---

[1] 中国社会科学院考古研究所:《中国考古学的黄金时代》,《考古》1984 年第 10 期。

布局探讨其居民的社会组织结构》①一文为代表。其方法是从分析社会形态、统计住宅入手，估测不同规模的住房可居住的人口数，从而推算整个聚落的人口数字。而且它给了我们一种启发，尽管并不是所有的遗址都能够像姜寨这样得到完整的剥落，但因为同一时期，尤其是同一种文化的聚落在布局上是有许多共同规律的，所以可以聚落面积，尤其是居住区面积作为这种计算的基础。

姜寨的居住区面积约为18 000平方米，共有各类房屋约110座（包括西北部明显被破坏了的一部分），平均每座房屋住4人～5人，估算人口为450人～600人，则平均每人占土地30平方米～40平方米。反过来，平均每平方米土地有0.025人～0.034人。该居住区为姜寨遗址一期文化，即仰韶时期半坡文化，一般说来，上述计算方法适用于同一文化的其他遗址。不仅如此，据笔者对仰韶期其他文化以及新石器时代其他各时期遗址的观察，认为这个方法具有较普遍的适用性，尤其是那些居住区范围明确的遗址。姜寨一期的居住区中部为一面积约占1/4的广场，而其他各期也都有形式不一的公共活动场所或公共建筑物，现代民族志材料也可提供这方面的例证。其所占面积"1/4"也大致是一个比较接近于实际的比例。但是并不是所有的遗址都有明确的居住范围，对于许多遗址，我们只知道总面积（聚落范围），虽然也可以适用上述方法，但此时的误差就比较大，对此必须要有清醒的理智，调整计算方法。仍以姜寨为例，整个聚落面积约为55 000平方米②，按居民450人～600人计算，则平均每人占地90平方

---

① 见《考古与文物》1981年第1期。
② 西安半坡博物馆、临潼县文化馆：《1972年春临潼姜寨遗址发掘简报》，《考古》1973年第3期。

米~120平方米,平均每平方米0.008人~0.01人。当然,该方法要较居住区范围明确的误差为大。不过在大多数情况下,我们只能用此种方法,由此得出的数字只是一种大致的估算,这是需要申明的。而且,这个数字提供的只是一个范围,如估算姜寨半坡文化聚落人口为450人~600人,有25%的波动范围。该种统计方法是相对合理的。因为人口、住宅及占地面积三者间的关系,在楼房及现代意义的"住房紧张"概念出现之前,总是保持着一种较协调的正比例关系,因而该种方法是适用于任何自然经济形态的人群聚落的。前仰韶期遗址中面积最大的为新郑唐户,10万平方米,若全部看作前仰韶期,则该聚落可能有800人~1000人,就当时的生产力水平而言,大致已是一个聚落所能容纳人口数量的极限了。其他不同面积的聚落也可以用同样的方法进行估算。按1万~6万平方米是前仰韶期聚落规模的多数,则人口数在80人~600人的范围,其中数量最多的1万~2万平方米规模的聚落可能有的人口在80人~200人。

关于前仰韶期聚落的整体布局,目前还没有较完整的资料,但已发表的资料也提供了一些聚落布局形态的现象。例如新郑裴李岗,2万平方米的遗址范围可明显地分为东、西两区,东部为居住区,西部为墓葬区。我们虽不能完整了解居住区的布局,但墓葬排列规整,死者头向全部朝南。在巩县铁生沟,发掘报告称遗址以东100米外即为墓地;在密县莪沟北岗,房屋位于遗址的中部,方向全部朝南。从上面这些零碎的材料看,前仰韶期聚落的布局都已经遵循着一定的规律,如居住区和墓地分开(对旧石器时代晚期的山顶洞人来说,同一洞穴内既是生活场所,又是埋葬死者之地),但两者又相隔不大远;房屋和墓葬都有某种固定的方向。这种方位感无疑是当时人们一种观念的反映,但这种观念的形成却或隐或显地体现了地理环境等自然条件的制约。

前面说过,前仰韶期的聚落都坐落在地表水沿岸,主要是中小河流沿岸。这一点无疑也对聚落的平面形态起着制约作用。在绝大多数情况下,聚落是沿河流流向呈狭长形分布的,根据整个新石器时代遗址面积的统计数字,可以看到这一总体现象,较少有例外。前仰韶期遗址绝对数量不多,平面形态也大致都是这种沿河的狭长形(长方形)及其某些特殊情况下的变态,具体有这样几种(见图):

1. 狭长形 又可分为正方向及偏方向的,如裴李岗。

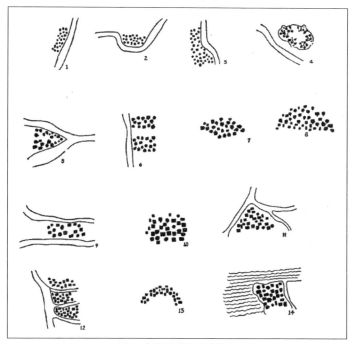

图 史前聚落平面形态

1—3 前仰韶期:1. 临水狭长形 2. 三面临水形 3. 刀把形

4—8 仰韶期:4.(临水)环形广场村 5. 临水三角形 6. 同岸相望形 7. 枣核形 8. 半圆形

9—14 龙山期:9. 两侧临水形 10. 非临水块形 11. 三角形 12. 多水道穿插形 13. 半弧形 14. 三面临水形

2. 三面临水形　如滕县北辛。

3. 刀把形　如淇县花窝。

应该指出，这种分类基本上只是纯形式的。绝大部分聚落属第一种。

（二）仰韶期

仰韶期包括下列各考古文化：

陕晋豫地区的半坡①、庙底沟②、半坡四期（也叫半坡晚期）③、泉护二期④文化系列。半坡文化和庙底沟文化分布地域较广大，超出了陕晋豫地区，沿渭河上游一直分布到达甘青地区，向下游一直到达豫西山地。

甘青地区的马家窑、半山、马厂文化系列⑤，石岭下文化类型⑥。

豫西地区的秦王寨文化（或称为大河村二至四期）⑦。

漳、卫河地区（豫北冀南）的后岗一期⑧、大司空文化⑨。

---

① 见西安半坡博物馆编：《西安半坡》，文物出版社1963年版。
② 见中国科学院考古研究所编：《庙底沟与三里桥》，科学出版社1959年版。
③ 见《西安半坡》。
④ 张忠培：《华县、渭南古代遗址调查与试掘》，《考古学报》1980年第3期；另见《苏秉琦考古学论述选集》中《关于仰韶文化的若干问题》一文（文物出版社1984年版）。
⑤ 夏鼐：《临洮寺洼山发掘记》，《中国考古学报》1949年第4期；《谈马家窑、半山、马厂类型的分期和相互关系》，载《中国考古学会第一次年会论文集》，文物出版社1980年版；另见中国科学院考古研究所编：《新中国的考古收获》，文物出版社1961年版。
⑥ 中国社会科学院考古研究所编：《新中国的考古发现和研究》，文物出版社1984年版，第106页。
⑦ 郑州市博物馆：《郑州大河村遗址发掘报告》，《考古学报》1979年第3期。
⑧ 中国科学院考古研究所安阳发掘队：《1971年安阳后岗发掘简报》，《考古》1972年第3期；唐云明：《试谈豫北、冀南仰韶文化的类型与分期》，《考古》1977年第4期。
⑨ 中国科学院考古研究所安阳发掘队：《1971年安阳后岗发掘简报》，《考古》1972年第3期；唐云明：《试谈豫北、冀南仰韶文化的类型与分期》，《考古》1977年第4期。

黄河下游地区的大汶口文化[①]。

年代跨度约自前五千纪初至前三千纪初，约两千年。个别地区迟滞至前三千纪晚期才被新文化系列所取代，如甘青地区约晚五百余年才结束。另外，仰韶期和前仰韶期之间，就绝对年代而言，在前六千纪末至前五千纪初，整个黄河流域有三四百年的文化缺断。究其原因，至今不能得到圆满的解释。

仰韶期大致可以被称为"彩陶时期"，可以认为是中国新石器时代的高度繁荣期。这一时期聚落分布范围较前仰韶期远为广大，人类定居已到达了黄河流域的绝大多数地方。山麓、平原、沿海都有仰韶期定居聚落。只有华北平原的北、中部，即黄河大冲积扇的一部分仍然空无人烟。仅黄河中游地区，见于报道的该时期遗址已逾千处。[②] 在关中的沪、灞河流域，有些地段，如蓝田县至灞桥镇一段的灞河两岸、西安东部李家堡至尖角村的沪河两岸，仰韶期文化遗址的密度接近于今天的村落密度。[③] 当然，这只是少部分地段。仍用前面用过的被发现和被破坏相抵的"办法"，可将现在发现的遗址密度大致看作当时的实际聚落分布密度。这个密度，不用说，较前仰韶期是大得多了。仍以华县为例，前仰韶期遗址仅 2 处，仰韶期遗址则有 13 处（半坡文化 5 处，庙底沟文化 8 处），后者是前者的 6.5 倍，而这两个时期的年代跨度是差不多的。

仰韶期的聚落较多坐落在地表水的沿岸，这一点同前仰韶期是一致的。但因为仰韶期聚落分布范围广大，所处的地理环境不

[①] 高广仁：《试论大汶口文化的分期》，《考古学报》1978 年第 4 期。
[②] 中国社会科学院考古研究所编：《新中国的考古发现和研究》，第 41 页。
[③] 西安半坡博物馆编：《西安半坡》，第 3—4 页；张彦煌：《沪、灞两河沿岸的古文化遗址》，《考古》1961 年第 11 期。

一,不像前仰韶期聚落只是在山麓地带,因而可分的类型较多。①

1. 阶地聚落 特点同前仰韶期一样,只是大河沿岸也有不少,如黄河岸边的山西芮城东庄村和西王村。② 阶地聚落的数量是这个时期最多的,约占可统计数的 92.3%。在山岭较高处仍无聚落遗址,在平原(盆地)上的分布已相当普遍。需要说明的是,平原上的阶地聚落中有相当数量同下面要谈的岗丘聚落是一体的。人类在由中等高度山地向低海拔地区移居扩展的时候,一方面总是沿着河流前进,另一方面在刚到达低湿地区时,又总是选择相对较高的岗丘或台地居住。这两者并不矛盾。只是在统计上,凡明显依附于河流的聚落均被纳入阶地聚落类型,后面的岗丘类型就显得数量较少。

2. 岗丘聚落 岗丘聚落所占比例约为 5.2%。此期的岗丘聚落同前仰韶期的岗丘聚落略有不同。前面谈到,前仰韶期包括岗丘聚落在内的所有聚落都分布在中等高度的山麓地带,并且只集中在几个区域。仰韶期的岗丘聚落除了同前仰韶期相同的一些以外,较多地分布于河南中部、河北西部以及江苏、安徽北部的一些地方,实际是华北平原的南部及西部,即黄河大冲积扇上海拔相对较高的地方。到仰韶期时,黄河大冲积扇上的沉积可能已较前抬高了不少,而人类同自然界作斗争的手段也有所发展,于是聚落的分布就渐渐由山麓走向平原,而首先到达的就是那些即使在洪水期也不至于被淹没的岗丘状高地。以太行山东麓为例,大致可以看到,从前仰韶期(磁山文化)到仰韶期(后岗一期、大司空文化)再到龙山期(后岗二期),聚落(遗址)的分布位置是由西向东、由山地向平原、由高海拔向低海拔发展的。但这种发展以

---

① 参《仰韶期遗址简表》,载《历史地理研究》第 2 辑。
② 《山西芮城东庄村和西王村遗址的发掘》,《考古学报》1973 年第 1 期。

人类的能力与自然界的威力之间的平衡为界限。我们可以看到，在华北平原的北中部，大致今天京广铁路以东、徒骇河以北的大片土地上，整个新石器时代乃至历史时期早期，都没有聚落或城邑的分布。其原因如前所述，是此时期黄河在华北平原上长时期泛滥迁徙，而没有固定的河道。

3. 沙地聚落 所占比例仅 2%。此时期的沙地聚落并不在纯沙漠地带，而是在农业地区边缘的半沙漠地区。发掘报告称，伊盟瓦窑村地层为"黄沙组成，高低不平"①，可知当初已为沙地。其文化面貌同草原沙漠地带的所谓"细石器文化"大相径庭，重要的标志物陶器等都是同以农业为主的附近聚落所出相近的。但这类遗址"细石器"较多，这又是同游牧民族相近的地方。半沙漠地区的沙地聚落还有如托克托县海生不浪、章盖营子，山西偏关沙树梁②等遗址。这类遗址所反映的是一种农业和游牧参半的生产、生活状态。

4. 沿海聚落 所谓沿海聚落，只是地理位置的分类，而不是功能的分类。沿海聚落数量不多，其中有一小部分是贝丘遗址，数量很少，见于公开报道的更少。可能在当时，即使地处海边，以捕捞海产为主要生存手段的聚落也是很少的。较多的仍是同离海较远的人群相同，以定居农业为主要生存手段，辅以采集、狩猎和捕捞。

经过对正式发表过面积资料及文化面貌较为单纯、或虽有数种文化叠压却以仰韶期文化为最大量、最主要的 344 个遗址的统计③，仰韶期的聚落规模有如下一些特点：100 万平方米以上的特大聚落共有 9 处，其中最大的达 680 万平方米（即汾阳峪道河，

---

① 汪宇平：《内蒙古伊盟达拉特旗瓦窑村的新石器时代遗址》，《考古》1963 年第 1 期。
② 吉发习：《内蒙古托克托县新石器时代遗址调查》，《考古》1978 年第 6 期；解希恭：《偏关发现古代文化遗址》，《文物参考资料》1958 年第 10 期。
③ 参《仰韶期遗址简表》，载《历史地理研究》第 2 辑。

发掘报告称"分布广阔，绵延数里"①，可能应理解为一片聚落群），其余 8 处均不超过 200 万平方米；10 万～100 万平方米的大聚落共有 63 处，两者相加，10 万平方米以上的大聚落和特大聚落共有 72 处，占聚落总数的 20.9%，较前仰韶期仅有 1 处 10 万平方米（占总数的 4%）聚落的情况，不仅绝对数量增加，所占比例也增加了 16.9%。最大聚落的规模之大，更是前仰韶期所不能比的。尽管大规模聚落出现了很多，但最多见的仍是 1 万～10 万（不足 10 万，下同）平方米的小、中型规模聚落，共有 187 处，占总数的 54.4%。不足 1 万平方米（1000 平方米以上）的聚落共有 79 处，占总数的 22.9%。有 6 处面积不足 1000 平方米，应视作被破坏极甚的结果，无统计学上的意义。在 1 万～10 万平方米的小、中型聚落中，又以 1 万～6 万平方米的较小型聚落为最多，占 80% 以上，共 150 处，并占总数的 43.6%。可知聚落发展到了仰韶期，虽然有可能达到的规模是越来越大了，但大量的仍是较小型的聚落。一般说来，制约聚落规模的是当时人类生活的基本群体（部落、胞族、氏族）可以充分活动并能够有效地利用的附近的自然资源。

仰韶期遗址的文化堆积，较之前仰韶期普遍要厚得多，最厚的文化层堆积达 7 米（甘肃天水西山坪）②。有文化层厚度数据的遗址共 226 处，1/3 略强些。这些厚度数据中有些直接录自田野工作报告，有些是根据报告中提供的材料自行统计的（例如有比例尺的地层剖面图），不能将这些数字看作精确的，但应看作正确的。另外，数据均取地层中最厚处纳入统计。

仰韶期文化堆积厚度不足 1 米的较少，有 48 处，占 21.2%；

---

① 王克林、海金东：《山西汾阳县峪道河遗址调查》，《考古》1983 年第 11 期。
② 谢端琚、赵信：《甘肃天水地区考古调查纪要》，《考古》1983 年第 12 期。

超过 3 米(不含 3 米)的也不多,20 处,占 9.1%;其余 158 处,将近 70%,全都在 1 米～3 米的厚度范围内。我们大致可以将此数字看作这一时期文化层厚度的常数。就理论而言,文化层堆积的厚度同聚落延续使用的年限成正比,只是我们目前还没有办法将这两者比较精确地在数字上直接对应起来(例如平均每米厚度表示若干年、不同环境下的差异等,实际上此项理想的实现是极困难的)。总的说来,仰韶期聚落的使用年限普遍较前仰韶期长得多(前仰韶期大部分聚落的文化层厚度不足 1 米)。应该说,这同仰韶时期锄耕农业已经比较发达,氏族社会已经相当繁荣,定居生活已经相当稳定是一致的。另外,建筑水准的提高以及所费劳动量增大,致使聚落的舍弃更为困难。例如在咸阳尹家村,仰韶期的一座房屋内有"重叠三层的居住面迹象",可知同一座房屋使用时间之久。当然,这种居住的稳定性在一定程度上也是相对的,有 1/5 多的聚落文化层厚度不足 1 米,不全都是因为被破坏。由于土地肥力的递减、水灾以及其他自然灾害、部落间的战争(战争并不是阶级社会才有的现象)等,聚落的遗弃、全部居民的迁徙等仍是经常有可能会发生的。从统计数字上看,仰韶期的聚落中也只是极少数可能各方面条件都十分优越的地方,才得以进行极长时间的经营,例如天水西山坪那样留下了达 7 米厚的文化堆积。但因资料不足,无从细论。

　　文化层的厚度同聚落的规模有一定的关系。一般说来,大聚落的使用年限比较长,文化堆积也就比较厚,例如前面论及的文化层厚达 7 米的天水西山坪,就是一个 20 万平方米以上的大聚落。再如武功游凤,面积 24 万平方米,厚达 6 米。[①] 但是也不尽

[①] 西安半坡博物馆、武功县文化馆:《陕西武功发现新石器时代遗址》,《考古》1975 年第 2 期;卢连成、刘随盛:《陕西武功县新石器时代及西周遗址调查》,《考古》1983 年第 5 期。

然,例如甘肃礼县郑家磨遗址有 30 万平方米之大,但文化层厚度仅 0.5 米~1 米①,较好的解释或许是后代的破坏,但此说也并不令人满意,可能还有某种我们不知道的原因,促使先民迁移他处。

关于仰韶期的人口,用前面谈到的计算方法,有明确居住区范围的按 0.025 人~0.034 人/平方米,无明确居住区范围的按 0.008 人~0.01 人/平方米计算。有明确居住区范围的聚落毕竟是少数,如前面提到过的姜寨,人口估计为 450 人~600 人。对于多数遗址,我们能够知道的是其聚落范围。最大的汾阳峪道河遗址为 680 万平方米,则此"绵延数里"的聚落群的人口极限可达 54 400 人~68 000 人;占总数一半以上的 1 万~10 万平方米的聚落,人口数可能为 80 人~1 000 人;较为普遍的 1 万~6 万平方米的聚落人口数,亦即当时聚落人口最具代表性的数字是 80 人~600 人。应该说,这是一个较容易被接受的人口数字。

在前仰韶期,我们已经看到了粗略的聚落布局,如居住区和墓地分开,并保持一定距离。仰韶期生产力的发展和社会生活的繁荣反映在聚落形态方面,即出现了一些丰富、繁杂、极可推究和考察的现象。仰韶期的聚落,凡发现较为全面的,都有居住区、窑场和墓地这样三个主要的部分。试以保存较为完好的姜寨为例②,姜寨的居住区在整个遗址的中部,正中间是一个空旷的大广场,住宅则分布在这个广场的周围。整个居住区的东、南、北三边被宽约 2 米的壕沟所围,西边的壕沟一部分没有发掘,另一部分显然是被破坏了。已发掘的居住区内可辨认的房屋有 117 座,可分为大、中、小三类。大房子都是方形的,每一座大房子周围都

---

① 见甘肃省博物馆《甘肃武威皇娘娘台遗址发掘报告》附表(《考古学报》1960 年第 2 期)。
② 见西安半坡博物馆、临潼县文化馆《临潼姜寨遗址第四至十一次发掘纪要》附图(《考古与文物》1980 年第 3 期)。

有若干座或方或圆的中、小房子,组成一个相对独立的居住群。可以看出,共有五个这样的居住区。由东向西,按顺时针方向,五座为首的大房子是:F1、F103、F53、F74、F47。这些房屋群的门向是很有规律的,按上面的顺序,第一组向西,第二组向北,第三组向东,第四组向东南,第五组向南,也就是说,所有房子的门向都是朝向中央开的,而中央是一片空旷的广场,以及两个大的牲畜栏及若干条固定的道路。这个中心广场的具体功能,不全只是圈养牲畜,作为举行公众活动的场所以及整个聚落具有某种象征意义的中心应该是没有问题的。这种居住区内分为若干小群、门向有共同中心的聚落布局,在仰韶时期有一定的普遍性。例如西安半坡是一个很大的聚落,由一条宽近2米的深壕沟围成一个南北为轴的椭圆形。从已经发掘剥露的北部及西部看,大壕沟的范围内,又由小壕沟隔成相对独立的小居住区。如西部(Ⅰ区)小区已发现的小房子门向朝着南面的F1,而F1是朝东的,即朝向整个聚落的中央。[①] 而北部的Ⅱ区门向又都是朝南的,亦朝向中心。这类现象在其他地方也有发现。如宝鸡北首岭,也是四周的房屋门向朝着中央,而中央"或许会是当时进行娱乐、祭祀活动的公共场所"[②]。另外,甘肃永靖马家湾也是这种形式的布局。[③] 因而,我们说这种"中心广场式"的布局形态在仰韶期是有一定普遍性的。这种居住形态不只是在仰韶期的黄河流域,在其他地方的原始居民中也不乏例子。如北美印第安人折颜部落(Cheyenne)支搭帐篷组成的聚落,就是这种类似的严格朝向中

[①] F1门向据杨鸿勋《仰韶文化居住建筑发展问题的探讨》(《考古学报》1975年第1期)。

[②] 中国社会科学院考古研究所编著:《宝鸡北首岭》,文物出版社1983年版,第22页;刘随盛、杨国忠、梁星彭:《一九七七年宝鸡北首岭遗址发掘简报》,《考古》1979年第2期。

[③] 谢端琚:《甘肃永靖马家湾新石器时代遗址的发掘》,《考古》1975年第2期。

心的形态。① 仰韶时期的聚落布局还因地域自然环境及生产力水平和生产性质的不同而有所不同。例如内蒙古伊克昭盟瓦窑村遗址②位于半沙漠地带，发掘报告称其地层为"黄沙组成，高低不平"，可知石器时代此地的自然环境大致和今天差不多。遗址规模极大，在一片长台地的两条"梁"上，延伸达 1.5 千米之长。东部被称为"棱畔"的梁上为居住区，证据是分布有大量的火塘（灶），稠密的地方在不到 25 米的距离内有火塘 7 处，稀疏的地方则隔四五十米有 1 处。这些火塘都暴露在黄沙表面，但除了东南方面有一片黄泥抹成的 4 米×4 米的居住面外，其他地方，据报告称，"一再查看"也没有发现居住面、土墙、柱洞等住房的痕迹。由此看来，这应该是一个定居不甚稳定的聚落，每一个灶塘可能就是一个居住单位，上部可能覆盖着帐幕之类，或者就是干脆露天野居的，所以没有墙穴、柱洞之类的永久性构筑。结合当地的地理环境，这一类聚落应该是一类不时要迁徙的、半定居的游牧部族的聚落，因而它的布局形态就有可能随地方的不同而不时会有差异。

墓地作为聚落形态研究的一个方面，在石器时代颇具特色，无疑是整个聚落不可或缺的组成部分。它在聚落整体布局中的地位也是有某种规律可探索的。

迄今发现的仰韶期的墓地几乎全都是成片集中的，而且总是距离居住区不远。例如在姜寨，遗址的东部、壕沟外有三片墓地，可以明显地看出来，如同居住区的房屋分组一样，墓地也是明显地分片的，估计原来可能不止三处。北首岭两次发掘的不同墓区

---

① 巩启明、严文明：《从姜寨早期村落布局探讨其居民的社会组织》，《考古与文物》1981 年第 1 期。
② 汪宇平：《内蒙古伊盟达拉特旗瓦窑村的新石器时代遗址》，《考古》1963 年第 1 期。

是同一时期的,墓区间也有一定的间隔。① 虽然还不能确指,但我们完全有理由认为,这些小片的墓地和居住区内的小片房屋群是互相对应的。在前仰韶期我们就已经发现,墓地和居住区的相对位置是不固定的,在仰韶期,这个现象仍然如此或显得更多样些。例如姜寨的墓区在住宅区的东部,而(以陶器为标志的)文化面貌几乎与其一模一样的半坡聚落,墓区在居住区的东北方向。同时期不同文化的其他聚落又有不同,如甘肃景泰张家台遗址,墓葬区在居址的南端②,内蒙古清水河台子梁,墓葬在居址的南部③,甘肃永昌鸳鸯池,墓葬也在居住址的南部④。这方面的材料不很丰富,但就接触到的而言,聚落中墓葬与居住址的相对位置有北、东、南方向,似乎并不固定,没有发现墓葬区位于居住区西部的现象。这一点是否可以作为规律?目前因为材料不够充足,还不能得出结论,但无疑这是一个值得引起注意的聚落布局中有特色的现象。

仰韶时期的聚落,一般都附有一个陶器生产场所——窑场。此时定居已相当稳定,固定的烧窑场所就成为当时聚落布局中一个不可缺少的部分,在设置上有一定的规律。例如姜寨居住区的西南方向,壕沟以外,临河边上有一排四座陶窑;半坡壕沟的东部有六座陶窑集中于一处。除了这类集中的窑场外,有些聚落也有零星的陶窑分布在居住区内。如姜寨居住区东北角有一个窑Y2,应该是属于F17所率的那个小居住群的,西部又有一个窑Y3(据严文明、巩启明文)。北首岭有三座陶窑分属于两组房

---

① 中国社会科学院考古研究所编著:《宝鸡北首岭》,第 22 页;刘随盛、杨国忠、梁星彭:《一九七七年宝鸡北首岭遗址发掘简报》,《考古》1979 年第 2 期。
② 韩集寿:《甘肃景泰张家台新石器时代的墓葬》,《考古》1976 年第 3 期。
③ 汪宇平:《清水河县台子梁的仰韶文化遗址》,《文物》1961 年第 9 期。
④ 员安志:《永昌鸳鸯池新石器时代墓地的发掘》,《考古》1974 年第 5 期。

屋。① 这种集中的窑地和分散的窑址相结合的设置,从形态学角度看,是这个时期聚落布局上的一个特色,同前面谈到的聚落的整体统一性和各居住小群的相对独立性是一致的。

仰韶期聚落的平面形态可谓多姿多彩。这里面有这样几种情况(见图)。

第一种是完全受制于地理环境的,如:

1. 临水狭长形　沿河聚落大多数是这种形状。遗址长度和宽度极少有相等的,按其数字,不是长方形,就是椭圆形,而其长轴几乎全都和所沿河流的流向平行。前面说过,这一现象在整个新石器时代是很普遍的,仰韶期自然也不例外。这里"狭长形"的实际形态肯定还较复杂,不少是不规则形的,只是统计上体现不出来。还有一些地方的"狭长"只是指整个聚落相对于所依河流而言,而其村落本身有可能又自成形。如姜寨也被归入此类,但其村落可被称为"广场环形",北首岭也是这种情况。严格地说,这可以分列为一个亚型,并可以有几种这样的亚型。

2. 临水三角形　这是由地形所决定的。有些聚落位于两河交叉处,例如甘肃宁县阳坬遗址,房屋就散布在三角形漫坡上②,河南郸城段砦③、甘肃西和宁家庄④也在两河交汇处的三角带上。

3. 同岸相望形　可以陕西凤县龙口村郭家湾为例,遗址位于嘉陵江东岸(该地已在秦岭南麓,严格说地属长江流域,只是秦岭两侧在此时期文化面貌是一致的,自前仰韶期即已如此)两个相邻的台地上,南北相望。⑤ 这种情况有两种可能性:一是原来

---

① 中国社会科学院考古研究所编著:《宝鸡北首岭》,第 22 页;刘随盛、杨国忠、梁星彭:《一九七七年宝鸡北首岭遗址发掘简报》,《考古》1979 年第 2 期。
② 许俊臣、李红雄:《甘肃宁县阳坬遗址试掘简报》,《考古》1983 年第 10 期。
③ 郸城县文化馆:《河南郸城段砦出土大汶口文化遗物》,《考古》1981 年第 2 期。
④ 谢端琚、赵信:《甘肃天水地区考古调查纪要》,《考古》1983 年第 12 期。
⑤ 刘启益、杨建芳:《凤县古文化遗址清理简报》,《文物参考资料》1956 年第 2 期。

即为两个相邻台地,聚落形成之初已选择了此种位置;另一是当初曾经是同一个聚落,是连在一起的,后来地貌变迁,中间被切割成沟,而成为两个台地,只是按目前所知情况将此列为"相望形"一类。龙口村当时的实际情况颇难知详,故列入此类。有些明显是被切割分开的,如山东滕县时村①,则不列入此类。

第二种情况是其形态的形成很有可能受地理条件所制约,只是我们还不能指出它的确实原因,如:

4. 枣核形　如河南伊阳古南庄,整个聚落两头尖、中间鼓,平面"酷似枣核形"②。这种平面形态的形成很可能是当地地形等因素所决定的,不大可能是人为破坏所致,因为不大可能破坏得如此匀称。只是发表材料有限,一时也不能实现实地考察,不大可能得到可以细致说明当地地形及其变迁的大比例地图,因此只好作现在这种看起来为纯形式的分类。

第三种情况是纯形式的,如:

5. 半圆形　有一个例子是山西祁县梁村,发掘报告称,该遗址由东向北绕向西,形成半个圆形地带,较周围的地面为高。③报告没有提供更多的形成这种形状的原因,但遗址南部有一个现代村落,因而半圆形不像是地形所致,而可能原来的聚落是环形或椭圆形的,被后代村落压去了南半部,那么此处的"半圆形"分类只能是纯形式的了。

(三) 龙山期

龙山期是紧接着仰韶期延续而来的。就一般特点而言,我们

---

① 刘敦愿:《滕县新石器时代遗址调查》,《文物参考资料》1958年第1期。
② 贾峨:《河南伊阳汝河沿岸古遗址调查纪要》,《考古通讯》1958年第1期。
③ 杨富斗、赵岐:《山西祁县梁村仰韶文化遗址调查简报》,《考古通讯》1956年第2期。

大致可以称此时期为"灰、黑陶时期"。后面将要论述的聚落地理现象属于如下一些"文化"或"文化类型":陕晋豫地区的庙底沟二期文化①、三里桥文化②、客省庄二期文化③;豫西地区的王湾三期文化④;豫北冀南的后岗二期文化⑤;黄河下游地区的大汶口文化晚期和"典型龙山文化"⑥;黄河上游地区的齐家文化⑦由于发展阶段相近也纳入此期论述,只是在绝对年代上略迟一些,但并没有仰韶期的半山、马厂文化迟滞年代那么久。年代跨度约自前三千纪初至前二千纪前叶,共一千余年。

龙山期聚落的分布,在整个黄河流域,就总的态势而言,较仰韶期向东偏移了若干经度。例如前面提到过的太行山东麓的现象,在渭河流域、山东半岛都有这种现象,并且各地区的独特性及多样性也有所发展。

我们知道,在历史时期,黄河的下游河道是在大致以郑州为轴心,北至今海河、南达今淮河的巨大扇面上迁徙的。这一现象无疑早在历史时期以前乃至地质时期就已经开始了。一般来说,我们已经难以了解史前时期黄河迁徙的频度及河道情况了,只是有迹象可以证明,从龙山时期开始,黄河大致已相对稳定地注入渤海,而其下游河道则在河北省南部、中部、鲁北平原,即华北平原的北中部上漫流。我们看整个史前遗址分布图,在太行山、豫西山地和山东丘陵之间的华北平原的大片低地上,前仰韶期空无

---

① 中国科学院考古研究所编:《庙底沟与三里桥》,科学出版社1959年版。
② 中国科学院考古研究所编:《庙底沟与三里桥》。
③ 中国科学院考古研究所编著:《沣西发掘报告》,文物出版社1963年版。
④ 李仰松、严文明:《洛阳王湾遗址发掘简报》,《考古》1961年第4期。
⑤ 见《梁思永考古论文集》中后岗中层相关内容(科学出版社1959年)。
⑥ 傅斯年:《城子崖》,国立中央研究院历史语言研究所1934年版。
⑦ 夏鼐:《齐家墓葬的新发现及其年代的考定》,载李济编:《中国考古学报》第三册,国立中央研究院历史语言研究所1948年版。

聚落,仰韶期只是以岗丘聚落的形式存在于平原偏西、海拔偏高的地方,在龙山期,平原的北部仍是一片空旷,而南部聚落遗址的分布已经比较普遍了。也就是说,到龙山时期,华北平原的南部黄河淤积而成的地势已相对较高,大多数情况下,黄河下游河道已不再选择此地注入黄海,而是选择北部稍低的地势而注入渤海,于是人类就在无水患或较少水患的情况下,逐渐开发平原南部并定居。

另外,龙山时期,沿海聚落的绝对数量较前多了,分布地域也较前更大了。

龙山期的聚落类型仍以河流沿岸的阶地聚落为数量最多,大、中、小河流沿岸均有分布。根据目前所知的材料,龙山时期的遗址中已经发现了现知我国最早的井。① 井的发明,在人类聚落位置的选择上影响深远,使人类在利用自然环境方面前进了一大步。掌握了这个技能之后,在聚落位置的选择上,将不再必须首先考虑依附于某一地表水水源(河、湖、溪),而有可能选择向离地表水较远的地方发展。事实上,我们考察龙山时期聚落的环境的话,确实是表现为更加丰富繁杂的状态。山麓、平原、盆地、低地岗丘以及沙丘地带、海边都有龙山时期聚落的分布。有不少遗址距离今天的地表水很远,也没有古河道的遗迹,虽然并不是每个聚落遗址都能够发现井,但可以认为这类远离地表水源的聚落的用水来源是井。由于材料所限,而且现时所见的井也在阶地上,故而不作新的聚落分类。

龙山时期聚落类型大致同仰韶期差不多,有如下几种:

1. 阶地聚落　坐落于大小不一的河流的台地上,仍是数量最多的聚落类型,约占 82.2%。分布广泛,只是在山岭的较高处

---

① 孙德海、刘来成、唐煜:《河北邯郸涧沟村古遗址发掘简报》,《考古》1961 年第 4 期。

仍很少发现。

2. 岗丘聚落 特点同仰韶期，主要也是指平原低地上相对高度略高的一些高地上的聚落，分布地域较仰韶期为大，绝对数量也增加了，约占13.3%。这类聚落在经营之初，岗丘（高地）周围的大多数地方一到洪水季节都可能被淹没。前面谈到，人类聚落是随着黄河冲积扇上堆积的抬高和人类驾驭自然能力的提高，而逐渐向整个冲积扇平面上扩展的。从龙山期岗丘聚落的发掘报告中环境的描绘上也可以看到这一点。可以举的例子很多，如河南永城县黑堌堆遗址，"原来地势较高，现剩了一小堌堆"[1]；商丘坞墙遗址"原为一凸起台地"[2]；山东禹城邢寨汪遗址"原呈台状"[3]；河南汤阴白营遗址"中心地区逐渐形成一个老远就能看见的台地"[4]；山东滕县宫庄遗址位于一"高四五米的土阜上"[5]；河南永城王油坊遗址位于历史时期的黄泛区，其所在土丘现今仍高出周围淤泥[6]，可见当初土丘的相对高度还要略高些。

上面这些今天看起来较明显的岗丘或高地，实际上可能有这样几种情况：一是原来地势比现在所见的还要高，历代破坏使高地削低，如永城黑堌堆等上面好几个例子。二是原来只是平地或高度不高的丘地，由于长时间的使用堆积，使聚落所在显得高出周围地面，如上面举的汤阴白营的例子，发掘者就认为，高出地面的台地是"由于长期居住的堆积"。对于此种情况，笔者认为可能性是比较小的。聚落在居住使用的时候，是会逐渐有所抬高的，

---

[1] 赵芝荃、王子超、缪雅娟：《1977年豫东考古纪要》，《考古》1981年第5期。
[2] 刘忠伏：《河南商丘坞墙遗址试掘简报》，《考古》1983年第2期。
[3] 陈骏：《山东禹城邢寨汪遗址的调查与试掘》，《考古》1983年第11期。
[4] 方西生、孙德萱、赵连生：《河南汤阴白营龙山文化遗址》，《考古》1980年第3期。
[5] 刘敦愿：《滕县新石器时代遗址调查》，《文物》1958年第1期。
[6] 商丘地区文物管理委员会、中国社会科学院考古研究所洛阳工作队：《1977年河南永城王油坊遗址发掘概况》，《考古》1978年第1期。

但是这种抬高幅度很有限,而且实际上我们看到更多的是遗址被后代逐渐削平最终埋入地下。考虑到白营遗址处于华北平原的边缘前端,所以多半聚落当初就建在原已存在的岗丘上。三是永城王油坊那样的,原来的岗丘是有一定高度的,今天已经低了许多,原因是周围淤积了大量的黄河泛滥留下的淤泥。

这三种情况,应以第三种为最普遍。因为黄河泛滥、漫溢所淤积的泥沙是大量的,远远超过人类活动所可能导致的削低或堆高。华北平原见于早期历史记载的丘、陵或谷,现在大多数已找不到,其原因即是历次泛滥淤积使低处填高。上面的例子中,禹城邢寨汪大致可以被认为是龙山时期聚落在华北平原上分布的边缘了,再向北、向西就没有此时期以及较此更早的聚落遗址了。

3. 沿海聚落 数量不多,约占 2%。前面已大致谈到,沿海聚落的意思有两种:一是以捕捞为业的,另一是同内地聚落一样,以农业为主,辅以捕捞,只不过地处海边。实际上,以捕捞为业的"贝丘遗址"在北方沿海很少见于报道。地处沿海的以农业为主的聚落,在沿海聚落中仍是数量较多的,例子俯拾皆是。如著名的日照县两城镇遗址[1]、莱西县西贤都遗址[2]、即墨县石院村遗址等[3]。

4. 沙地聚落 约占 1.5%。所谓"沙地聚落",基本上是纯现象的分类。在龙山时期,有两种情况:一种分布于农、牧业相交的半沙漠(沙漠边缘)地带,如陕西神木石峁遗址[4],山西偏关吴

---

[1] 袁明:《日照两城镇等七个遗址初步勘查》,《文物参考资料》1955 年第 12 期。
[2] 北京大学考古实习队、烟台地区文物管理委员会:《山东省海阳、莱阳、莱西、黄县原始文化遗址调查》,《考古》1983 年第 3 期。
[3] 刘桂芳:《在胶东半岛上又发现了一处古遗址》,《文物》1958 年第 3 期。
[4] 戴应新:《陕西神木县石峁龙山文化遗址调查》,《考古》1977 年第 3 期。

城、后沙坪、后沙梁等遗址①,陕西榆林境内沙丘中的遗址②等。这些聚落当初就位于沙漠边缘或半沙漠地区,现在有些还暴露于地面,有些则完全被流沙所覆盖淹没了。这一类沙地聚落现今的分布状况应该还可以帮助我们考察这些地区沙漠的变迁,因为今天完全被沙丘所覆盖的史前聚落不会就是当初的情况。另外一种沙地聚落的位置并不在沙漠化或半沙漠化地带,而是在平原地带由于河流泛滥淤积形成的次生沙地上。例如山东临沂护台遗址,位于八块石村西1千米的沙丘上,报告称其"沙基"直径50米～60米,文化层厚1.5米。③ 该聚落规模不大,但很明显该聚落在建立之初,就已经选择建在沙丘(沙基)之上了。另外如河南淮滨肖营遗址,也建立在"辽阔的冲积平原上"的一个"沙冢台地"上。④ 这种聚落,就分布形态而言,似也可列入岗丘聚落一类,在聚落功能及文化面貌上并没有明显的不同之处,所可以区别的只是聚落所在地的具体环境。

关于龙山时期聚落的规模,从325个文化较为单纯或可辨认出清晰的龙山时期遗迹的遗址的统计看⑤,有一些自身的特点。100万平方米以上的特大聚落不多,有3处,其中最大的为襄汾陶寺遗址,300多万平方米,较仰韶时期最大达680万平方米小了一半;10万～100万平方米的共39处,两者相加,10万平方米以上的特大聚落和大聚落共42处,占聚落总数的15.1%,较仰韶期在比例上减少了近1/4;1万平方米以上、不足10万平方米的共156处,占总数的48%,其中1万～5万平方米的最多,111

---

① 解希恭:《偏关发现古代文化遗址》,《文物》1958年第10期。
② 解希恭:《偏关发现古代文化遗址》,《文物》1958年第10期。
③ 刘敦愿:《山东临沂新石器时代遗址调查》,《考古》1961年第11期。
④ 欧潭生、李绍曾:《河南淮滨发现新石器时代墓葬》,《考古》1981年第1期。
⑤ 参《龙山期遗址简表》,载《历史地理研究》第2辑。

处,占总数的34.2%,在1万~10万平方米范围内占71%;不足1万平方米(1 000平方米以上)的102处,占总数的31.3%。从上面这些统计数字中可以看到,龙山时期大型聚落和特大聚落明显减少,整个聚落规模状况仍以中小型的1万~5万平方米的聚落为较多。但是很明显,小型聚落数量大增,不足1万平方米的聚落较仰韶期在比例上增加了8.4%。一般认为,龙山期已进入父系氏族社会,生产力发展很快,生产单位趋向小型化,贫富分化、氏族乃至家族的分化势在必行。而且至今田野工作没有发现像仰韶期的半坡和姜寨那种大规模的且有明显中心的龙山期聚落遗址,却有明显的生产单位小型化、生产分工个体化的现象,如后面要论及的客省庄的窖室和住宅相连等。这些或许正是龙山期聚落小型化的一个正确解释。

用与仰韶期同样的方法进行统计,发现全部被统计了文化层厚度的236处龙山期聚落遗址中,文化层最厚的为山东枣庄娘娘坟遗址,达12米,且是单纯的龙山时期聚落,调查报告称"保存完整"[①];厚度达4米以上的极少,共16处,占被统计总数的6.8%;厚度1米~4米(不含4米)的为数不少,133处,仍占一半以上,其中又以1米以上、不足2米的为最多,82处,占总数的34.7%;绝对数字最多的为不足1米的,87处,占36.8%。从上述统计数字看,有一个明显的厚度上的分化现象,即最厚的可达12米,较仰韶期厚得多,但厚度不足1米的也大大增加,文化堆积层普遍显得较薄。2米以下(不含2米)的遗址总共有169处,占了总数的71%,同仰韶期1米~3米厚度的占70%相比,平均厚度减少了1米。这一现象说明龙山时期聚落相对的定居时间又短了,迁徙频率在这一时期可能又有了增加。不过,这一时期较为频繁的

---

① 文光、李锦山、傅本农:《枣庄市南部地区考古调查纪要》,《考古》1984年第4期。

迁徙同前仰韶期的频繁迁徙应该是出于不同的原因。前仰韶期生产力水平还很低，较原始的采集和锄耕农业使人们必须经常转移他们所利用的土地，极贫乏的物质生活使文化层堆积的速度很慢。到龙山期，对土地利用的深度应该是加强了，肥力的递减使土地的经常更换更为必要，再加上龙山晚期已是父系社会趋向衰落、行将解体的时期，氏族纽带趋于松散，以及此时可能更经常发生的战争之类的灾难，使整个聚落的迁徙及职能的结束也成为不时发生的事件。这些或许是龙山期聚落面积小、堆积薄现象的原因。

一般来说，聚落文化层堆积的厚度同聚落规模之间呈正比关系。大型聚落使用年限较长，文化层也较厚，龙山期亦然。如陕西武功浒西庄，面积35万平方米，最厚处达7米。但也有一些看起来相反且几乎无法解释的现象，如文化层厚达12米的山东枣庄娘娘坟遗址，面积却仅有1600平方米，而且据调查者称，"保存完整"。如果调查并没有失误的话，那么也许这里面包含着某种非地理性的原因，使文化层最厚处达12米的长时间经营局限在这不大的1600平方米内。

因龙山时期聚落中有明确居住区范围的遗址不多，故其人口一般按聚落范围计算。龙山时期聚落以1万~5万平方米为较多，则人口数在80人~500人的聚落为较多。不足1万平方米及文化层堆积较薄的小聚落大增是龙山时期的突出现象，也就是说，近1/3（31.3%）的聚落人口不足100人。总的说来，龙山期聚落范围及聚落人口数较仰韶期有缩小、减少的趋势，但与此同时，龙山时期正在酝酿着聚落规模及聚落形态和聚落本质的重大变化，即城市将要出现。

龙山期聚落的布局也有一些新的变化，有同仰韶期相同的规整有序的聚落布局，也有一些明显不规整甚至零乱的聚落。较为规整的聚落,如江苏新沂花厅龙山期遗存,以徐庄故址为中心,东为墓葬区,南也是墓葬区,而以北、以西则"全是红烧土",应该就是可能毁于火灾的居住区,曲尺状的墓葬区围以居住区①;河南汤阴白营是经过长期居住的聚落,有的一座房屋内居住面多达10层,而且房屋年代虽有先后,但全都"东西成排、南北成行"②;夏县东下冯龙山文化遗存房址密集,间距仅五六米,排列也"大致有序"③;山东诸城呈子遗址的87座墓自然地分为三个区,这应该是同居住区内的布局相对应的④。上面这些是较为规整布局的例子。

布局零乱的例子,如长安县客省庄第一地点,有此时期房屋10座,分布在南北150米、东西20余米的范围内。这些房屋都是两室或三室相连的,平面呈"8"字形("吕"字形),有的还带有规模不小的陶窑,应该是以家庭为单位的手工业专业户的住房。与此相应的,是一些反映聚落群体内在紧密性趋于松散的现象:这些"吕"字形房屋的平面方向是不一致的,东部的H174、H128是正"吕"字形(南北纵轴),而南部的H147、H98、H161以及北部的H108则是横"吕"字形。H174的门向是朝西的,H108的门向偏南,但南部的H98的门向也是朝南的,似乎房屋的坐落有一个与房屋长轴垂直的中心,而门的朝向却只是一种偶然的现象。这些和仰韶期的聚落设置布局有明显不同。龙山期已进入较为发达的父系氏族社会,以父系家族为形式的小的生产单位已渐趋稳固,社会分工已得到相当程度的发展(如带有陶窑的专业户),反

---

① 宋伯胤:《新沂花厅村新石器时代遗址概况》,《文物参考资料》1956年第7期。
② 方西生、孙德萱、赵连生:《河南汤阴白营龙山文化遗址》,《考古》1980年第3期。
③ 黄石林、李锡经、王克林:《山西夏县东下冯龙山文化遗址》,《考古学报》1983年第1期。
④ 杜在忠:《山东诸城呈子遗址发掘报告》,《考古学报》1980年第3期。

映在聚落布局上,就是个别的居住单位呈发达状态,而聚落整体的紧密性明显衰落。这一类显示整体布局零乱的现象在不少地方都能看到。如河南永城王油坊的房屋有方有圆,房基十分密集,但是"门向不一"①。

龙山时期聚落的平面形态,有如下几种(见图):

1. 临水狭长形　仍是较常见的一种形态,因为河流,尤其是中、小河流阶地总是比较适宜以农业为主的聚落的定居和生产的,又可分为几个亚形。

(1) 单侧临水　比较多。

(2) 两侧临水　如山东泗水尹家城遗址,"南北两侧均有小河流过"②。另外一种情况是聚落坐落于河湾处,即两侧所临为同一条河流,如邯郸涧沟③。

(3) 三侧临水　不大多见。如山东诸城呈子遗址,北、西、南均有小河环绕,只有向东一侧与外部联系,并且这一侧是较狭的一侧,遗址东西长 200 米,南北宽 100 米。④ 另外还有一种三面临水形,是沿海聚落,三面所临的有一或两面是海。如山东蓬莱紫荆山,西、北两面临海,东临金沙泉。⑤

2. 非临水块形　此类聚落是龙山期开始有了井以后才出现的,因为不沿靠地表水,聚落中心凝聚力又已较松散,故较自然地形成长方形、长圆形或方形块状村落。例如山西壶关海头村遗址,东西长 700 米,南北宽 500 米,据发掘报告,"不但附近没有河

---

① 商丘地区文物管理委员会、中国社会科学院考古研究所洛阳工作队:《1977 年河南永城王油坊遗址发掘概况》,《考古》1978 年第 1 期。
② 蔡凤书、于海广、赵平文等:《山东泗水尹家城第一次试掘》,《考古》1980 年第 1 期。
③ 孙德海、刘来成、唐煜:《河北邯郸涧沟村古遗址发掘简报》,《考古》1961 年第 4 期。
④ 杜在忠:《山东诸城呈子遗址发掘报告》,《考古学报》1980 年第 3 期。
⑤ 山东省博物馆:《山东蓬莱紫荆山遗址试掘简报》,《考古》1973 年第 1 期。

流,即使较远的地方也找不到河流"①。这种令报告者疑惑的现象可以有两种解释:一是该聚落存在之初,此地即无河流,当时已有能力开掘的井便是用水来源,只是今天已无由发现这些井;另一则是当初是靠河流的,后来河道迁徙,今天看不到了。报告称"地层中不断发现鱼骨",但笔者以为,这些鱼骨多半应是化石。因为鱼骨的钙质含量不高,龙山时期的鱼骨不大可能在地层中保存至今,在已经发现的众多新石器时代遗址中,人骨或其他动物骨骼的出土是很常见的,但极少有鱼骨出土的报道。因而,笔者认为海头村遗址当初就不沿靠地表水,是非临水块形村落。

非临水块形聚落在龙山期有一定的比例。在 325 个聚落中有 226 个交代了所在的地理环境,其中有 32 个,即 14.1% 没有地表水的报道(同样的情况在仰韶期仅 4.9%),原因不外乎三种:报告者疏忽、古河道迁徙、原来附近就没有地表水。无疑第三种情况,即非临水聚落在这里占有一定的比例。

3. 三角形 一般由地势决定。如陕西武功浒西庄遗址,位于漆水、沛水交汇处的三角形台地上,三面临水。② 再如宁夏西吉兴隆镇位于西葫芦河、北烂泥河、东另一小河的"三河汇合三角台地上"③。

以上三种平面形态都是明显受地理条件制约的。另外还有一种,尚难判别是由于当时地理环境形成的,还是后代地貌变迁造成的:

4. 多水道穿插形 山西夏县东下冯龙山遗址位于青龙河南岸台地上,东侧中条山上尚有几条小支流注入青龙河,聚落(遗

---

① 《壶关海头村发现古代文化遗址》,《文物参考资料》1957 年第 6 期。
② 卢连成、刘随盛:《陕西武功县新石器时代及西周遗址调查》,《考古》1983 年第 5 期。
③ 钟侃、张心智:《宁夏西吉县兴隆镇的齐家文化遗址》,《考古》1964 年第 5 期。

址)被这几条小支流穿插而形成自然分区。① 可能当初聚落就坐落在这几条小河沿岸,由小河穿插其间,也可能当时只沿靠青龙河,现在所见到的这些小河是此后年代由于地貌变迁才流入此地的。

还有一类应视作纯形式的:

5. 半弧形 如山西朔县司马泊遗址,报告称"平面为半弧形","村西南南梁圈起,环绕村西北麻子港至村东坡上,东西全长2里,宽度不等"②。朔县在雁北地区,我们注意到仰韶期的半圆形聚落在晋中的祁县,这类半弧、半圆形的聚落都发现在山西而不是别的地方,还很难说只不过是一种巧合,还是其中有某种我们还不知道的规律。

三、结语

黄河流域史前聚落的发展归结起来有如下特点:

1. 公元前七千纪之前,农业定居聚落可能已经在黄河中下游中等高度的山麓地带开始出现。到前七千纪末时,采集与锄耕相结合的定居农业聚落非常稀疏,却相对集中地分布在秦岭、豫西、鲁中、太行山东麓、燕山南麓中等高度山地的山麓地带。

前五千纪初开始的仰韶时期,农业定居聚落的分布已经到达了黄河流域的绝大部分地方,大致是以前仰韶期的几个山麓地带为基础,逐渐(一般是沿河流)向四周海拔较低的地区扩展。华北平原西部、南部的一些相对较高的岗丘上也有了仰韶

---

① 黄石林、李锡经、王克林:《山西夏县东下冯龙山文化遗址》,《考古学报》1983年第1期。
② 边成修:《朔县发现三处古文化遗址》,《文物》1959年第1期。

期聚落的分布,而平原的北、中部仍是一片空旷,向西则到达了黄河上游。这个现象同曾经流行一时的"中国文化西来说"的方向恰恰相反。

前三千纪初开始的龙山时期,较明显的是在华北平原的南部、中部、西部,岗丘聚落有了较普遍的分布,地域较前为广。但华北平原北部仍为一片空旷,黄河此时应已相对稳定地注入渤海。

2. 前仰韶期聚落类型较单调,为山麓地带的沿水阶地聚落和岗丘聚落;仰韶期除上述两种外,另有沙漠边缘的沙地聚落和海边的沿海聚落;龙山期没有出现新的聚落类型,聚落分类同仰韶期相同。

3. 聚落规模总的发展趋势是小—大—小。前仰韶期普遍小,使用年限也短,以 1 万～2 万平方米小聚落为多;仰韶期出现了大至数百万平方米的大聚落,一般常态为 1 万～6 万平方米,普遍定居时间较长;到龙山期时,不足 1 万平方米的小聚落大增,聚落迁徙频度也增加了。

4. 前仰韶时期聚落布局形态稍有规律。仰韶时期普遍规划整齐,表现形态丰富,体现为一种强烈的聚落整体紧密性;龙山时期聚落整体性松散,朝"小型化"发展。

5. 关于聚落人口,据较粗略的估算,前仰韶期以 80 人～200 人的聚落较为常见,迁徙较为频繁;仰韶期较具代表性的聚落人口数在 80 人～600 人范围之内,但已有约可集聚 6 万人口的聚落群,定居已相当稳定,但仍有整个聚落的不时迁徙,只有极少数聚落才能延续极长时间的经营;龙山期有近 1/3 为人口不足 100 人的小聚落,但仍以 80 人～500 人的聚落为较多。聚落使用年限又有缩短的趋势,迁徙频度继续增大,表现为文化层不足 1 米的遗址数量大增。

6. 关于各期聚落平面形态（见图）：

前仰韶期有（1）狭长形、（2）三面临水形、（3）刀把形；

仰韶期有（1）临水狭长形（有广场环形、椭圆形等亚型）、（2）临水三角形、（3）同岸相望形、（4）枣核形、（5）半圆形；

龙山期有（1）临水狭长形（有单侧临水、两侧临水、三侧临水三个亚型）、（2）非临水块形、（3）三角形、（4）多水道穿插形、（5）半弧形。

史前聚落形态的研究，无论在考古学界还是历史地理学界，都还是一个比较生疏的课题。本文的研究因受资料及研究手段的局限（可参照的经验手段不多），还有不少未尽人意之处。例如聚落面积的统计数字，由于田野考古工作水平的逐渐提高，相对而言，资料年代较早的，其精确程度就略差些；聚落人口的估算，基本上还只是较粗疏的推测。这些都有待于资料的逐渐完善和研究手段的不断发展。

历史聚落地理无疑是整个历史地理学的一个重要组成部分。希望本文的发表能够引起学术界对此课题的关注，以推动这个领域研究的深入。

（原刊发于《历史地理》第 6 辑，上海人民出版社 1988 年版）

关于中国早期都市

一

先要解释一下,本文既以中文发表,为何不用中文所习惯的"城市"一词而"借用"了日文中习用的"都市"一词?本来笔者的原稿上一直用的是"城市",但逐渐感觉,此词较容易误导研究者(包括笔者)将注意力较多地集中到那一圈"城(墙)"上去,而"都市"一词,则似乎较为客观地强调多种聚落功能集聚的、比较接近社会生活中枢的"都会"的意思。而这正是本文一开始就想要强调的——在研究中国早期都市这一课题时,首先就必须要解决"都市(城市)"的定义是什么的问题。

其实不只是中国,研究世界各地城市(都市)起源时都会遇到这个问题。后世的以及当代的都市研究中也同样存在这个问题。事实上,研究者在涉及这个问题时也都或者清晰地或者模糊地运用着他们各自不同的定义,此处不便一一陈述,据笔者粗略的观察,从各种不同角度出发的定义有将近二十种。而且,因为这一定义事实上难以确切把握,出现过颇为引人注目的"似城聚落"的概念,使传统的聚落两分法(都市与乡村)进展为三分法。笔者以为,"都市"就其本质而言应该是一个地理学概念,聚落功能的判定是这一问题的关键。在统一的、被共同接受的"都市"定义产生之前，各研究者可以自定标准，只是不应自相矛盾。关于这一问题，笔者另有专文讨论，此处只能表述一下结论（定义）：都市（城市）指非农业（指"大农业"，包括畜牧业等）的定居人口占了居民的绝大多数，并具有两种以上非农业功能的人群聚落。此外，本文也使用"似城聚落"一词，其定义为：职能单一的非农业聚落。

二

讨论中国早期都市，有两个方面的材料：一是考古资料，自龙山文化晚期开始出现的有城墙所围的聚落，以及虽无城墙，但其规模和功能足以令人感到可与"都市（城市）"一词相联系的聚落；另一是相当于这一时期的文献记载中的城址，主要是夏、商两代的王都，较有可能被视作"都市（城市）"。

先谈文献记载。因篇幅关系只能简单引文如后。据《古本竹书纪年》所载，夏、商两代帝王的世系及所居"都城"为：

夏代　禹都阳城；太康居斟寻（羿亦居之）；帝相处商丘（或作帝丘）；相居斟灌；帝予（杼）居原，自原迁于老丘；胤甲居西河；桀居斟寻（"太康居斟寻，羿亦居之，桀又居之"）。

商代　外丙胜居亳；仲壬居亳；小庚辩居亳；小甲高居亳；雍己伷居亳；仲丁自亳迁于嚣（即隞，一音之转）；外壬居嚣；河甲整自嚣迁于相；祖乙滕居庇；帝开甲踰居庇；祖丁居庇；南庚更自庇迁于奄；阳甲居奄；盘庚旬自奄迁于北蒙，曰殷。

《古本竹书纪年》之外，文献中另有一些有关夏、商（包括夏、商两族及两代王朝）的"王"都或某王时代所居地望的记载，简录如下：

夏　有夏之居，"自雒汭延于伊汭，居易无固，其有夏之居"（《逸周书·度邑解》）；

禹居阳翟(《史记·夏本纪》正义引《帝王世纪》云,《史记·周本纪》集解引徐广曰,《汉书·地理志》颍川郡阳翟县条自注,《元和郡县图志》卷五河南府阳翟条自注);

"夏禹……又都平阳,或在安邑,或在晋阳"(《史记·封禅书》正义引《世本》,又见《水经·陈水注》);

相居帝丘(《左传·僖公三十一年》杜注,《通鉴地理通释》卷四引《帝王世纪》);

桀都安邑(《书·商书序》孔疏);

桀居,"左天门之阴,而右天谿之阳,庐睪在其北,伊洛出其南"(《战国策·魏策一》),"左河济、右泰华,伊阙在其南,羊肠在其北"(《史记·孙子吴起列传》);

夏墟,"分康叔……而封于夏墟"(《左传·定公四年》)。

商 汤居亳,有关记载很多(《孟子·滕文公下》《墨子·非命篇上》《荀子·正论篇》《荀子·王霸篇》《战国策·楚策四》《淮南子·泰族训》《书·商书序》《史记·殷本纪》《逸周书·殷祝解》《墨子·非攻篇下》《荀子·议兵篇》《管子·轻重篇甲》《吕氏春秋·具备篇》等);

汤居赞茅(《商君书·赏刑篇》)。

文献记载商灭夏之前共有八迁,汤迁于亳之前七迁为:(1)契居蕃;(2)昭明居砥石;(3)昭明自砥石迁商;(4)相土迁商邱;(5)相土迁居东都泰山下,后复归商邱;(6)商侯迁于殷;(7)殷侯复归于商邱(见于王国维《观堂集林》卷十二《说自契至于成汤八迁》)。

商灭夏后,另外还有一些不同于《古本竹书纪年》的记载:"祖乙迁于邢。"(《史记·殷本纪》)"祖乙圮于耿。"(《书·商书序》)

上面各不同文献中所记载的夏、商两代"王都"共有27个,按相对年代顺序排比如下(见图):

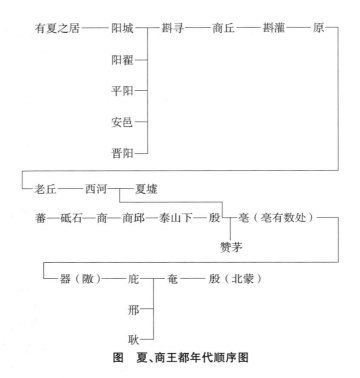

图　夏、商王都年代顺序图

《古本竹书纪年》称,"自禹至于桀十七世,有王与无王,用岁四百七十一年","汤灭夏以至于受(纣),二十九王,用岁四百九十六年"。两者相加,共967年,再加上禹之前,"有王与无王",共一千余年。绝对年代约自前21世纪至前11世纪,同后面要介绍的考古发现的一系列城址的^{14}C年代大致相应。

至于上述文献记载中的"王都"的地望以及与考古发现间相互印证的问题,后面将论到。

三

根据20世纪以来的考古发现,本文就自龙山文化晚期开始出现的一系列"城址",在有^{14}C 年代数据的情况下,按年代先后为序作如下述论。

1. 平粮台(见《文物》1988 年第 3 期)

平粮台遗址位于河南省周口市淮阳县,文化年代为龙山文化晚期(平粮台三期),^{14}C 年代为 2405 ± 175 B.C.(经树轮校正,下同,未经校正者另有说明)。聚落面积共 5 万平方米,围有一圈城墙,平面为正方形,边长 185 米,则城墙所围为 34 000 余平方米。城内发现有路土相沿的南、北城门,南城门并有左、右相对的两座门卫房。南门路土下发现埋有深约 1 米的陶质排水管道(直径达 0.32 米),共三条,呈倒三角形排列,节节套扣,通向城外。这种公共排水设施可证该城是经过很仔细的规划和长期经营的。此外并有高台建筑遗迹。

前面说过,聚落属否"都市",主要看其功能。除上述遗迹外,与城址同期(平粮台三期)的出土遗物有:陶质的生活器皿、纺轮、杵等辅助生产工具;石质的斧、锛、铲、凿、镞等生产工具;蚌质的镰、刀、镞等;另外发现有铜渣,证明有冶铜手工业。综合观察,该聚落尚有一定的农业职能,但已不占主要地位,手工业种类不少于两种(冶铜、制陶),冶铜业多半已是专业的,可能有相当比例的人已游离于直接的物质生产(从事社会管理或服务业)。"两种以上非农业职能"基本上是具备了。因而,笔者以为平粮台城址已可以认为是地理学意义上的"都市"了。需要特别补充一句的是,这个判定并不是那一圈城墙的缘故。

2. 后岗(见《梁思永考古论文集》,科学出版社 1959 年版;《考古》1982 年第 6 期)

后岗遗址位于河南省安阳市西北,属龙山文化晚期,^{14}C 年代为 2145 ± 120 B.C.。该聚落围有碎土城墙,墙宽 2 米~4 米,破坏较甚,已无由得知城址面积,聚落总面积约 10 万平方米,城址内密集分布着直径3米～5米的圆形白灰面房基。出土物主要是陶质生活器皿及少量石、骨质工具,除了有一圈城墙外,该遗址同其他同时期的遗址实在没有什么不同。城墙应当视作"寨墙"或壕沟,其功能不过是一个较大聚落的普通防御设施而已。整个聚落看不出农业以外的其他职能,后岗遗址不是地理学意义上的都市。

3. 王城岗(见《文物》1983年第3期)

位于河南省郑州市登封县告成镇,属龙山文化晚期的第二期,有两座可略分早晚的互相叠压的城堡遗址,"东城"和"西城"。^{14}C年代为1900±165 B.C.和2050±65 B.C.。西城是在被冲毁的东城的基础上筑起来的,略呈正方形,面积不足8000平方米。城墙堆筑技术很原始,城址内发现了"可能是当时城堡内的重要建筑遗迹"。设想当时东、西两城同时使用,则总面积顶多2万平方米多些。出土物种类有:陶质生活器皿,石质的镰、铲、刀、斧、镞等生产工具。

王城岗主要因为有两圈城墙,加之其地望,不少论者认为可能是"禹都阳城",并以此大谈其为"早期城市"。我们且不排除其可能是禹都阳城,那么该聚落除了普通的维持生存的农业机能外,还可能有一个作为"王都"的行政职能。是否还有可能为保卫王都需要而驻有一支常备军队,因而具有专业的军事机能?很小的聚落规模及出土物所见都无法证明这一点。且所见的生产力水平,不可能已有完全游离于生产的专业军队。即便作为王都的行政职能被认定(可能性很小),也顶多可以称其为作为政治中心的"行政聚落",具有一点"似城聚落"的功能,而不能称其为地理学意义上的都市(城市)。

4. 边线王城(见《人民日报》1985年1月3日)

边线王城位于山东寿光县南,有一圈城墙,"属龙山文化中期偏后的古城遗址"。城址总面积4 400余平方米,略呈方形(东西长220米)。尚无^{14}C数据发表。至今为止,发表材料极有限,仅知为一中等规模聚落。目前无法分析该城具有哪些功能,是否都市的推断亦无从作起。阙疑。

5. 城子崖(见《城子崖——中国考古报告之一》,国立中央研究院历史语言研究所1934年版)

位于山东历城县龙山镇,是最早发现龙山文化及龙山时期城墙的地方,迄今尚无^{14}C年代数据。其城墙为一"方位拾正的长方形",面积175 500平方米。城墙的构筑已较为复杂,然而城址内很少发现其他建筑物遗迹,陶、石质的遗物同其他同时期遗址所出并无明显的不同之处,也没有值得引起特别重视的其他现象(如金属、人骨奠基坑之类),因而无从判断该城址是否还具有农业生产以外的其他职能。虽然规模颇大,但可以判断其为"都市"的证据很少。单从现知的聚落功能来看,城子崖只能是较大规模的农业聚落,连似城聚落也不能算,更不是地理学意义上的都市。

6. 二里头(见《考古》1974年第4期)

位于河南省洛阳市偃师区西南。遗址面积极大,东西2 500米,南北1 500米,总面积达3 750 000平方米,文化层厚达4米,使用年限相当长。"二里头文化"共可分四期,^{14}C年代范围为:一期1940±120 B.C.,四期1625±135 B.C.,已进入商代纪年范围。遗址中部有一规模很大的宫殿基址,10 000平方米以上,其上又有高起的殿堂基座,900平方米。整个基址基本上已具备了中国古典宫殿建筑的形制和规模,可称壮观。这样一座大型宫殿,绝不会是孤零零地立在那里而没有任何其他附属设施的,还应有数量可观的相关人群的工作、居住场所。可以想象,如此大的一个聚落,当时一定是房屋鳞次栉比、人群熙熙攘攘的。整个遗址范围内还发现了相当数量的房基、窖穴、灰坑、水井、冶铜遗址、陶质下水管道等丰富的遗存。这是一个早商或夏末时的王都应该是没有问题的(不少论者认为是汤都西亳,后面将论到),非农业的行政中心职能已可成立,加上多种类型的手工业作坊,非农业聚落机能已超过两种,似乎不必更多的论辩,二里头是一座都市。

7. 郑州商城(见《文物》1977年第1期;《文物资料丛刊》第1辑,文物出版社1977年版)

郑州商城遗址在今天河南省会郑州市区的东部,文化年代为商代早期,^{14}C数据为 1620±135 B.C. 和 1595±135 B.C.。

城墙周长6 960米,略呈长方形,城址总面积3 170 000平方米,四周有大量的附属设施及小型聚落,整个商城内外聚落范围为25 000 000平方米,规模巨大。城内有许多可能为宫殿遗址的夯土台基及各类遗迹、遗物,城外四处散布着制铜作坊、制陶作坊、制骨作坊等遗址,还有杜岭后街出土的"其为王室重器大体可定"①的两个大方鼎,等等。种种迹象说明,郑州商城作为一个集多种功能于一身、已经相当发达的都市,应该是不必再多作论证了的。曾有文章谈到,郑州商城并不是"真正意义上的城市",因为"没有商业"②。只好说,这是单以某一项指示物(例如单以城墙,此处是单以商业)为判别都市(城市)的做法如何片面的一个证明。

8. 尸乡沟商城(见《考古》1984年第6、10期)

地在河南偃师城西,距二里头仅5千米,文化年代较郑州商城略早,尚无^{14}C年代数据。城址整体略作长方形,面积1 900 000平方米。已发现有四处大型夯土建筑群或建筑基址,其中Ⅰ号建

---

① 见北京大学历史系考古教研室商周组编著:《商周考古》,文物出版社1979年版,第60页。
② 见郑昌淦:《关于中国古代城市兴起和发展的概况》,《教学与研究》1962年第2期。

筑群规模很大，并设有夯土围墙，位于全城的中心部位，估计为当时的宫殿区。整个遗址规模巨大且布局规整，发掘者认为，"迄今只有郑州商城和安阳殷墟可以相比，可以肯定地认为，这不是一般的聚落，也非方国小城，而是一代王都"。虽然发表的材料还不是很多，但作为王都已有非农业的行政职能。虽然似乎尚无"证据"，但笔者还是认为，如此规模的城址，其他一两种非农业聚落机能的确定当无问题，特别是应该有相当规模的手工业，因而笔者以为尸乡沟商城可称为名副其实的都市。

9. 盘龙城（见《文物》1976年第2期）

盘龙城所在地已在长江流域的湖北黄陂县叶店村，位于伸入盘龙湖的小半岛上。虽然远离商王朝的统治中心地区，但其文化面貌同中原地区完全一样，相对年代同郑州商城，为商代前期。尚无^{14}C数据。

整个聚落遗址由一座城及城外东西约1 100米、南北约1 000米的丘陵地带上断断续续分布的众多遗迹组成，总面积达1 100 000平方米。城址大致位于整个聚落中心，面积75 400平方米，城内东北高地上有密集的大型建筑群，为宫殿区，城垣外有宽约10米的壕沟。城址之内及整个聚落范围内出土了大量青铜器及炼埚（将军盔）、炼渣等冶炼遗迹，说明虽然铜器风格同黄河流域完全一样，但这些铜器是在本地铸造的。出土有不少玉器装饰品，当然还有大量的生活用陶器，石制生产工具以手工业用途的斧、锛、刀等为多，而不同于一般农业聚落以镰、铲为多。青铜器除礼器外又有数量众多的刀、凿、斧、锯等手工业用具。有理由说，当时盘龙城居民中的绝大多数是从事非农业的、维系此（论者认为是商王朝的某个）"方国"统治相关的职业的，两种以上非农业职能肯定是具备的（如行政中心、手工业等），该聚落为地理学意义上的都市当可成立。

10. 殷墟(见《殷墟发掘报告第一期》,国立中央研究院历史语言研究所 1929 年版;《考古》1961 年第 2 期、1976 年第 4 期)

河南安阳小屯的殷墟是极有名的地方,一般认为其为商代最晚的都城,应无问题(近年来也有争论,后面要论到),^{14}C 年代较具代表性的为 1400 ± 190 B.C.(标本为相当于中期的妇好墓)。

以洹河南小屯的宫殿区为中心的整个殷墟范围,东西 5 千米～6 千米,南北 4 千米～5 千米,全分布有遗址和墓地,总面积约 24 平方千米。布局大致是宫殿区在洹河南,王陵在洹河北,其间散布着许多居民点及大规模的手工业作坊遗址,宫殿区内也有铸铜和制骨手工业遗迹。至于出土品,可谓丰富无比,不少考古发现之"最"都在这里,如后母戊大方鼎等,似不必多举例了。考察其聚落功能,一个已经高度发达了的政治中心(王都)的各类职能(行政中心、各类手工业、专业的祭祀阶层、常备军等)都已齐全,非农业机能远超过两种,判定其为地理学意义上的都市(城市)没有任何问题。再者,殷墟至今没有发现城墙,但这并不影响判断其为都市。

四

1. 中国早期都市的一些特点

针对前文中的十处"城址",用聚落功能分析的方法,推定了其中有六处为都市(按年代早晚为序):平粮台、二里头、尸乡沟、郑州商城、盘龙城、殷墟。这是现知中国最早的一批都市,年代跨度约一千年。

年代上,最早的平粮台尚属龙山文化晚期,但其所反映的都市面貌已经是比较成熟了的。也就是说,中国最早可被称为都市的聚落,在这之前可能就已经出现了,甚至有可能早到龙山文化中期。

六个早期都市中有五个位于今天的河南省境内,除平粮台外,其余五个可以认为是同一个民族,即均为商人所建(也有论者认为二里头为夏人所建)。这无疑说明黄河流域的中国早期文明在商代获得了高度繁荣,这种繁荣是以商民族为主体的。远离中原的长江岸边的盘龙城,是文化面貌与中原地区完全一样的"方国"或"文明据点",它同当地同时期的土著文化大相径庭。在地理位置的选择上,平粮台位于大平原上隆起的岗丘状高地,这或许可视作一般特点:低平原地区的都市,最早都是从岗丘聚落发展起来的。

中国早期都市当以政治中心为多,虽然普遍包含有各类手工业,但所体现的商业(交换)机能极其微弱。

2. 有关早期都市与文献记载的对应问题

从文献记载看,夏、商两代王都的迁徙频率是很高的。考古发现的六个都市中无疑有些正是这些记载中的王都。但是这些城址却都是经过认真规划,花费了大量物力、财力建造,又经过很长时间经营的,似乎在建造之初并没有若干年后就废弃的打算。实际上,已经发现的这些城址在建造年代上是有先后的,如同属商代的郑州、尸乡沟、二里头(存疑),这又颇符合文献记载。怎么理解这种既着意经营又不时迁徙的现象?有一种意见认为,商代已有了分设别都的习惯,如认为尸乡沟是"太甲桐宫",是一个别都。① 如是这样,则记载中的某王"居"某地,可否理解为某王新建某都?即历代王不停地增加别都,当然也包括一些陈旧的都市被淘汰、废弃,因此年代上自然会有先后,一定程度上也符合考古

---

① 邹衡:《偃师商城即太甲桐宫说》,《北京大学学报(哲学社会科学版)》1984 年第 3 期。

发现的事实。当然这是推想,尚无法证实。

平粮台太早,盘龙城太远,而其他四处城址都是在发现之初就引起了如何与文献相互印证的争议,可以说至今连一个都没有得到彻底的解决。

最早被发现的是小屯殷墟,王国维论之最详,并为绝大多数人接受,认为即盘庚所迁之殷(北蒙)。① 但丁山独持别论,认为殷墟非盘庚所迁,而实为武丁所迁②,此说影响不大,几被遗忘。近年来,一些致力于商代考古的学者又重振此说,对"盘庚所迁之殷"表示怀疑。③ 彭金章、晓田《殷墟为武丁以来殷之旧都说》一文论述较详④,其主要理由有三:(1)殷墟"从未发现属于(武丁之前)第一期的大型版筑基址和王陵","大型宫殿的兴建,商王陵墓的营造"都是从(武丁)第二期开始的;(2)小屯所出甲骨,有文字收录在《甲骨文合集》中的达 41956 片,全部为武丁开始历代商王的,从未言及盘庚、小辛、小乙时期;(3)所谓"竹书纪年之语"有误,《史记·殷本纪》正义所引,"实出自李泰《括地志》,乃隐括《纪年》之文"。此文一并解释了"盘庚迁到哪里去了"的问题,认为迁到亳,即尸乡沟去了,因为《史记·殷本纪》有盘庚"复居成汤之故居……治亳,行汤之政"之语。

应该说,此说不无道理,但尚难视作定论。

近年又有新说,认为殷墟并非都城,而只是晚商的王陵区和祭祀区,其理由也有三⑤:(1)殷墟无城墙,作为国都"不可想象",小屯村西的壕沟亦非防御设施,只是排水道;(2)无宫城、街道及

---

① 见王国维:《观堂集林》卷十二《说殷》。
② 见丁山:《商周史料考证》,龙门联合书局 1960 年版,第 37 页。
③ 杨锡璋:《殷墟青铜容器的分期》,《中原文物》1983 年第 3 期。
④ 见中国考古学会编:《中国考古学会第五次年会论文集(1985)》,文物出版社 1988 年版。
⑤ 秦文生:《殷墟非殷都考》,《郑州大学学报(哲学社会科学版)》1985 年第 1 期。

大型宫殿,所谓"宫殿建筑"只是享堂或宗庙;(3)都城与陵墓区,根据"常识"应有一定距离,不应直接设陵于都城内。该文作者认为,关于晚商王都应聚焦殷墟南一百余里的朝歌。

此说若能够成立,则商代的历史一定程度上将要重写。此说虽可称言之成理,但毕竟薄弱,所谓"常识"及"不可想象"之处全可以有例外。

20世纪50年代发现郑州商城后,大多数人都接受此为仲丁所迁之隞(嚻)都。后来邹衡力主郑州为汤都亳,但学术界多不接受。二里头被发现后,不少论者认为是汤都亳,证据是《汉书·地理志》《水经·谷水注》《水经·汲水注》《括地志》等均有相关记载,另有观点认为是桀都斟寻。尸乡沟商城被发现后,上述史料再加上《太康地记》《洛阳伽蓝记》《元和郡县志》等都成了证明此处是汤都西亳的证据,当地地名及民间传说也都可加强此说,似乎不能全归于附会。因而,尸乡沟为汤都亳恐怕是比较符合事实的。

现在看来,关于这四个早期都市(二里头、尸乡沟、郑州、小屯),与史料记载相应有这样几种可能性:

1. 二里头为亳,则年代紧接的尸乡沟应为亳以后的嚻(隞),郑州为此后某地。

2. 尸乡沟为亳,则较其为早的二里头就有两种可能性:若为商人所建则为商邱,若为夏人之都则为比西河更早的老丘,或为桀居斟寻。那么,较其为晚的郑州则多半应为嚻(隞)。

3. 郑州为亳,则较其为早的二里头为夏都(夏墟)斟寻或西河。尸乡沟为商文化无疑,则为汤之前之商邱或殷(此殷恐与小屯不同)。至于郑州为亳,尸乡沟为太甲桐宫,则需地层上的证明,即需要尸乡沟晚于郑州的证据。

4. 小屯(殷墟)为盘庚所迁,则与较其为早的前几城无涉。

只需注意是否还有新的发现来充实盘庚迁殷之前的若干环节。

5. 小屯为武丁所迁之都,则关于武丁之前就有新的疑问。未必就如彭、晓所论那么简单,即盘庚迁到亳地即尸乡沟去了。

这几种可能性终归于何说,一定程度上取决于汤都亳地地望的确定。

(原刊发于《国际东方学者会议纪要》1989 年第 34 期)

《山海经》所载之金属矿产地

《山海经》中记载的金属矿产共有13种：金、黄金、赤金、白金、银、赤银、铜、赤铜、美铜、铁、锡、赤锡、白锡。其实只有5个大类，即金、银、铜、铁、锡。几乎全部记载在《五藏山经》之中，尤以《中山经》内为最多。除《五藏山经》之外，只有《大荒西经》和《海内经》各有一地，前者共生银、铁2种矿产，后者共生黄金、银、铁3种矿产。

按每种金属的出现地统计，产金地最多，110处；其次为铁，39处；再依次为黄金、铜、银、赤金、赤铜、白金、赤锡、赤银、锡、白锡、美铜，都只有1处。按大类计，金类（金及黄、赤、白金）也最多，共161处；其次铁类，39处；再次铜类（铜、赤铜、美铜），30处；从次银类（银、赤银），14处；锡类最少（锡、赤锡、白锡），共5处。全部金属矿产地为249处（几种共生于一地的按出现次数计）。

五大类金属中，只有铁一种为单独一类，其他金、银、铜、锡都有黄、赤、白、美之类的区分。问题是其黄、赤、白、美之分究竟意味着什么？是科学的分类吗？回答不出。我们所能看到的，只是某某山"其上多黄金"或"其上多白金，其下多铁""其阳多铜，其阴多赤金"之类的记载，至于白金、赤金、黄金之间，铜、赤铜、美铜间的具体区别，无法获得较为准确的信息。但无论如何，还是有理由可以说，在写作《山海经》的那个时代，人们对各类金属矿产的认识早已不是混沌一片了,虽然见诸文字的还谈不上严格意义上的科学分类,但可以肯定起码是一种根据经验的分类。

各类矿物均以《中山经》记载为多。赤银、美铜、白锡、锡这4种只有1处产地的金属中,有3处都在《中山经》地域内,最多的金和其次的铁也都以见于《中山经》内为多。全部249处矿产地,《中山经》有124处,占了50%;其后依次为《西山经》《北山经》,皆为43处;《南山经》,19处;《东山经》,15处;《海内经》,3处;《大荒西经》,2处。但是这种记载上的差异,并不能说明《中山经》地域范围内的金属矿产资源就一定较其他各地丰富。因为《中山经》所记范围主要为黄河中游流域及四川地区,是《山海经》作者最为熟悉的、以华夏各族为中心的较为发达的地区,所以记载详细且比较符合实际。

各经所记的金属矿产,有些产地已可大体指实为今地某处,当然更多的还是不能实指,只是大致可以知道较大范围的今地地望。那些大体可指实今地的,按理应该以今天的地质资料对照,以说明《山海经》中所记的可靠程度如何。但这类资料极难获得,相当一部分涉及"保密",虽经努力,但收效甚微,只得付之阙如。

此处有必要将《山海经》各经所记的地域范围作一大致的交代,以便对金属矿产地分布地望有大致的了解。①

《南山经》地域范围　东起今浙江舟山群岛,西抵湖南西部,南抵广东南海一带,不包括海南岛附近。

《西山经》地域范围　东起山陕间黄河,南起陕甘秦岭山脉,北抵宁夏盐池西北、陕西榆林东北一线,西南抵鸟鼠山、青海湖一线,西北达新疆东南角。

---

① 《山海经》各经记述范围及可指实各山,见谭其骧《论五藏山经的地域范围》一文(载《中国科技史探索》国际版,上海古籍出版社1982年版)。

《北山经》地域范围　东北抵今内蒙古东南,东至渤海,西北及河套以北阴山山脉,西至宁夏中部、黄河西岸,南抵山西南部、河南北部。

《东山经》地域范围　主要在今山东省内,包括山东半岛全部,南及苏北、皖北。

《中山经》地域范围　主要为上述各经所围,西南抵川西高原。

下面分述各类金属矿分见于各经情况。

(一) 金

金的产地共有 110 处。其中《南山经》15 处,有 3 处当可指实今地:招摇山,今广东连县北湘粤边界上之方山;句余山,今浙江四明山之东北;会稽山,今绍兴市南会稽山。

《西山经》10 处。有 2 处大体可指实今地:天山,可能为今甘肃张掖县西南祁连山;翼望山,今新疆若羌县西南阿尔金山脉某山。

《北山经》25 处。有 5 处可大致指实今地:梁渠之山,今内蒙古兴和县西南;敦题山,可能为今克什克腾旗西达来诺尔或阿巴嘎旗南查干诺尔附近;归山,今中条山脉西端某山;泰戏山,今山西繁峙县西;帝都山,约为今察右前旗黄旗海或凉城县岱海。

《东山经》15 处。有 3 处大致可指实今地:泰山,今山东境内泰山;尸胡山,疑为今烟台芝罘山;太山,今沂山或东泰山。

《中山经》45 处。可指实地望者仅 1 处:岷山,今茂汶羌族自治县内。

(二) 黄金

黄金产地共 29 处。其中《南山经》2 处,无可指实今地望。

《西山经》9 处。可指实今地 2 处：騩山，今青海日月山；龙首山，今宁夏境内六盘山。

《中山经》17 处。或可指实今地者 2 处：女儿山，今四川双流县女伎山；崃山，今邛崃山。

《海内经》1 处。"流沙西"，无可指实今地。

(三) 赤金

赤金产地共 13 处。《南山经》1 处，《西山经》1 处，《中山经》11 处，全都无可确指今地。

(四) 白金

白金产地共 9 处。《南山经》1 处，《西山经》1 处，《中山经》7 处，均无可指今地。

(五) 银

银产地共 13 处。《西山经》6 处，1 处可确指今地：大时山，即今太白山。

《中山经》5 处，无可确指今地者。

《大荒经》1 处，《海内经》1 处，均无可确指今地。

(六) 赤银

《北山经》1 处：少阳山，即今山西交城、静乐县界之关帝山。

(七) 铜

铜产地共 19 处。《西山经》5 处，可确指今地者 1 处：铃山，今陕西延安东南汾川河发源地。其余不能确指。

《北山经》9 处，可确指今地者 1 处：县雍山，今太原市西南晋祠西山。

《中山经》5处,无可确指今地者。

(八) 赤铜

赤铜产地共10处。《西山经》3处,《北山经》2处,《中山经》5处,皆无可指实者。

(九) 美铜

美铜产地1处。《中山经》中次十二经记载,无可确指今地者。

(十) 铁

铁产地共39处。《西山经》8处,有1处可指实今地:龙首山,今陕甘界上陇山。

《北山经》6处,《中山经》23处,《大荒西经》1处,《海内经》1处,均无可确指今地。

(十一) 锡

仅《中山经》中次五经记载1处,尚不能确指今地。

(十二) 赤锡

赤锡产地共3处。均记于《中山经》,无可确指今地。

(十三) 白锡

白锡产地1处。记于《中山经》中次八经,无可确指今地。

上述各经所载不能确指今地者,其大体地望见前述各经地域范围。

另外,上述各类金属矿产种类及其产地也可启发我们联系《山海经》一书的写作年代。从考古发现看,金和铜的使用比较早,铜锡合金的青铜在商代也已应用普遍,而铁器的使用则是较晚的事。大概在春秋晚期,我国古代先民已掌握了冶铁技术,并已使用铁器。但是铁器得到比较广泛的应用应该是在战国时期。[①]《山海经》全部金属矿产地为249处,其中铁矿产地有39处之多,占11%强,集中在《中山经》(中原地区)、《北山经》(河套及接近漠北一带)、《西山经》(陇西及以西)这样几个区域内,是汉民族形成地区及同周边民族接触较频繁的地区。从记载看,有理由认为此时对铁的认识和使用已有较长的时间,可以认为这从另外一个角度证明了《山海经》的写作年代不应该早于战国。

(原刊发于《历史地理研究》第2辑,复旦大学出版社1990年版)

---

① 中国社会科学院考古研究所编:《新中国的考古发现和研究》,第332—333页。

略论似城聚落

聚落地理学研究在我国还很不发达。即便是极具实用价值的城市地理学（属聚落地理学的一个分支，也有论者认为现代城市地理学已成熟到当为一门独立的学科），一直到1983年《城市地理概论》①一书出版之前，也数十年没有稍成体系的著作问世。而"似城聚落"一词，恐大学地理系师生亦不乏未谙其名者。即便是上述《城市地理概论》一书中，未知作者是否有意回避，总之也没有出现"似城聚落"一词。而实际上，似城聚落的存在是非常普遍的现象，而且这一概念具有理论上的独特功能。

"聚落"是一个涵盖很广的词，从"三家村"一直到百万以上人口的大城市，都是人类居住的聚落。但仅此一词，于地理学研究又显得过于抽象、宽泛，因此分聚落为乡村和城市两大类，很早就已是聚落地理学的传统研究方法之一。只是在理论研究中，"乡村"和"城市"这样的二分法逐渐显出了明显的不足之处。因为很有一些聚落并非乡村，其居民却大多或全部不从事农业（指大农业，包括林、牧、渔业等），聚落景观也是非乡村的，然而又不能称其为城市。虽然城市可以有许多标准，但在众多的标准面前，这些聚落又难入其列。这样的一些聚落曾颇令研究者们感到困惑，

---

① 于洪俊、宁越敏：《城市地理概论》，安徽科学技术出版社1983年版。

因而"似城聚落"概念应运而生。传统的聚落二分法(城市与乡村)进而变为三分法(乡村、似城聚落、城市),这应该是地理学研究中的一大进展。就抽象的聚落分类而言,三分法已较完整地完成了这个任务。

德国的许瓦茨(Gabriel Schwarz)是第一个明确提出"似城聚落"概念的地理学家。他的定义是:"城乡之间的、非农业的、部分似城的聚落。"① 此定义将似城聚落与乡村间的界限表述得比较清楚,但与"城市"间的差异界限却仍嫌宽泛了些,不够明确和具体。"部分似城"怎么把握?这里不免又要牵涉"城市"是什么的问题(此问题太大,不便展开,此处只是就许瓦茨的理论而言),哪一部分"似"才算得上似城聚落呢?按许瓦茨的理论,城市的定义为:"一个有固定的大量人口集中在有确定形状的聚落中,而其内部结构的各部分表现出适当的差异,城市生活的发展也达到足够的广度,并有明显的中央性(centrality, zentralitael)。"归纳起来,此段话共有五个要点:(1)大量固定人口、(2)形状确定、(3)内部结构差异(多种功能)、(4)城市生活、(5)中央性。除第四点标准难以捉摸外,其余各点都可以明确把握。此处的中央性也叫"中地机能""中点影响",指的是城市对其周围地区(当可推延至腹地)的各类服务及影响。中地机能也被称为城市的普通机能,是多数城市普遍具有的机能,称为"普通机能的城市",再加上"特殊机能的城市",这是许瓦茨对城市所作的两大分类。所谓特殊机能指:(1)政治机能、(2)文化机能、(3)经济与交通机能(由此决定的城市类型又可细分为市集城、交通城、商业城、工业城与矿业城、国都、大都市和世界性都市,这一城市分类法自可视为言之成理)。然而,"普通机能"和"特殊机能"之分,究竟具有多少理

---

① 沙学浚编著:《城市与似城聚落》,台湾编译馆1975年版。

论或实际意义,似可商榷。

再看许瓦茨的似城聚落,其分类如下:

1. 传统的工艺和工业聚落:(1)矿产聚落、(2)林产聚落、(3)渔业聚落、(4)工艺和工业聚落

2. 现代工业形成或改造的聚落:(1)林业聚落、(2)渔业聚落、(3)矿业聚落、(4)乡村工业聚落

3. 交通聚落

4. 旅游聚落

5. 居住聚落

6. 军事聚落

7. 宗教聚落

8. 文教聚落

9. 中点聚落

上述1、2类之区分,虽可见其用意良苦,但不免有叠床架屋之嫌。共分为9种类型的似城聚落,除第9种较为特殊之外,其余各类的实质是比较好把握的。笔者以为,最重要的特征当是聚落机能的单一。也就是说,该类聚落是以这一部分机能为其主要标志的,而这种机能恰恰是"乡村"所没有的,只有"城市"才可能有,只是该聚落仅具有城市所可能有的种种机能中的一种,因而它不是城市,而只是似城聚落。其实换一个观察角度,称这类聚落为"非乡村聚落"的话,或许还更贴切些。在这里需要讨论的是这个分类理论在研究工作中的实际功用,以及比较特殊的中点聚落问题。

仔细研究这个体系后会发现,在城市与似城聚落之间,很明显仍有一个界限怎么确定的问题。比如大学城(属特殊机能的城市)与文教聚落之间、交通城与交通聚落之间以什么标准加以区分?比较容易想到的答案是以规模区分,大者为城,而小者为似

城。但是大、小间临界的度怎样把握，也是一个不太容易解决的问题。如果用人口数、聚落面积或建筑物数量作一个人为的界定，或可因人、因时、因地、因事（如某研究课题）而给出不同的标准，只要避免自相矛盾即可。

如果一个聚落有两种以上的上述似城聚落的机能，应当如何归类？例如，中国学者沙学浚曾分析过台北市近郊阳明山一带的聚落。这一带风景优美，有公园及温泉，终年吸引着海内外大量的游客；这一带又有大量的别墅式住宅，是中产阶级以上阶层的居住区，间或有一些提供服务的小商店；另有两所高等院校及研究机构，附有几千人的学生宿舍与教职员宿舍。沙学浚按其机能分别称之为旅游聚落、居住聚落和文教聚落，即三个似城聚落。如果说阳明山已不是似城聚落，而是完全的城市，是否有什么不妥呢？再以北京中关村一带为例，那里有若干所大学和科研机构，以及主要为这些单位服务的若干商店，居住有几万人。在它没有和北京市连成一片之前，它是文教聚落、居住聚落，还是大学城、科研城呢？如果按沙学浚先生的理论，应该是文教聚落、居住聚落，因为他认为"城"必有"市"（实指闹市），中关村一带看来并无"闹市"，因而不是城市。

我们再来分析一下前面提到的"中点聚落"。这里所谓的"中点"，指的是对其周围地区提供服务的、处于中心地位的"点"（聚落）。但是按照前面的理论，这种"中地机能"是大多数城市所具有的"普通机能"，除"特殊机能"的城市外，一定程度上中地机能的有无是区别"城"与"似城"的重要标志，最能体现中地机能的似乎即是"闹市"。那么为什么又有一种作为似城聚落的、具有多种功能的中点聚落呢？应该说理论上有一定程度的自相矛盾。再看沙学浚编著的《城市与似城聚落》一书中所列中点聚落的三种类型：

1. 分散的乡间小村落及孤屋达到一定数量时，会自然产生或专门设置一个完成商业、行政、医疗、邮电、宗教等项服务的中点；

2. 定期举行的市集，这似乎可被称为临时中点；

3. 殖民时代的殖民点，具有行政、经济、社会、宗教等各项中点机能，对周围居民具有影响。①

这三种类型，除第二种外，为什么不可以叫作城市？规模较小可能是唯一的原因。此外，第一种情况较容易令人想起中国宋代以来普遍存在的镇。在中国人的语汇中，"镇市"是经常连在一起的，其和城市的不同好像也只是规模不够大，中地机能则可谓极其充分。这里又遇到如何把握规模大与小之间的度的问题了。

上面的理论中，城市按其主要功能可分为不同类型，似城聚落也同样，两者间的区别似乎只是规模的不同而已。是否可以得出这样的结论：乡村聚落之外，凡规模大者为城市，规模较小者为似城聚落？按此体系，是否理论上的问题已解决，剩下的只是因时、因地、因人制定不同的"界"与"度"就可以了呢？显然并没有那样简单。

那么问题在哪里呢？还是在于对似城聚落的概念（定义）表述得不清晰。笔者以为，地理学意义上的聚落分类，只能从聚落功能入手。非乡村的、功能单一的聚落称为似城聚落，这一点应当表述明确，事实上把握起来也较容易。接下来令人困惑的是两种功能以上的聚落的归类问题。例如，现在的中关村已和北京市区连成一片了，今天可能不会有人说中关村这一带不是北京市区的一部分，然而若干年前，中关村和北京市区之间是隔有一大片农田的，那时可能习称中关村一带为郊区，但当时与现在中关村

---

① 见沙学浚编著《城市与似城聚落》。

的聚落功能并没有本质上的变化。设想有若干空间距离大致相等,各自独立、功能单一又互不相同的似城聚落,随着时间的推延,发展的结果是各聚落汇集而一了,此时是否可以称这个不同功能汇集而一的大聚落为城市呢?如果可以,则这个城市很可能并无"闹市"性质的中地机能;如果不可以,则理由除了没有"闹市"以外还能有什么呢?

城必有市(闹市)的观点是否太狭隘了些,中地机能是否又只能是商业性质的?应该说这个理论是颇有影响的,胡振洲即将台北附近常住人口超过15万的永和(镇)归属于"大都市附庸型"的似城聚落,而不看作城市。① 事实上,几乎所有似城聚落都会附有一两个或更多的店铺,但一般是忽略不计的。还有一个理由是这些店铺虽然也是商业设施,但只为本聚落服务(低级服务),无中地机能可言。

笔者曾试图将中地机能的概念推而广之,除了完整意义上的"自给自足"以外,是否可以认为所有文明人类的聚落,其功能都具有不同的中地性呢?如乡村聚落的农产品,都有一个供其销售的"市场周地",非产业的如文教聚落、居住聚落等,也都有一个"服务周地",等等。如果这种说法可以成立,那么纯商业性的中地机能也只需视作众多不同中地机能的一种,不必被视作决定是否城市的几近于唯一的标准。其实,即便以商业中地机能为中心而推延的理论而言,在以中地机能为标准衡量的"普通机能城市"之外,也还有一种"特殊机能的城市",是不以这种商业中地机能为判断标准的。因此,只以商业中地机能的有无作为是否城市的唯一标志的理论是有严重缺陷的,事实上也行不通。笔者建议视商业性中地机能为诸多不同的中地机能之一种,并不完全否定商

---

① 胡振洲:《聚落地理学》,台湾三民书局1977年版。

业性中地机能在聚落分类依据上的一定程度的特殊性。毕竟,我们不能否认人类历史上在城市产生之初就与商业结下了不解之缘。就汉语语义学而言,"城市"一词即包含了"聚居"和"商业"这两重意思。笔者以为,其特殊性应体现在似城聚落还是城市的判断过程中,不同之处是不将其作为唯一标准。

从理论上讲,非农业的单一职能是似城聚落的最主要特征,则具有两种以上非农业职能的聚落就不应再是似城聚落了,当然可以认为就是城市。理论上应该说没有任何问题,问题在于实践中是否有可能被接受。设想如果两种(非农业)职能中有一种是商业性职能,无疑具有中地性,例如某小商港为货物集散地,同时又是一旅游热点,旅客终年不断,未必设有行政机构,仅有商业及旅游机能,可想象此聚落事实上的繁盛,那么称其为城市应该还是容易被接受的。但若是一个宗教圣地,同时又是一个旅游热点,比如安徽省境内的九华山,庙宇数量可观,自然风光秀丽,具有宗教及旅游两种非农业功能,其居民相当一部分是神职及辅助人员,此外就是旅游从业人员,再就是从事农业的乡民,则如称该地为城市,于事实和理论上都不易成立。类似的情况还有很多。

上面这两个例子正是前面强调的商业性中地机能在各种聚落机能中具有一定特殊性的证明。如果一个聚落共具有两种非农业职能,其中一种是商业性中地机能的话,则该聚落无疑应是城市了。如果一个聚落共有两种非农业职能,又是非商业性的,那么就很难将其归为城市,而只能视其为似城聚落。

那么,一个具有三种非农业机能,且皆非商业机能的聚落,其聚落性质的归类应不具有很大的难度。以许瓦茨的城市定义来衡量:第一,其固定居民已有相当数量;第二,聚落形状业已确定;第三,在内部结构差异方面,聚落机能已具有三种之多;第四,对于"城市生活",只需换一个角度,以"非乡村生活"来衡量便可明确;第五,对于"中央性",前面论到,只要勿拘泥于商业性即可。上述五点大体符合许瓦茨有关城市的定义,因而我们已经有理由称其为城市了。

(原刊发于《地理科学》1992 年第 1 期)

关于"都市(城市)"概念的地理学定义考察

　　有必要写在本文之初的是,我们认为,现代汉语中"城市"一词的使用,其实颇为不当。"城"之本义,指那一圈城墙及所围之地,"市"则指商贾云集之处。中国历史上,凡人群集居、商业繁荣之都会,绝大部分都有城墙所围,"城市"一词也早经使用(后面有例子),因而延续至近代,"城市"一词很自然地进入现代汉语。本来这无可无不可,约定俗成,只要文意不乱即可。日常生活中,也似乎无甚障害。但是在需要精确界定概念的学术研究中,特别是有关"城市"史及"城市"起源问题的研究中,此词较容易误导研究者(包括笔者)将注意力较多地集中到那一圈"城(墙)"上去(例子有许多)。因而我们建议,自地理学界开始,不再使用"城市"一词,而代之以"都市"。"都市"一词较为客观地强调了人口集居、多种聚落功能聚集,比较接近社会生活中枢的"都会"的意思,而这正是地理学意义上"都市(城市)"这一类聚落的概念核心之所在。事实上,"都市"一词的使用也有其长远的历史(后面也有例子),进入近代以来,"都市"一词曾经是比"城市"一词更普遍地被使用过的,这只需翻检 20 世纪前半叶的出版物即可明了。因而本文所建议的以"都市"取代"城市",颇有一点"建议恢复"的意思。后面将多次出现的"都市"一词,即是至今沿用既久的"城市",即英文的"city"一词,希望能为学界所接受。引文所涉之"城市"一词则悉依原样。

现代生活中,各国政府可以根据需要以行政的手段(法的形式)来给"都市"作一个规范。例如在美国,人口普查当局把所有2500人以上的"地区"(municipality)都列为"都市"(city)。[①] 法国、德国都曾将这个数字定在2000,意大利则是6000。[②] 日本地方自治法规定,凡列为"市"的,需具备以下四个条件:(1)居民人数达到一定规模(先是3万人以上,后来改为5万人以上);(2)60%以上"户数"集中于"中心市街";(3)60%以上人口从事"都市性职业"(即非季节性职业);(4)有与都市相称的设施。[③] 在中国,关于都市(城市)也有一个行政性的规范,"指国家行政区域划分设立的直辖市、市镇以及未设镇的县城。独立工矿区和城镇型居民点也属于城市范畴"[④],并且有非常具体的规定:"甲、设置市人民委员会的地区和县(旗)以上人民委员会所在地;乙、常住人口在2000以上,居民50%以上是非农业人口的居民区。"[⑤] 这个范畴又有更细致的明确分辨:"常住人口在2万以上的县以上人民委员会所在地和工商业地区也可以列为城市,其他地区都列为集镇。"[⑥] 应该说上述规范是具有相当程度地理学意义上的依据的,其所强调的基础主要有两点:人口和聚落功能。

在谈到历史上的都市的时候,情况就比较复杂。在中国,比

---

① 见 Encyclopedia Americana 中的"city"词条。
② [日]三野与吉监修、工藤畅须编:《人文地理辞典》,日本东京堂1957年版,第395页。
③ [日]法务大臣官房编:《现行日本法规》第10册;木内信藏:《集落·都市》,研究者出版株式会社1953年版,第145页。
④ 《人民日报》1984年3月4日第5版。
⑤ 《国务院关于城乡划分标准的规定》,1955年11月7日国务院全体会议第20次会议通过。
⑥ 《国务院关于城乡划分标准的规定》,1955年11月7日国务院全体会议第20次会议通过。

较引人注目的是城墙。诚然，历代政权在他们认为需要的时候，也有过某些类似行政规范的举动，如下一道筑城的命令。但是不同时代，不同政权作此类规范的标准是不尽一致的。而且，用"城"围起来的固然多半确是都市，但有一些被"城"所围的却并不是都市，也有一些并无"城"的地方又确是都市。当我们面对历史上面积和人口都相去甚远的大大小小的人群聚落时，应用何种标准来区别出哪些是都市，哪些不是都市？以规模大小作横向的比较，我们可以说，临淄、长安、建康都是都市，而大泽乡、陈桥、三元里都不是都市；以年代早晚作纵向的比较，如新石器时代的半坡遗址和差不多在同一地点的历代长安城，我们也可以说，前者不是都市，而后者是都市。可见，规模和年代的两端是比较好把握的，但这两者之间的界限，即各历史年代都可能要遇到的"都市"的界限问题，却不是那样好解决的了。历史学家和地理学家都从不同角度探讨过这一界限，而且多半集中在都市的起源问题上。就所接触到的材料，我们来作一些分析。

城墙或城堡的有无。这是最常被注意到的，以此为标准谈都市（城市）的文章很多。① 但是有"城"是否就一定是都市（城市）？如果说城墙的最初作用只是为了防御和保护的话，高耸的城墙和下陷的壕沟的原始功能应该是一致的，那么壕沟所围的聚落是不是都市（城市）呢？西安半坡和临潼姜寨都有一个由很深的壕沟围起来的新石器时代遗址，想来不会有人把它们称为都市（城市）吧？新石器时代晚期的河南登封王城岗遗址确有一圈 100 米见

---

① 或见黄以柱：《河南城镇历史地理初探》，《史学月刊》1981 年第 1 期；傅筑夫：《中国经济史论丛》，生活·读书·新知三联书店 1979 年版；《中国封建社会经济史》，人民出版社 1981 年版；曹桂岑：《论龙山文化古城的社会性质》，载《中国考古学会第五次年会论文集(1985)》；等等。

方的城墙①,是否一定就是都市(城市)呢? 商代晚期的王都殷墟至今没有发现城墙,是否就不能算是都市(城市)了? 当历代政府下令在某地筑起一圈城墙的时候,多半那个地方已经具备了主要的都市机能。如果那个地方是在筑起了城墙之后才逐渐繁荣起来的话,那么其都市机能的形成主要也不是因为这堵城墙,而是种种其他因素。何况历史上还有这样的情况,即政府选择某地设一"治所",筑起了城墙,但这个地方除了行政机能以外一直没有再形成其他都市机能。历史上还有过大量的军事据点,以及魏晋时期的坞壁,都是有城(墙)的。这些地方是否也都可以算是都市呢? 当然都是非常勉强的。世界史上的一些早期都市也并不都有城墙。因此我们认为,不能以有无城墙作为都市的标志。

把城墙视同都市又有一段经常被引用的恩格斯的著名论述:"在新的设防城市的周围屹立着高峻的墙壁并非无故;它们的壕沟深陷为民族制度的墓穴,而它们的城楼已经耸入文明时代了。"(《家庭、私有制和国家的起源》)于是不少研究者即以此为据,将都市(城市)的出现与文明时代、与国家(政府)的产生视作完全同步的现象。与此相关,阶级斗争、社会阶层的出现、军事上的需要等,都直接或间接地成了判断都市(城市)的标准。例如认为"城市的产生和国家的产生是同一根源"②,"城市是国家的同义语"③,"是随着阶级社会的产生而产生的",以及认为"城的最初作用,只是为了防御和保护……只有在社会分裂成阶级之后……

---

① 安金槐、李京华:《登封王城岗遗址的发掘》,《文物》1983年第3期。
② 傅筑夫:《中国封建社会经济史》,第74页。
③ 人民解放军河北省承德军分区理论组:《试论中国古代城市的出现和城乡对立》,《光明日报》1975年11月27日;武伯伦:《西安历史述略》,陕西人民出版社1978年版,绪论。

这种防御和保护的需要才会跟着产生"①,"城市的产生,完全是阶级斗争的结果。因此,阶级社会的产生时期,具体说,奴隶占有制的形成时期,便是城市的开始时期"②,等等。上述这些论断其实并不都符合事实。以防御而言,不说防御野兽(这种需要是一直伴随着人类成长的),只说防御敌人,早在野蛮时代,原始部落就已有了这种需要。摩尔根在考察易洛魁部落时指出,"就理论上言,每一个部落对于未与它缔结和平协定的任何部落都处于交战状态"③。恩格斯也说过,部落议事会(不是国家或政府——笔者)的权限之一,便是"接受和派遣使者,宣战及媾和"④。可见,战争以及防御和保护(城墙或壕沟)并不和阶级斗争具有必然联系。至于政府(国家)与都市(城市),两者是否必定是同步出现的,甚至就是同义语?事实上并不是这样。当然,一个由城墙所围(或没有城墙)的聚落如果已经可以被称为都市(城市)的话,则无疑是应该有一个达到一定成熟程度的管理机构的,但这个管理机构却不一定就是国家(政府)。因为任何发展阶段上的人群聚落都会有某种形式的管理机构,例如野蛮时代的部落议事会,但要称其为国家或政府,却需要许多特定的条件,最重要的如按地区而不是按血缘划分国民,公共权力的设立,军队、警察、监狱等国家机器的形成,等等。而都市的出现却与此并无直接关系。应该说,都市的出现无疑加速了国家的形成,即都市的出现是完全可以在国家形成之前的。这个观点并不新,摩尔根早就谈到过,

---

① 傅筑夫:《中国古代城市在国民经济中的地位与作用》,《南开学报(哲学社会科学版)》1978 年第 4—5 期。
② 傅筑夫:《中国经济史论丛》,第 324 页。
③ [美]路易斯·亨利·摩尔根:《古代社会》,商务印书馆 1977 年版,第 114 页。
④ 《马克思恩格斯选集》第 4 卷,人民出版社 1972 年版,第 88 页。

其他人也从不同的研究途径得出过同样的结论。① 摩尔根在《古代社会》中说："到了高级野蛮社会,在人类经验中,首次出现以垣壕围绕的城市,最后则围绕以整齐叠砌石块的城廓。……这种城市使社会状况发生改变,从而对政治艺术产生了新的要求。人们逐渐感到需要行政长官和法官,需要大大小小的文武官吏,还要有一套措施来征募军队和维持兵役,那就需要向公众征收赋税。"②用一句话概括,即先有都市(城市),后有国家。当然,我们也可以认为摩尔根在这里所用的"城市(都市)"一词概念未必精确,但有一点可以肯定,"经典作家"并不认为都市(城市)的产生与国家的出现是一种互为标志的同步关系,而这一点正是持"同步""同义语"观点的研究者们不时引用"经典作家"的论述想要证明的。

还有一种观点以行政当局的确认,即"治所"的设置与否作为都市(城市)的标志。这与以城墙为标志有关,又有所区别。例如傅筑夫认为,"中国的城,从古代到近代,从王都到郡县,都是封建统治阶级的政府……有目的、有计划地兴建的","也往往有由原来一个工商业发达的所在(例如草市)上升为州县城的。但这仍然是政府的事,只有在政府认为有在那里建城设治的必要时,才会使一个市镇上升为州县","如果需要把一个工商业发达的地点改变为城市,也只有政府才有此权力"。③ 梁启超认为,"中国都市(请注意此处已用"都市"一词),向属于国家行政之下"④,大致也是这个意思。我们认为这些论述在年代范围上有所不确,因为"城"不只是"封建"社会才有的现象,而且事实上中国历史上设

---

① 刘兴唐:《中国古代贸易之发展及都市之起源》,《文化批判》1935 年第 6 期。
② [美]路易斯·亨利·摩尔根:《古代社会》,第 257 页。
③ 傅筑夫:《中国经济史论丛》,第 335—336 页。
④ 梁启超:《中国都市小史》,《晨报》七周年增刊,1925 年 12 月 1 日。

"治"的地方也未必都有城墙,治所也未必都是工商业发达场所。《元丰类稿》卷十七《繁昌县兴道记》载:"唐昭宗始以为县,县百四十余年无城垣,而滨大江,常编竹为障以自固。"《欧阳文忠公集》卷三十九《夷陵县至喜堂记》载:"(峡)州居无郭郛,通衢不能容车马,市无百货之利。"上面两个"治所"就是无城墙、无工商的例子。此外,前面谈到过行政的确认往往落后于都市形成的事实。以今天为例,1960年,全国设市197个,到1983年底,全国设市289个,1989年底,全国已设各级市447个(均不包括其他"城镇")。① 这些不停增加的市,在被行政确认之前,无疑已经具备了"市"的机能。这个过程肯定还在继续,历史上当然也有这样的情况。也就是说,以行政确认为判别标志的话,肯定有一部分都市是游离在这种确认之外的。因而,这种判别方法是不确切的,更不是地理学意义上的标准。

限定空间内的人口数量(密度),是一个被普遍承认的衡量都市的标准。但是具体多少人口、怎样的密度才算都市呢?从理论上讲,很难有确切的答案,这是一个可作抽象定性规范,而难作具体定量规定的标准。一般在谈到这个问题时,答案都含混不清,"一定数量的人口","一种人口密度"②;"覆盖有一定面积的人群和房屋的密集结合体","固定的大量人口集中在有确定形状的聚落中"③;诸如此类。除了定量的困难以外,还常有观察对象不能提供准确情况的困难。当然,人口是任何聚落(包括都市)的基本要素,但作为都市,一定还应该具有其他一些独特的现象。一个以农(牧、渔……)业为主要机能的聚落,其所能容纳的人口数字

---

① 见《中华人民共和国行政区划简册》1961年编、1984年编、1990年编,地图出版社1961年版、1984年版、1990年版。
② [法]菲利普·潘什梅尔:《法国》,漆竹生译,上海译文出版社1980年版。
③ 转引自于洪俊、宁越敏:《城市地理概论》,第16、11页。

是相当有限的,单一机能的非农(牧、渔……)业聚落,其可能集聚的定居人口也有一定限度。只有当居民的绝大多数从事于较多种类的非农(牧、渔……)职业的时候,一个范围相对确定的聚落内才有可能聚集相当数量的人口,才有可能被称为都市。聚落规模、建筑物密集程度、物质财富、职业种类(聚落功能)的丰富程度、居住形态、居民阶层结构等,这些都可以给我们提供有关人口方面的信息。

许多研究者都谈到了以社会经济,主要是工商业发达的程度作为都市的标志,在都市起源方面,普遍注意到"市"的兴起和繁盛。例如,有研究认为都市的出现是"交换发展的一个标志",第二次社会大分工"成为城市产生的一个重要契机","城市产生的初始状态是作为手工业者与周围地区进行产品交换的固定市场而出现的"。[①] 都市(城市)是"非农业的……从事第二、第三产业人口的集聚地"[②]。此外,也有人认为农业耕作技术的发展,土地的轮换被品种的轮换所取代,聚落不必再迁徙,使得城市开始形成,并以殷墟为较典型的例子,"盘庚迁殷后就不再经常迁邑,城市就发展起来了"[③]。还有人几乎把工商业视作都市的唯一尺度,认为郑州商城那样的规模达280万平方米的城址[④]也不是真正意义上的都市,因为"不一定有专门的手工业,没有店铺与市场",城址内外的那些手工业作坊只是纯粹供贵族享用的,没有商业意义。[⑤] 将社会经济的发展作为都市产生和繁荣的基础当然

[①] 转引自于洪俊、宁越敏:《城市地理概论》,第79、24页。
[②] 转引自于洪俊、宁越敏:《城市地理概论》,第79、24页。
[③] 傅筑夫:《关于殷人不常厥邑的一个经济解释》,《文史杂志》1944年第5—6期。
[④] 见河南省文化局文物工作队第一队:《郑州商代遗址的发掘》,《考古学报》1957年第1期;河南省博物馆、郑州市博物馆:《郑州商代城址试掘简报》,《文物》1977年第1期。
[⑤] 郑昌淦:《关于中国古代城市兴起和发展概况》,《教学与研究》1962年第2期。

是没有问题的,但仅以此作为唯一的衡量尺度,尤其只以工商业市场作为都市的标志似乎也失之偏颇。例如前面提到的郑州商城以及众所周知的商代晚期王都殷墟,如果只是因为没有市场工商业就被排除在都市之外,应该说并不合理。反过来,古今都有的一些手工业采矿地,附有一些简单的服务业,这些聚落有工商业,但聚落机能单调,是否也可以称为都市呢?我们认为不妥,后面将谈到的"似城聚落"或许才是比较理想的归属。

由于在都市和乡村之间寻找一条确切的界线实际上十分困难,于是出现了一种在这两者间再划出一个过渡阶段的三分法的理论,即出现了一个含义丰富且适用广泛的"似城聚落"的概念。最早这样进行分类的是德国地理学家许瓦茨(G. Schwarz)。与此相关,有一种都市"中地机能"理论,是德国人克里斯泰勒(W. Christaller)于20世纪30年代创立的"中地学说"的核心。该学说认为,每个市、镇均应有一个被称为"周地"的服务区域,而市、镇则处于这个区域的中央,称为"中地"。中地机能的理论是被广泛接受的,且具有相当的合理性,只是对中地及中地理论的理解与解释却不甚一致。有一种理论认为,中地必须有一个体现其机能的"中央区"(仅指商业集中区),否则不管聚落其他功能如何,都不能算是都市,而只能算是"似城聚落"[①],即以中央区等同于中地机能,并以中央区的有无作为区分都市与似城聚落的界限。我们认为这过于偏狭地理解了中地机能。如果我们将"中地"的概念推而广之,则除了完全自给自足的原始聚落外,一切聚落因政治、经济、文化、军事等均以其产品或服务(包括统治)的区域,而具有不同范围、不同程度的"中地机能",即似城聚落并非没有中地机能。似城聚落同都市间的不同之处,只在于其机能的单

[①] 沙学浚编著:《城市与似城聚落》,第2、33—42页。

一。例如交通聚落、文教聚落、军事聚落、旅游聚落等,均表示其聚落主要机能的单一。

关于都市的概念,尤其是起源时期都市的标准,还有一些很系统的理论。比较著名的如查尔德(V. Cordon Childe)的十条标准:(1)稠密的人口、(2)职业及分工多样化、(3)财产集中于王室、(4)大型公共建筑、(5)社会阶层丰富、(6)文字使用、(7)科学发展、(8)专业艺术家及都市间的艺术观差异、(9)长途贸易、(10)以居住地位划分市民集团。① 这十条标准既具体又抽象,只是适用性很差。张光直认为可以简而言之,"实指古代社会演进过程中从事生产活动人口的分化"②,可见强调的要点还是在人口。此外,韦伯也提出五大特征:(1)稳定性、(2)市场都市(城市)、(3)政府、(4)联系性、(5)公民自治权。③ 这确实"太西方化",且不精确。爱德茂斯(R. Adams)强调都市起源于"社会机能、行为者、社会组织三方面的分化"④,也比较抽象,且只是历史学的。只有惠得利(Pall Wheatley)是从地理学角度谈(早期,尤其是中国早期)都市的。他认为,关于都市的起源,在所有国家都不可忽视"礼仪中心"的作用,并且提出了"具地理特点的都市概念,即都市是建立以地域空间关系为基础的社会组织的工具"⑤。这个陈述非常正确,缺点是仅为纯理念的,不实用。

事实上,几乎所有的地理学者在论及"都市"并涉及"界定"的时候,都表现出了程度不一的困惑,承认这个概念界定的困难。也有些著作,包括一些专门的辞书,干脆避而不谈,或者避免正面

---

① 见唐晓峰编译《〈四方之极〉一书的简介》一文(《中国史研究动态》1984年第2期)。
② 张光直:《关于中国初期"城市"这个概念》,《文物》1985年第2期。
③ 见唐晓峰编译《〈四方之极〉一书的简介》。
④ 见唐晓峰编译《〈四方之极〉一书的简介》。
⑤ 见唐晓峰编译《〈四方之极〉一书的简介》。

解说。如笔者手边就有一本词典,"都市计划""都市机能""都市国家"等词条都有,唯独没有"都市"条目。①

我们再来作一点关于都市(城市)这一概念的简单的语义学考察。

在中国,"城市"一词是由"城"和"市"结合而成的。《说文》:"城,以盛民也。"这应是"城"字的原意,不过是指人群聚居之处,"防御"的意思并不太明显。至于"市",《易·系辞下》:"日中为市,致天下之民,聚天下之货,交易而退,各得其所。"这是"市"最早的解释了。"城市"两字连用,早在汉代已有了。《后汉书·廖扶传》:"扶绝志世外,常居先人冢侧,未曾入城市。"后代也一直沿用着。南朝宋谢灵运诗:"范蠡出江湖,梅福入城市。"唐杜甫诗《早起》:"童仆来城市,瓶中得酒还。"至于"都市",《说文》解释"都"字有二义:其一,"有先君之旧宗庙曰都";其二,"《周礼》:距国五百里为都",为周代的一种行政区划。《周礼·地官·小司徒》中有相近的解释:"四丘为甸,四甸为县,四县为都。"《广雅·释地》载夏代也有此制:"五里为邑,十邑为都,十都为师。"政区之传说自不可信,宗庙之说倒可作前面提到的"礼仪中心"的脚注,后世"首都"一词当源于此。在稍晚一点的文献中,"都"字即作大型聚落解。《左传·隐公元年》:"先王之制,大都不过参国之一,中五之一,小九之一。""都市"两字的连用,《汉书·食货志》中已有例子:"商贾大者积贮倍息,小者坐列贩卖,操其奇赢,日游都市。"《述异记》(南朝梁):"怀帝遣人观市,珠玉金银阗委市中,而无粟麦。袁弘表云,'田亩由是丘墟,都市化为珠玉'是也。"由此可知,中国历史上"都市"与"城市"两词其实是相通的,其要素有二:集聚的人口和繁盛的(工)商业。进入近代以来,翻检书

---

① 见日本古今书院1951年版《人文地理事典》。

刊可以发现,直到20世纪前半叶,"都市"一词还是被普遍使用过的。不知何种原因,"都市"一词渐渐被"城市"全然取代了。因而本文所建议的以"都市"取代"城市",其实是"建议恢复"的意思。

在西方,英文"city"一词来源于拉丁语"civitas"(都市、城市),"civitas"又和"civie"(公民)一词有渊源关系,而"civie"又和"civilization"(文明)一词有关。① 可知在西方,都市(城市)同文明、文化、公民等概念有关,可以抽象为:文明昌盛的人群集居之处。看来,东、西方"都市"(或城市)一词在语源上有相通之处,即以集中的人口为基础,中国强调了工商业("市"),而西方较多强调文化、文明、政治(公民)。

无疑,从任何角度看,作为一个都市,相当程度集中的人口都是最基本的要素。而且这些人口所从事的,应该主要是非季节性的工、商、服务业或其他行业,因为农、牧等季节性产业受土地制约,这类聚落所能容纳的人口是相当有限的。只有当居民中的绝大多数所从事的是非季节性行业时,才有可能集聚足够多的人口,聚落才有可能被称作都市。

至于似城聚落,其和乡村间的不同在于居民所从事的主要也是非季节性产业。那么,它们和都市间的区别何在呢?前面提到过,最主要的在于聚落机能的单一(此"单一机能"当不排除含有可能坐落于同一位置的其他季节性产业机能,如农业)。如果两个非季节性单一机能的聚落(即两个似城聚落)发生了聚合,例如某文教聚落附近因发展起矿产业,而集聚起相关人口,那么这个集两种非季节性机能于一身的聚落已非单纯的似城聚落,即便不考虑随之而来的极可能会形成的新聚落机能,此具有两种非季节

---

① 见于加拿大哥伦比亚大学塞明思教授1982年5—6月于北京大学讲演的记录稿。

性机能的聚落，就地理学角度言，也应该已可称为完整意义上的都市了。而且事实上，一旦两个似城聚落（机能）聚合，原来各自可忽略不计的服务业也会同时聚合，甚至有可能聚合、扩大到形成完全意义上的商业中地机能。此时，该聚落已具有三种非季节性机能，更是完整意义上的都市了。

需要补充的是，不只似城聚落，完整意义上的都市居民中也可能有一部分农业人口，都市范围内也可能有若干农田，但农业人口和农田面积只能是整个都市人口和都市面积的较小的一部分。战国时代的齐国都城临淄是这方面的一个例子。

至此，我们已经大体上得出了地理学意义上的"都市"概念的理论定义，其基本要素是人口，考察的其余要点是聚落机能。我们将"都市"概念表述如下：

非季节性产业的定居人口占居民的绝大多数，并具有两种以上（包括两种）非季节性产业机能的人群聚落。

应该承认，要完整、清晰地表述"都市"的定义是困难的，可能这正属于那类只能加以较模糊规范的概念。如同自然科学中的某种极限一样，人们有可能不断地接近这个极限，但永远无法到达。地理学中的似城聚落概念的出现正是向这种极点前进的一步。我们并不认为上述定义已是应该被普遍接受的理想定义，只是认为比较接近于实际，并且可以作为一种具有一定实用意义的判断方法，而运用于研究中。

有必要强调的是，既然建议以"都市"一词取代"城市"，那么是否也建议以"似都聚落"取代"似城聚落"？只好说，我们思及于此，"似城"词源"城市"，则若"都市"取代"城市"被普遍接受的话，"似都聚落"的使用也将会是顺理成章的事。

运用上述定义，我们来分析几个例子。

河南登封县告成镇王城岗遗址是一个约100米见方、面积不足1万平方米的"龙山文化晚期"古城址,有一圈不足400米长的夯土城墙,^{14}C测定为距今4000±65年。[①] 根据文献记载,这有可能是传说中夏代的"禹都阳城"。不少研究者即以此作为我国"最早的城市"的例子。该遗址除了一圈城墙与其他同时期遗址不同外,其余遗迹、遗物所反映的文化面貌都和其他同时期遗址完全一样,说明该聚落居民过的是以农业生产为主的定居生活。而且遗址规模较小,可容纳定居的人口即使算上城外可能有的也很有限。这样的一个聚落,即便最终能被证明确为禹都阳城或夏代其他帝王的都城,也只能说明这是一个似城聚落(行政聚落),而非都市,因为其非季节性机能单一(仅具行政机能)。这是有城墙却不是都市(城市)的例子,也可能是尽管为行政中心、已有国家(皆以"禹都阳城"被确认为前提),但也不是都市的例子。

《琴川志》载,苏州常熟县临江要地"吴越钱氏时遣二将梅也忠、李开山戍此,以防江北南唐兵。居民依军成市"。这里先是似城聚落(军事聚落),据此又发展起一种新的非季节性机能,即商业机能,则该聚落至此已具有两种非季节性机能,已是地理学意义上的都市。

《全唐文》载,彭州唐昌县置有建德草市,"人既繁会,俗已丰饶,又置一镇,抽武士三十人而御之,亦立廨署,早暮巡警"。此是典型的由草市发展而成都会,进而获得行政确认("又置一镇")的例子。如果在行政确认之前,该聚落还只能算是似城聚落(商业聚落)的话,那"又置一镇……亦立廨署"则表示该聚落最少已有商业和行政两种非季节性机能,当然已完全是地理学意义上的都市了。

[①] 人民解放军河北省承德军分区理论组:《试论中国古代城市的出现和城乡对立》,《光明日报》1975年11月27日。

都市的定义是一个很复杂的理论问题。本文的写作是出于对历史上的都市以及都市起源问题的研究。我们发现,尽管相关的研究著作有如此之多,但是在最基本的概念的定义上,还处于相当混乱的状态,特别是对概念的"定义",需要有某种"界定"。而且无法回避的是,这并不只是历史上的问题,而是一个具有普遍意义的地理学概念的"界定"问题。前面说过,我们并不认为已经解决了这个问题,只是认为比较接近了这个概念的核心,并且可能是实用的。

(与郁越祖合著,原刊发于《历史地理》第10辑,上海人民出版社1992年版)

徐福东渡日本研究中的史实、传说与假说

一

有关秦代徐福东渡日本的研究,在日本和中国两地,这几年都稍有点"热"起来的样子。契机似乎是1982年在江苏省连云港市赣榆县地名普查时发现了一个曾经叫过"徐福村"的地名。1984年,罗其湘、汪承恭为此在《光明日报》撰文,论定该地(现名"徐阜村")"是徐福的故乡"①。这以后,又有徐福故乡山东黄县(今龙口市)徐乡说②以及出海地河北盐山县千童镇说③等被提出来。各地有关的研究会相继成立,有关文章、书籍接连发表、出版④,仅全国性的专门讨论会就至少在江苏和山东各开过一次⑤,

---

① 见《光明日报》1984年4月18日。
② 该说集中见于《徐福研究》一书(山东省徐福研究会、龙口市徐福研究会编,青岛海洋大学出版社1991年版)。
③ 见河北省盐山县徐福研究会《勃海文化的传播人——徐福》《中国历史上第一侨乡——千童故里》《千童的故乡》等。
④ 据吴杰先生1992年称,"近七八年发表的论文已有二三百篇"。见程天良著《神秘之雾的消散》一书序言(学林出版社1992年版)。
⑤ 1987年在徐州、赣榆举行过"中国首届徐福学术讨论会",会后由中国矿业大学出版社出版了《中国首届徐福学术讨论会论文集》。1990年10月在山东龙口市举行过"徐福学术讨论会",会后由青岛海洋大学出版社出版了《徐福研究》论文集。

再加上地方性的讨论会①,说有点"热",好像不算言过其实。相对而言,日本方面的"热",似乎温度略低一些,而且看起来主要还是接受的中国方面的"辐射热"。1989 年 4 月,在九州的佐贺开过一个颇具规模和学术水准的专门讨论会②,出席者包括中国方面的有关学者。这以外,就主要是民间的一些爱好者的研究和活动了。当然,有关出版物也有一些,包括中日两方研究者共同编写的。

关于徐福东渡这件中日关系史上的悬案,笔者以为,就目前已经知道了的实物或文献史料而言(包括上述"徐福村"的发现),恐怕还很难说较这以前已经有了突破性的进展。而且整个问题应该说仍然停留在非常原始的史学起点上,即首先要解决的,是一个有还是没有、史实还是传说的问题。从这个基点出发,其他相关问题的探讨才有可能比较坚实一些。问题虽然很原始,然而非常明显,"解决"的难度也很大,因为这只有倚赖新的、更为坚实的文献或实物史料的发现,而这种发现恐怕需要相当耐心的等待。

不用说,本文也并无要立刻"解决"这个问题的意思,只是在阅读了有关史料以及若干相关的论文之后感到,对史实和传说这两者之间的明确界定的问题可能有加以检讨的必要。不只是以史实或传说的某一种认识为前提出发来讨论,而是冷静地界定一下哪些可以认为是确切无疑的史实,哪些又明显只是传说。这以外,对不易界定或史实传说参半、看似传说又不绝对排除史实可

---

① 1986 年 5 月举行过"江苏省首届徐福研究学术讨论会",1990 年 12 月举行过"中国赣榆首届徐福节"及学术讨论会,会后由中国科学技术出版社出版了《徐福研究论文集——纪念徐福东渡二千二百周年》。
② 会议发言编成《探索徐福传说——中日友好佐贺研讨会"寻找徐福"的记录》一书出版(日本小学馆 1990 年版)。

能性的某些说法,如徐福东渡到了日本,以及有可能被认为非常荒唐的徐福"得平原广泽,止王不来",其实即是日本开国天皇神武的这一类研究结果("结论"),笔者以为可能也有加以重新审视的必要。笔者认为,这一类说法暂时可以换一个角度令其成立,即不作为结论,而是作为"假说"来令其成立,以留待后证。

其实人文学科也可以有假说的想法或说法一点也不新,胡适早就有过"大胆假设,小心求证"的说法了。

二

先说史实。可能一直有人认为甚至连徐福这个人都未必确实有过。笔者的看法是,徐福作为确实存在过的历史人物应该没有问题。理由并不复杂,因为这段历史最早见诸司马迁《史记》中的好几处记载,而司马迁所记,虽然不排除也可能会有失误,然而几处地方都写到同一件全然无中生有的事的可能性应该说是没有的。

> 二十八年,始皇东行……齐人徐市等上书,言海中有三神山,名曰蓬莱、方丈、瀛洲,仙人居之。请得斋戒,与童男女求之。于是遣徐市发童男女数千人,入海求仙人。(《史记·秦始皇本纪》)
> 三十五年……(始皇)乃大怒曰:"……徐市等费以巨万计,终不得药,徒奸利相告日闻。……"(同上)
> 三十七年……北至琅邪。方士徐市等入海求神药,数岁不得,费多恐谴,乃诈曰:"蓬莱药可得,然常为大鲛鱼所苦,故不得至。愿请善射与俱,见则以连弩射之。"始皇梦与海神战,如人状。问占梦,博士曰:"水神不可

见,以大鱼蛟龙为候。今上祷祠备,而在此恶神,当除去,而善神可致。"乃令入海者赍捕巨鱼具而自以连弩候大鱼出射之。自琅邪北至荣成山,弗见。至之罘,见巨鱼,射杀一鱼。遂并海西。(同上)

(伍被)曰:"……又遣徐福入海求神异物,还为伪辞曰:'臣见海中大神,言曰:"汝西皇之使邪?"臣答曰:"然。""汝何求?"曰:"愿请延年益寿药。"神曰:"汝秦王之礼薄,得观而不得取。"即从臣东南至蓬莱山,见芝成宫阙,有使者铜色而龙形,光上照天。于是臣再拜问曰:"宜何资以献?"海神曰:"以令名男子若振女与百工之事,即得之矣。"'秦皇帝大说,遣振男女三千人,资之五谷种种百工而行。徐福得平原广泽,止王不来。于是百姓悲痛相思,欲为乱者十家而六。"(《史记·淮南衡山列传》)

徐市即徐福,"市""福"两字古音通假,在这里或许不必补充说明。

《史记·封禅书》中还有这样一段:"及至秦始皇并天下,至海上,则方士言之不可胜数。始皇自以为至海上而恐不及矣,使人乃赍童男女入海求之。船交海中,皆以风为解,曰未能至,望见之焉。其明年,始皇复游海上,至琅邪,过恒山,从上党归。后三年,游碣石考入海方士,从上郡归。后五年,始皇南至湘山,遂登会稽,并海上冀遇海中三神山之奇药。不得,还之沙丘崩。"这里所记的,虽未明指,但应该是包括了徐福在内的。"方士言之,不可胜数",看来徐福是其中比较成功的一个。

司马迁其人惜墨如金,落笔慎之又慎这一点好像不必再证明。《史记》所记,虽不必说绝,但基本上是信史,这一点笔者以为应该可以断言,包括一些暂时还不能确证的,比方说夏代和这以前的记载。最好的例子是商代王室世系的记载,真实性曾经也被怀疑过,在甲骨文被发现之后被证实为信史。有关徐福的事迹也应该是同样的,如果没有确凿的根据,相信太史公绝不会在《史记》中四处不同的地方写到徐福其人,还有一处可以认为是提到其事。秦亡时,汉军入咸阳,萧何所做的第一件事是"收秦丞相御史律令图书藏之"①,秦朝政府档案得以完整保存。到司马迁时(汉武帝时),相距不过七八十年,其间并无大乱,应该仍然完好。司马迁本是西汉政府的史官,不用说他是最有资格读到那些资料的人之一。不只资料,司马迁写《史记》时,离徐福出海这件事的发生大约一百年②,不能排除仍能找到与当事者有过接触或交往的人核对过事实的这种可能性。例如荆轲刺秦王,事在秦王二十年,较徐福出海事的发生还要更早了七八年,司马迁还是能找到与当事人夏无且(秦始皇侍医)有过交往的公孙季功和董生,核对世间传说的真伪。③ 而且从司马迁所引的伍被之言看,伍被是将徐福出海一事与秦始皇使"百姓力竭"的其他种种暴政相提并论,作为秦亡的理由之一在谈论的,并且又将其与尉佗伐南越,也是"止王不来"一事相提并论的(尉佗的事相信不会有人怀疑)。可见在当时以及稍后,徐福出海都被认为是一件影响颇大的事。因而,说司马迁所记的徐福确有其人,徐福受秦始皇之命出海确有其事,不会是司马迁的杜撰,这一点应当没有问题。

只是坦率地说,而且可以说很遗憾,可以被认为是信史的,其实仅此而已。至今为止,可能还谈不上已经发现了或证实了比上述司马迁所记的更多或更可靠的实质性史料。上文提到过的徐

---

① 见《史记·萧相国世家》。
② 按:汉武帝太初元年述《史记》说,见《史记·太史公自序》。
③ 见《史记·刺客列传》。

福村的发现亦然,后面还要论到。

较《史记》为晚的记载,如果是可靠的记载,其源头可以说都在《史记》。这以外,只好说是可靠程度不一,还有一些明显是传说了。

《汉书·伍被传》:"又使徐福入海求仙药,多赍珍宝,童男女三千人,五种百工而行。徐福得平原大泽,止王不来。"基本上同《史记》。

西晋成书的《三国志·吴书·吴主传》:黄龙二年(230)"遣将军卫温、诸葛直将甲士万人浮海求夷洲及亶洲。亶洲在海中,长老传言秦始皇帝遣方士徐福将童男童女数千人入海,求蓬莱神山及仙药,止此洲不还。世相承有数万家,其上人民,时有至会稽货布,会稽东县人海行,亦有遭风流移至亶洲者。所在绝远,卒不可得至,但得夷洲数千人还。"夷洲为今天的台湾,可"得数千人还";亶洲"绝远",在何处不得而详,徐福"止此洲不还"也很谨慎地说仅是"长老传言"。只是亶洲人常有来会稽作生意(货布)的,而会稽人也有不时遭风流移去亶洲一事,倒看起来是作为实事在叙述的。后文会记到,现代宁波帆船也有乘风很便利地到了日本的①,这两者间是否互证着一些什么,后面还要谈到。

五代后周成书的《义楚六帖》:"日本国亦名倭国,在东海中。秦时,徐福将五百童男、五百童女止此国,今人物一如长安……又东北千余里,有山名'富士',亦名'蓬莱'……"这是中国史籍中第一次直接了当地将徐福与日本连在一起,也是第一次指富士山即为蓬莱的。只是这却是出于来到中国的日本和尚宽辅之口,由中国和尚义楚记录成书的。由此可知,最早将两者联系起来的并非

---

① 安志敏:《江南文化与古代的日本》,载《探索徐福传说——中日友好佐贺研讨会"寻找徐福"的记录》,第 74 页。

中国人,而是日本人。而且宽辅之言并不像是他自己的杜撰,即他是转述在日本已经流传着的一种说法。我们现在已经无从知道日本人当时是有真实的根据,还是也不过起于附会。对此,严绍璗有一种解释可能颇为合理。① 简单地说,即是从前3世纪起,就一直有中国人向日本移民(所谓"渡来人"),并归化为日本人,实际人数无法确知,应该相当可观。这些中国血统的日本人因为无从知晓自己的真实祖先及历史,久而久之,就附会到了徐福身上。如果这个解释不枉,则徐福东渡"到了日本"的说法,是根据确有徐福东渡的史籍记载而附会演绎出来的传说,先在日本流行,然后再流传到中国来的。

这以后将徐福和日本连在一起的说法就越来越多,且越来越详细了,包括一些文学作品。比如常被引用的欧阳修《日本刀歌》(或谓司马光作)、明洪武朱元璋与日本高僧绝海中津的唱和诗等。不过他们在作诗时,恐怕未必认真想过史实的问题,倒是后人有时会认真地以他们的诗来作史料根据。②

至于近年来被认为是新发现的遗址或史料,以及徐福故乡赣榆说、黄县说等各持己见的争论,坦率地说,都不大有说服力。

先说徐福村的发现。读罗其湘、汪承恭文③,有这样两个疑问。

1. "按《史记》,徐福是齐琅琊人"一说,可能是因为《史记》中有"齐人徐巿"以及"北至琅邪方士徐巿等"这样两句话,这两句话是否一定就可以这样直接连起来呢? 或许可以说有这个可能性,但似乎不宜由此断言。

---

① 严绍璗:《徐福东渡的史实与传说》,《文史知识》1982年第9期。
② 例子有很多。如青岛海洋大学出版社《徐福研究》一书第153页称《日本刀歌》"写明子徐福是到了日本"。
③ 见《光明日报》1984年4月18日。

2. 今天的徐阜村这个地名，原来叫过徐福村。可以证明这一点的，除了民间口承，还有嘉庆和光绪年间的三种方志，以及若干种家谱。并且"明初之有徐福村，绝不意味着徐福村名始于明，而是意味着徐福村的由来始于更早的历史年代"，这都不错。然而早到什么时候？说一直早到秦汉时代，好像并没有其他根据。文中说，后来在徐阜村收集的板瓦碎片，"初步鉴定"为汉代布纹板瓦，"如可靠，就可证明徐福村当属汉代村落遗址"，可知该村落是否一定可以追溯到汉代还没有最后结论，则由此断定这里就"是（秦代）徐福的故乡"，怎么说理由也太不充分。即便是赣榆在战国时确属齐地这一点（这一点尚未定论），也并不能直接或间接帮助证明上述论断。只好说，这个结论可能是比较轻率的。退几步，好像也只能谨慎地说这里"或许""有可能"是徐福的故乡。

至于徐福故乡山东黄县说①，文章不少，然而所持最主要的根据其实仅有一条，即清朝王先谦注《汉书》时引元朝人于钦《齐乘》中"盖以徐福求仙为名"一语（见王先谦《汉书补注·徐乡》）。于钦说这话有两种可能：一是他当时确有所据，二是他也不过是说有这样的传说而已。假设（假设而已）他确有所据，用在这里也只是一条孤证；如果是第二种情况，则不但"孤"，且无法为"证"了。

河北省沧州市盐山县境内有秦千童城、汉千童县故址。传为"徐福将童男女入海求蓬莱置此城以居之故名"②，所据史料较上面赣榆、黄县两地的更早，为唐朝的《元和郡县图志》，更早的记载据说还有南朝的《舆地记》（笔者目前无法读到此书）。是否可信？

---

① 山东省徐福研究会、龙口市徐福研究会编：《徐福研究》，青岛海洋大学出版社1991年版。
② 见河北省盐山县徐福研究会《勃海文化的传播人——徐福》《中国历史上第一侨乡——千童故里》《千童的故乡》等。

只好说可信度不高,同样没有理由可以绝对排除这种可能性,但也仅此而已。

至于各地方志、家谱中所载的传说,更有许多,无法一一列举。可以说基本上没有多少实质性的史料价值。

各类记载有一个共同特点,即顾颉刚所谓的对于前代的历史,越晚的文献反而越详细。原因不是后人掌握有更多的资料,而是后人有更多的想象(大意)。

日本方面也差不多一样,仅传为徐福登陆地点的,日本各地就有二十多处[①],以九州的佐贺县为最多,原因可能是九州离中国最近,历史上受中国的影响也大,华侨也多。另外和歌山县的新宫市有徐福墓,神奈川县藤泽市还有徐福子孙的墓[②],不用说都是先有传说,后有好事者的建墓之举。此外还有不少见于风土记、名胜志之类的记载,当然都谈不上有真实的史料意义。顶多可以补充一句,可能并非全然无中生有。只是今天也已经全然无法知道源头在何处了。

综上所论,单就史实而言,确有徐福其人以及徐福受命出海其事,应该说没有问题。这以外,就只好说都不大可靠了。

从史实出发,笔者以为比较重要且尚未解决的问题主要有这样两个,即:

1. 徐福一行最终去了哪里?《史记》中徐福自称的目标是"蓬莱、方丈、瀛洲",所谓"三神山"。司马迁没有写到也可能不屑于关心"三神山"的具体地理位置(司马迁笔下方士徐福的形象其实颇为卑琐,迹近于骗子)。到陈寿写《三国志》时,据"长老传言"将三神山与亶洲联系起来,但也没有直指亶洲究竟为何地。《义

---

① [日]梅原猛:《徐福传说的意义》,载《探索徐福传说——中日友好佐贺研讨会"寻找徐福"的记录》,第16页。
② [日]奥野利雄:《浪漫之人·徐福》,日本学研奥野图书1991年版,第149页。

楚六帖》说到了日本,却又看起来只是日本人自己的传说,不知日本人到底是否有所本。

2."得平原广泽,止王不来"一语具体是怎样展开的？徐福如果确实是到了日本并称了王的话,建立的是什么样的政权？后来又怎样了呢？

上面两个所谓比较重要的问题,就目前可能获得的资料来看,短时间内恐怕是难以得到确切的结论的。据现有的材料,包括史实、传说以及某些史实传说参半的资料,如《日本书纪》(后面要论到),再加上当时的各种背景以及现代的一些实际例子,综合起来看,或者可以令两个假说得以成立。

三

第一个假说是,考虑到历史的、地理的以及技术上的背景,徐福一行出海极有可能确实是到了日本。理由如下。

1. 徐福的时代,中日间的航海在技术上应该已经没有问题。自春秋以来,各种大规模的江河以及沿海的航运或战争等已经不绝于史载。

> 秦于是乎输粟于晋……命之曰泛舟之役。(杜预注:从渭水运入河汾。)(《左传·僖公十三年》)
> (越王勾践二十五年)楼船之卒三千余人造鼎门之美……起观台周七里以望东海,死士八千人戈船三百艘。(《吴越春秋·卷六》)[1]

---

[1] 此外,《左传·鲁昭公二十四年》《左传·二十七年》《庄子·逍遥游》《国语·吴语》等书籍中皆有"舟师""舟运"等的相关记载。

虽然还谈不上有能够到达日本这样距离的或类似的"远航"的记载，但是造船的技术已经达到相当高度，规模已经相当可观，这一点应该没有问题。专家认为，凭借当时的造船技术，再加上如果能够巧妙地利用海流，从中国东海岸出发到达日本并不是一件太难的事。可能的海路有这样几条：一是北路，夏季的话主要走北路，先靠近朝鲜半岛南部的济州岛，再到达九州；一是南路，主要利用黑潮，可沿着东北方向直抵九州。如果是冬天的话，因为主要刮北风，从黄海沿岸出发的船无法直接北行，必须先南行到长江口以南，如果能等到南风，反而可以非常顺当地到达九州。① 上面说的海路，不但理论上可行，并且有现代的实际例子可为佐证。1944年，有一艘帆船从浙江省的宁波出发，仅用了二十几个小时，就到达了日本九州佐贺县的唐津港。② 这个现代的实际例子与《三国志·吴书·吴主传》所记的会稽人海行，遭风流移至亶洲的说法不是有点不谋而合吗？古代会稽人"遭风流移"到达的是亶洲，今天宁波（古属会稽）帆船乘风而去的是日本，两者是否有可能是同一地呢？假设是，则《三国志》所记的徐福一行的去处，是不是已由现代的例子作了旁证呢？不管怎么说，有理由认为徐福一行从中国东海岸出发，最终到达日本的可能性确实是有的，技术上应该已经完全没有问题。

2. 上文也写到过，战国秦汉时期，出于种种原因，有大量大陆上的中国人流亡或逃亡到了日本，在日本史上被称为"渡来人"，这一点有大量的地下出土文物证明，在学界已被视为定论。这些人带去的大陆文化促使了日本从以采集、狩猎的绳文文化为

---

① ［日］茂在寅男：《绳文·弥生时代中日交流的船与航海》，载《探索徐福传说——中日友好佐贺研讨会"寻找徐福"的记录》，第244页。
② 安志敏：《江南文化与古代的日本》，载《探索徐福传说——中日友好佐贺研讨会"寻找徐福"的记录》，第74页。

代表的石器时代,一跃而进入了以稻作农耕、铜器铁器并用的弥生文化为代表的金属时代。其过程是始于九州,然后向本州发展的。而渡来人的经由以及稻作农耕的传来,过去日本学界倾向于认为主要通过朝鲜半岛,但是至今为止,朝鲜半岛发现的相当于弥生时代的稻作农耕遗址仅有六处①,与日本各地的大量发现不成比例。因而,与上述海上交通的可行性综合起来考虑,稻作农耕文化的传来日本,经由海上反而比经由朝鲜半岛的可能性更大。徐福集团的东渡,很可能只是这股大陆中国人向日本移民潮流中颇具规模的一股。中国史籍中有关这方面的记载很少,而民间却可能是实实在在地实行过的,而且很可能主要是通过海上交通来实行的。有一种推测认为,徐福本是为避暴秦而有计划地移民,当然也不排除这种可能性。

3. 伍被所说的徐福"得平原广泽,止王不来"一语,是一个极重要的参考。出中国东海岸,其实是一个被朝鲜半岛、九州岛为南端的日本列岛、琉球群岛以及台湾岛所包围的半封闭的海。上述岛屿中有可能被称为"平原广泽"的,其实只有日本本州岛上的近畿地方。这一带有琵琶湖(面积近七百平方千米),周围有近江平原、大阪平原以及奈良盆地,再向东,伊势湾周围有伊势平原、浓尾平原和冈崎原,以及虽然谈不上"广泽"的滨名湖。而其他岛屿却没有一处是既有平原又有大湖的。伍被这话是在淮阳王欲反,伍被劝其罢事时所说的,只是淮南王反意已决,伍被遂又为策划,事败遭诛。此事当为汉代官方档案所存,之后见载于《史记》《汉书》。伍被所举其他例子,如尉佗伐南越等皆为史实,说徐福的一段应当也确有所本。因而徐福所去有平原广泽之处一事,可

---

① [日]樋口隆康:《从考古学看徐福说的背景》,载《探索徐福传说——中日友好佐贺研讨会"寻找徐福"的记录》,第52—53页。

以说史料价值、可信程度都相当之高,而所去之处为日本的可能性相应地也应该是非常之高的。

上述各点,当然暂时无法证实,只有等待新的文献或实物史料的发现来证明。然而作为假说,笔者以为有充分的可以成立的条件。

第二个假说看来颇为荒诞——以第一个假说,即徐福到了日本为前提,认为徐福称王并统一了日本列岛,其实即是日本开国第一个天皇神武。

或许应该先说,要想证明这一点接近于不可能。中国的文献史料恐怕是很难再有可以证明这一点的新发现了,而日本"开史"很晚,文献方面几乎完全不能期许。只有中日两方的考古发现或许可以令我们有这方面的微弱的希望。也许这将是一个永远的假说。然而就"假说"一词可以成立的条件而言,这些条件是具备的。

最早意识到这两者间可能有某种联系的是黄遵宪。黄遵宪在《日本国志·国统志注》中有这样一段话:"崇神立国,始有规模。计徐福东渡已及百年矣。当时主政者,非其子孙殆其党徒欤?至日本称神武开基,盖当周末,然考神武至崇神,中更九代,无事足纪,或者神武亦追王之辞乎?"黄遵宪在这里虽未明说,然而却提出了一个清晰的疑问,即日本古代史之开始,与徐福可能有某种关联。

第一次正式提出两者实为一者之说的是卫挺生。卫挺生在他的《日本神武开国新考》一书①中明确提出,根据他的考证,日本的开国者神武天皇其实就是徐福。此后又有《徐福与日本》②

---

① 卫挺生:《日本神武开国新考》(又名《徐福入日本建国考》),香港商务印书馆1950年版。
② 卫挺生:《徐福与日本》,香港新世纪出版社1953年版。

一书亦持同说。只是与本文一再申明此仅是一种假说不同，卫氏一再坚持己说不但成立，且是定说。卫氏之书资料工作相当全面，考证也颇为详尽。只是所病一是太断然，不留余地；二是牵强之处确实也不少，有的甚至颇为荒唐。发表之初，该书很受中国一部分学者推崇，并由杨家骆、沈刚伯、李济三位学者推荐获得过台湾省特种教育基金会的学术研究奖①。日本学界则对此反应不大，且基本上持反对意见。曾有一位日本学者家永三郎与卫氏以书信颇为认真地探讨过几次（持反对意见）②。这以后几十年，基本上就被"冷冻"起来了。

卫氏所根据的史料虽然很多，只是中国方面的主要资料本文上面大都引过了，日本方面的史料，主要依据的是《日本书纪》。《日本书纪》成书于奈良时代，是日本第一部正史性质（形式）的史书，以"一书曰……一书曰"的方式记录了大量奈良时代之前的史料，或者应该叫史籍汇编。然而书中所记，特别是早期部分，相当大量的看起来只是神话和传说。只是读世界各国、各民族的最早的起源或开国的历史，几乎全带有神话色彩。其实是神话中藏有一部分真实，在这方面100%的神话恐怕反而没有。《日本书纪》中有关神武天皇的事迹，因为涉及本文第二个假说能否成立，有必要引在这里。

> 及年四十五岁，谓兄及子等曰：昔我天神，高皇产灵尊、大日灵尊，举此丰苇原瑞穗国，而授我天祖彦火琼琼杵尊。……是时运属鸿荒，时钟草昧。故蒙以养正，治此西偏。……而辽邈之地，犹未霑于王泽。遂使邑有

---

① 卫挺生：《徐福与日本》，第138—142页。
② 见《徐福与日本》。

君,村有长,各自分疆用相凌轹。抑又闻于盐土老翁曰:东有美地。青山四周。……余谓:彼地必当足以恢弘大业光宅天下。盖六合之中心乎。……何不就而都之乎。诸皇子对曰:理实灼然。我亦恒以为念。宜早行之。是年也,太岁甲寅。其年冬十月丁巳朔辛酉,天皇亲帅诸皇子,舟帅东征。……十有一月……筑紫国水门。……己卯年……积三年间,修舟楫,蓄兵食,将欲以一举而平天下也。戊午年春二月……皇师遂东。舳舻相接。……九月……又于女坂置女军,男坂置男军。……己未年春二月……命将练士卒。……三月辛酉丁卯,下令曰:自我东征,于兹六年矣。赖以皇天之威,凶徒就戮。……是月,即命有司,经始帝宅……辛酉年春正月庚辰朔,天皇即位于橿原宫。是岁为天皇元年。……①

这里所引仅是很小一部分,神武东征其实写得非常详细。即位以后,大体是所谓"无事足记"了。仅有"二年春二月……天皇定功行赏。……以珍彦为倭国造。又给第猾猛田邑。因为猛田县主。……"(这以外还有"矶城县主""葛城国造"等),以及"四年春二月""三十有一年夏四月""四十有二年春正月"等一共很短的四段,接下来就是"七十有六年春三月甲午朔甲辰,天皇崩于橿原宫。时年一百廿七岁"了。

全篇神话色彩很浓,只是引在上面的这些却与完全的神话有所不同,总令人感觉也许多少是有一些事实根据的。

---

① 《日本书纪》卷第三(神日本磐余彦天皇—神武天皇),日本中央公论社1987年版,第538—546页。

卫挺生的结论在两书中小有不同,按其出版较晚的《徐福与日本》一书中的顺序简略地综合起来介绍如下:

1. 地理上一致。神武天皇建都之近畿地区,正是有平原广泽的徐福称王之地,应该说这可以看成一个巧合,本文前面也论及过,可以成立。

2. 时代上一致。"神武天皇即位之时,正是徐福称王之时",本来就时代而言,有可能两件事都发生在弥生初期(神武的事只是推测),然而卫氏连具体年份也算出了,见后面第9点。

3. 神武天皇东征之"舟师",于当时的日本,制造技术以及指挥能力,非"渡来人"莫属,亦非徐福莫属。前一点笔者在相当程度上持同调,后一点只能说不排除也有这种可能。

4. 神武东征时,曾于男坂用男军,女坂用女军,正是徐福东渡时所带的童男女训练而成。这一点怎么说也只能算是推测。男女同上战场,在任何地方、任何年代都有可能,与徐福所携童男女未必有必然联系。

5. 神武天皇东征其间,蓄食粮、制造兵器、舟楫等,证明随军的有相当多的农工技术人员,而这一点正与徐福的"五谷百工种种"相合,是当地刚走出石器时代的土著很难做到的。这一点可以认为言之成理。

6. 政治制度思想上,神武与徐福一致。徐福为秦统一前之齐人,思想中无秦汉之郡县制度。神武立国后所设之国造、县主等制度,皆为先秦的政治制度之影响表现。这点或可以作为参考,只是说不上有多少根据,想象的成分过多。

7. 愚民政策上的一致。神武建国,用中国之器物制度,而独不用中国之文字,乃刻意模仿秦始皇的愚民政策。这一点殊难成立。且不说与上文第6点自相矛盾,即便真欲推行愚民政策,对象也只是"民",于统治阶层而言,文字之利用有百利而无一害,绝不会有意将文字全部消灭。何况并不能绝对排除有关神武建国或日本早期建国的文字资料将来被发现的可能性。

8. 神话之巧合。徐福故乡齐国之神话、祭祀思想、方法，可以在神武天皇的行状中找到种种影响。受中国文化影响不用说当然成立，一定说成是齐地的文化，除了说牵强附会以外很难再说其他什么。

9. 年代之巧合（注意年代与时代有所不同）。按卫氏的计算，徐福称王和神武建国两件事正好发生在同一年，即前203年，"其巧合而至于如此程度，吾人不能不狂喜而至于拍案叫绝也"①。只是读他的年代计算方法，无论如何无法令人相信。

10. 文物及考古上的巧合。传自神武的日本传国三宝（镜、玉、剑）为中华秦时物，东征途经之沿地以及将士之墓（卫氏并不能证明这些墓主的"将士"身份）和早期古坟中的出土物中，皆有大量的中国、秦代物品，"可知神武天皇及其将士皆大陆秦时人"，"而在秦汉间除徐福外不可能有另一率领大批舟师冒险者"，"故……必然即是徐福"。其实日本确有大量传世的或出土的中国秦汉时文物，可以证明那个年代与大陆间的频繁交流，却不能就此证明可以直接和徐福连在一起。

11. 人种。"日本皇室华族在人种上与中华朝鲜之贵族，经证明为同种。故以神武为徐福，在科学上并不抵触。"这一点先在《日本神武开国新考》中写到，大概自觉荒唐，在《徐福与日本》一书中不再提及。

上述各条，归结成一句话，即徐福即神武天皇。读全书，确实要说牵强甚至荒唐之处相当多。但客观地看，应该说也有言之成理之处。上面11条结论中，有若干条笔者以为大体可以说通。

---

① 卫挺生：《徐福与日本》，第20页。

比如第 1、第 2、第 3、第 5 这四条，笔者以为一定程度上是可以成立的；第 6 条很勉强，稍可作参考；第 8 条和第 10 条其实作为背景是通的，日本确实自弥生时代起就大规模接受中国文化，且有相当数量传世及出土的秦汉时文物，但具体落实到人、地和事（徐福、齐地、神武、东征将士之墓），只好说毫无根据，过于牵强和轻率。

卫挺生的 11 条理由，笔者认为一定程度上可以持同调的有四条，即第 1、第 2、第 3 和第 5 条，第 6 和第 8、第 10 条或者应该说是同意一半，特别第 10 条的前一半是笔者本想要强调的。当然，说同调是指这些说法言之成理，推理可以成立，绝非全盘赞同卫挺生的全部结论。

以笔者赞同的这样一些理由，是否已经可以构成徐福有可能就是神武天皇的假说了？笔者以为仅就假说而言，应该是可以成立的。

第 1 条地理上的一致，前面已谈过，似已可不论。

第 2 条时代一致，有必要说明的是，日本信史"开史"得很晚，虽然无法直接证明神武建国传说的背景一定是弥生时期，但是弥生时代在日本古代国家形成中是一个极其重要的时期，这一点为学界所重视。① 而徐福的"止王不来"一事也正是发生在弥生时代的初期，不能不说这是一个颇引人注目的巧合。

第 3 条除了上面已经谈到的以外，根据《日本书纪》中的神武形象，其政治军事等方面的纯熟，确实不像刚脱离了石器时代的土著部落首领（当然不排除是《日本书纪》成书时的形象塑造）。

第 5 条也同样，不难想到这可能是渡来人集团之所为。

将第 6、8、10 条的一部分作为参考的背景，无疑也是有意义的。

---

① ［日］大塚初重：《研讨会・弥生时代的考古学》，日本学生社 1973 年版，第 11 页。

似乎没有必要再次申明,这里所主张的仅是假说,而非定说。笔者主要想强调的,是徐福的行状和神武天皇的行状之间,令人感觉似乎不能排除可能会有某种联系,似乎不能断然地说绝对没有这种可能性。劳干在谈这个问题时的说法,笔者以为是比较中肯的:"三番四复的考虑,只能下一个'证据不足,尚难采信'的判断。这并不意味排除此事发生的可能性,只是凭现有的证据,尚不能证实有此事确实发生过。"①

不用说,最好的证据是考古发现。不能绝对排除有关弥生时代早期的文字记录有可能被发现,虽然看起来可能性非常小;也不能绝对排除有关徐福的更多文字记录或实物史料的发现,当然,最期望的是在日本被发现。

因考古发现而将传说改变为史实的最好例子是殷商的历史,契机是甲骨文的发现。有关徐福的史实以外的部分,在暂时还不能证明的情况下,上面两个假说应该可以成立。也许有一天,会有地下出土文物来作实证,学界应该或者只有认真和耐心地等待。

日本和歌山新宫市徐福墓显彰碑碑文开首一句颇可玩味,抄在这里,以为本文之结束(笔者未必与作者持同样观点):

> 后之视古,其犹月夜望远耶。视其有物,不能审其形,以为人则人矣,以为兽则兽矣,以为石则石矣,虽其形不可完,而其有物也信矣。[作者仁井田好古,江户时人。碑文书于天保六年(1835)]

(原刊发于《中国文化》1995年第11期)

---

① 劳干:《〈徐福研究〉序》,载彭双松:《徐福研究》,台湾富惠图书出版社1984年版,第9页。

考古地理学之意义(译文)

译者序言

本文可能是最早将"考古地理学"介绍到中国来的译文。原作是较为全面系统地从纯学科理论角度集中探讨了考古地理学的较具代表性的论文,因而收入本书。全文稍有增删。作者小野忠熙已是故人,于2019年4月6日谢世,享年99岁。此序言是原缀在文后的"附识",略有修改置于文前。

本文原载日本《考古学杂志》(考古学ジャーナル)1966年第3期,作者小野忠熙当时为山口大学教授。小野于考古地理学方面注力颇多,是参与该学科奠基的人物之一。据他所著《日本考古地理学研究》一书的附录,与考古地理学相关的论著等共有178篇(册)。1983年,他从广岛大学教授任上退休,此后基本上"专念于画业"(小野自语),不时举行他的个人画展。译者手中有一份1994年他的画展目录,有各类作品近90幅。

译者一直想向中国历史地理学界介绍日本的考古地理学这门学科,想让国内同行们看看日本学者是怎样敏锐地感受、捕捉着种种新的信息、动向,以使学科获得发展的,同时也看看他们在发展过程中有过的问题。

"考古地理学"这一学科名词是日本学者先开始用起来的,或许不能说绝,据译者所知,国际地理学界大概至今还不大使用"archaeological geography"(考古地理学)这一学科名词。译文中也提到过,在日本最早"创始"这一学科名词的是已故的藤冈谦二郎,这以后的学科建立及成长、发展,藤冈谦二郎的功劳都是不可磨灭的。藤冈谦二郎其人中国学者并不陌生,是日本历史地理学界的超重量级人物。藤冈自身很早开始考虑考古地理学的学科理论问题,也写过若干专门探讨这个问题的文章或著作中的章节。这些文章译者大体都翻阅过,可能是学科尚在起步阶段的缘故,藤冈所写的较多侧重于某一个角度,而且也比较多地从自己的经验出发,所举的例子也多为外国学者并不都很了解的日本国内的例子。相对而言,在比较恰当的时间(学科已有一定的发展),比较全面地又是比较地从纯学科理论角度集中对考古地理学进行探讨的,译者以为应该是小野忠熙的这一篇,这也是译者之所以介绍翻译这一篇的原因(比较奇怪和意外的是,恰恰这篇文章不知什么原因没有被收进通常被认为收罗相当全面的日本的《地理学文献目录》)。当然介绍此文,并不等于译者对文中论点全部赞同,读者对文中的一些说法全可以见仁见智。

将近五十年前的文章拿出来介绍,岂非太陈旧了?难道就没有年代更近一点、理论上也更新一点的文章了吗?这个问题的回答是:有也很少,"全新的"从理论上全面探讨的几乎可以说是确实没有。同时这个问题也令译者想到了另一点,即这个现象或许正是他们学科发展过程中的问题所在,甚至是理论上没有新建树的证明,或者理论上已经成熟,短时间内已经没有新的理论上的发展或突破的要求了。

小野自己在正好 20 年后的 1986 年,将上面这篇文章收进《日本考古地理学研究》一书,作为第二章"考古地理学的意义及其研究方法"的第一节"考古地理学的意义"。据他给译者的信中说,当时"有了一些更新的想法,(对原文)作了整理和修改"。译者对照了两者,不同之处一是篇幅短了,删去了上文第一节"考古地理学的诞生"以及最后的结语两节;二是将上文第二节"考古地理学的意义"的内容也作了少量删节,并改写了顺序。以译者的看法,是更为精确和精练了。再就是将附图"考古地理学在地理学体系中的位置"作了很大的简化,因为不太占篇幅,也一并附在此处,以作比较,同时也可以使我们看到一点他们的发展轨迹(请参照第 134 页图 2)。

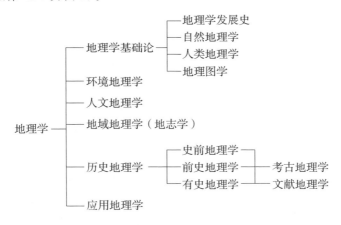

图 1　考古地理学在地理学体系中的位置
注:译自小野忠熙《日本考古地理学研究》第 8 页

像小野这样的对这个问题最具关心的专家,事隔 20 年后"整理和修改"文章,当然很明显是有认识上的进步,但也仍然只好说是该学科并没有理论上的全新的建树。还是说,这正是上面提到的理论上可能已经成熟了的标志呢?

日本的历史地理学本身应该说是相当成熟和发达的,研究力量雄厚,相关的出版物几乎可以说是令人目不暇接。人文地理学会的好几任会长都是历史地理方面的专家,可以从侧面说明该学科的实力。属于历史地理学分支学科的考古地理学的研究工作多年来也一直是在扎扎实实地进行着的。前提当然是田野考古学的发展,有相当数量的考古资料的累积。一部分地理学者(特别是历史地理学者)对这些不同年代的考古资料从地理学各个角度进行研究,成果可以说相当多,积累的文献颇为可观。只是看起来涉及考古地理学学科理论的问题似乎并未太引起关心。将近半个世纪以来,理论方面的文献全部加起来也并不是太多。与大量的实证性的研究相比,就纯学科理论角度进行探讨的文章,实在只好说很少。当然或许也可以说这个现象其实并不奇怪,因为理论是建立在实践基础上的,必须要有了大量的实践,才会有理论上的新的进展。只是实践的量应该可以说已经很可观,相对而言,理论上的新的探讨之少,比例上有一点不平衡之感。

考古地理学作为一门分支学科,于中国历史地理学界而言,或许还是一个比较新的概念。当然,如果按上文中从使用资料角度来界定考古地理学的话,中国也是已经有过一些考古地理学方面的研究工作的。比如史念海先生对整个石器时代的聚落现象所作的研究,以及张修桂先生对马王堆出土汉代地图的一系列研究就应该可以算。译者自身也有过这方面的尝试。《中国历史地图集》在编绘过程中利用了大量的考古资料,第一集的前几幅图则更是纯粹的考古地理学成果。今天已经可以认为中国历史地理学作为一门完整的学科已经建立,作为其分支学科的考古地理学,我们可以认为它已经颇为茁壮地成长起来了。

我们看到日本学者在这方面走得比我们早,他们很敏感,及时意识到了学科建设的理论问题,并从各个角度进行了探讨,当然他们实证性的研究更是大量的。只是他们这几十年来的实践也令我们产生了例如上面提到过的一些疑问,也可能是已经发现了他们发展过程中的一些不足所在。如果说这些并非问题,而正是学科稳健发展的正常现象,则也给了我们一种可资参考的经验。总之,它山之石可以为我所用,不管是他们的理论成果还是实践经验,我们都不妨拿来利用和参考,以推动我们自己的学科建设和发展。

如果这篇译文能引起国内的同行们对这个问题的思考,并带来考古地理学学科建设的活跃和发展的话,则译者幸甚。

译文中对无涉主题的地方略有删节。

前言

1963年9月,一本以《考古地理学》为名的书出版,这也是第一本以"考古地理学"①这样的新名词冠名的书。该书并非个人著作,而是在日本历史地理学研究会组织的专题讨论会的基础上,由该会机关刊物《历史地理学纪要》编委会出版的,具有公开性质的书刊。这件事情本身可以认为是考古地理学这门学科已经被日本的历史地理学者承认为一门新的学科的标志。不用说,所谓的考古地理学不会是一个晚上就诞生出来的。本文即打算就这一学科的诞生,据本人所知,作一侧面介绍,同时就该学科的意义谈若干浅见。

一、考古地理学之诞生

最早出现"考古地理志"这一名词的,是1941年藤冈谦二郎博士的《河内平原与大和盆地——考古地理志的论说》(河内平野

---

① 日本历史地理学研究会编:《考古地理学》,载《日本历史地理学纪要》第5册,古今书院1963年版。

と大和盆地―その考古地理誌への一叙述―)一文。① 此处所使用的仅是"遗迹地志"之义。

"考古地理学"作为学科名称的创始者,也是藤冈博士。他在1953年出版的《新地理学讲座·历史地理》一书"历史地理"部分中,将历史地理学分为广义的和狭义的两种。其中对广义的历史地理学又从时间和资料这两个方面进行分类,在资料分类中,提出了"考古地理学"(archaeological geography)这一概念。② 在历史地理学的各种学科分类中,以文字形式将考古地理学置于这么一个明确位置的,这是第一次。此后,1955年,藤冈博士在《先史地域及城市地域的研究》(先史地域及び都市域の研究)一文中提出了大体同样的历史地理学的分类,并指出考古地理学的特点在于其资料的性质。③ 我本人于1960年在《历史地理学纪要》第2册的《先、原史地域诸问题》一文中也尝试过对历史地理学进行分类,对考古地理学也有所论及。④

到1962年,日本历史地理学研究会计划举办以实物史料为研究对象的专题讨论会时,在论题应命名为遗迹地理学还是考古地理学的问题上产生了分歧,结果是决定用考古地理学这一名称。讨论会上,在三友国五郎、谷冈武雄两位的主持下,由藤冈谦二郎、小野忠熙、伊达宗泰、足利健亮等四人提起上述问题,并以此为中心,围绕着考古地理学的本质展开了热烈的讨论。在当时,一般而言,大多数人都认为考古学只是以文献时代之前为对

---

① [日]藤冈谦二郎:《河内平原与大和盆地——考古地理志的论说》,《立命馆大学论丛(历史地理学篇)》1941年第1期。
② [日]藤冈谦二郎:《先史地理学》,载织田武雄:《新地理学讲座历史地理学》,朝仓书店1953年版。
③ [日]藤冈谦二郎:《先史地域及都市地域的研究》,柳原书店1955年版。
④ [日]小野忠熙:《先、原史地域诸问题·地域的变貌》,载《历史地理学纪要》第2册,古今书院1960年版。

象的学问,因而认为考古地理学等同于抑或类似于史前地理学的人也不少。通过这次专题讨论会,学界对于考古地理学的目的、任务、其在学术领域中的位置,以及研究的对象、资料等,在相当高的程度上达成了成识。

战后日本考古学的发展是惊人的。史前考古学和前史考古学(原文为"原史考古学",英译"protohistoric archaeology",日文"原史"指历史时期的初期——译者)的进步不必说,旧石器文化和中石器文化的存在也被确认,而使年代的上限不停地上提。另外,一向被忽视的有史时代的历史考古学(有史考古学)也逐渐开拓和进展,考古学的时代范围的上限和下限都显著地扩大了。考古学的这种发展给历来的史前地理学和历史地理学带来了很大的影响。需要以考古资料作为研究手段的领域,已经不单纯限于史前时代,而是扩展到了有文献记载的历史时代。仅有原来的史前地理学(prehistoric geography)已经不够了,以前史地理学(protohistoric geography)和有史地理学(inhistoric geography)为名称的新分支学科的建立被提上了日程,实证性的研究例子也逐渐增加了起来。

自小牧实繁博士的《先史地理学研究》①(此处是日文书名原文,中文似应译为《史前地理学研究》——译者)一书以来,在地理学研究中,凡涉及研究史前时代和原史时代地理的,都被冠以"史前地理学"的名称而被归为一类,主要从事以遗迹遗物等实物史料为对象的研究。而当时的"历史地理学"一语,指的是依存于文献史料的狭义的历史时代的地理,也就是说,是作为文献地理学的同义词被使用着的。然而如前所述,考古学和人类学的划时代的发现和学术上的急速进展,使既往的概念、体系都发生了变化。

---

① [日]小牧实繁:《先史地理学研究》,内外出版1937年版。

史前、原史时代不用说，有关历史时代的地理，也新产生了对实物史料进行研究的必要性，并且这种研究已经成为可能。

于是，时代的区分以及像"历史时代""历史地理学"的概念也都到了不得不改变内涵的时候了。在这种情况下，日本历史地理研究会举办了上述专题讨论会，应该说是意义深远的。《考古地理学》作为学会的机关出版物，其出版也应该说是非常得当的，可以说客观地反映了学术发展的要求以及学界的研究趋势。

只是从全书的内容看，没有以考古地理学之学科性质为主题的论文。① 有一种评论认为，该"考古地理学论文集"只是按时代顺序排列的实证性研究的汇集。虽然这么说也可以成立，然而却不能因此而责难编者。因为必须考虑到，在当时，考古地理学作为学科名称，还没有脱离在学会上刚刚被承认的阶段，从专题讨论会的结果看，执笔者之间对于该学科的目的、任务、研究方法等本质论方面的见解，恐怕也还没有获得统一。

然而不管怎么说，历史地理学正在向着这个方向发展，即从以万年为单位的旧石器时代一直到当代之前，将微观空间和宏观空间都包摄进本学科的研究视野中来了。同以古文献及古地图等为研究资料的所谓"内科性"的文献地理学一样，以与土地、地理空间相关联的物质性史料为研究资料的所谓"外科性"的考古地理学，也已经成为不可或缺的存在了。当然，这门学科生成日浅，学科自身的本质论问题尚未充分解决，研究实例也还都只是片段性、不完整的。因而，即便已经认识到它的必要性及其存在的意义，学科建设的完成实际上也将会是一个相当长久的过程。

---

① 日本历史地理学研究会编《考古地理学》所载小野忠熙《先原史时代居住带的垂直迁移现象》一文中，简略地涉及过该学科的方法论。

二、考古地理学之意义

那么考古地理学,亦即英文的"archaeological geography"究竟应该是怎样的一门学问呢?严肃地谈及目的、研究方法等本质论方面的问题的话,恐怕不同的研究者会有不同的认识,离获得统一的见解尚有相当的距离。这里只能就这一学科的意义及特性,谈一点我本人的看法。

考古地理学之意义,简洁明了地说,就是以地缘性、空间性的遗迹、遗物等实物史料为研究对象,解明人类在已经过去了的年代的地理现象的学问,当属于历史地理学的一个分支学科。考古地理学所追求的,是针对自从人类出现、与环境产生关联直至当代之前的情况,对今天已经成了"化石地域"以及"化石化地域"①的当初的情况进行复原,在此基础上,考察和了解人类适应环境的规律,以及这种适应方法因环境不同而产生的景观性特点、空间结构等。其性质当可以用下面几点来阐明。

1. 考古地理学是以考察人类过去年代之地理现象为目的的学问,在这个意义上,与广义的历史地理学是一致的。然而从地理学的基础理念看这门学科的终极目的,也就是说,从作为地理学的一个分支学科的考古地理学之任务的角度看,对于其目的可能会有这样三种见解:

---

① 见小野忠熙《先、原史地域诸问题·地域的变貌》。所谓化石地域是指已经丧失其本来的意义和机能,而变成了所谓"文化化石层"的、被侵蚀、被埋藏的史前或原史时期的有这类地理、文化现象的地区,例如日本的绳文时代和弥生时代人村落飞水田的分布地区;所谓化石化地域则是指其本来意义虽然已经丧失,然而当时的制度、设施仍能保持其一定的机能甚至一直可以被流传延用至现代,日本的条里制(公元7世纪开始实行的一种土地区划制度——译者)地域是一个很好的正在"化石化"过程中的地区的例子。

（1）以历史上存在过的地理现象为观察之焦点，至于今天的地理现象基本可以无视，以能够复原历史上的地理现象为目的；

（2）认为地理学主要是研究现在的地理的学问，以历史上的地理现象为研究对象的历史地理学及其分支考古地理学都不过是研究现在的地理所需要的辅助手段而已；

（3）地理学根本上是不问过去、现在、未来的，是以流动着的时间为背景的某一个空间断面为研究对象的学问。这个见解是将 A、B 两种见解都包容在内了，所见的是动态的空间，同时也完全不否认 A、B 两种见解各自在学术上的意义。

对于上面三者，我本人是取第三种见解的。

2. 因而，该学科之研究对象应该是自人类出现、与环境发生关联以来，一直到当代之前的历史上的地理现象，以及这些现象所依存的地理空间。因而如果从现在的地表空间也是人类过去生存过的地表空间这样的角度看的话，则今天的化石地域以及化石化地域当然也应该属于该学科之研究对象。

3. 研究工作本身应该贯穿历史地理学的研究方法论，从地缘性（环境理论）、空间性（地域理论）以及动态空间（地域变迁史）等角度来进行考察。其与现代地理学的不同之处，是现代地理学因为以与现时现地相关的、活生生的、"单薄的空间"为研究对象，所以在时间上是"瞬间性的"，对于可变性的空间特征只能以静态的方法捕捉，而考古地理学则以包含了无数的"单薄空间"在内的数十万年所积累的整个"厚实的空间"①为研究对象，有可能通过地理空间的变迁进行动态性的观察，因而对于人类如何适应环境以及持续贯穿于"厚实空间"过程中的地理空间现象，即某种情况下（某些地区）固有的、恒常不变的空间特性，可能有比较正确的

---

① 见藤冈谦二郎《先史地域及都市地域的研究》。

把握。

4. 研究资料则主要是利用相关的地缘性考古资料①,不用说,资料的处理是用地理学的方法,当然也借用考古学的以及第四纪学的方法。这些资料一方面如同法庭审判时的物证,对于结论具有决定性的价值,另一方面因其稀少、片段性以及无言的特征,而不得不借助于推论,而局限了资料本身的价值。

5. 研究目的和研究方法在地理学大范围内是属于广义的历史地理学的,与文献地理学一样,各占有其不可或缺的领域。

虽然资料以及获得资料的方法与考古学是相通的,然而两者的不同之处在于,考古学是将遗迹和遗物作为史实的载体来处理的,目的是通过遗迹和遗物获取历史的真相,而考古地理学则是将遗迹和遗物作为与土地以及空间相关联的地缘性、空间性的资料来处理,为了探究人类史上的地理现象,作为证据、作为手段来使用的。另外,其与同属于历史地理学的文献地理学之间,虽然在最终目标以及地理学研究的方法上是相同的,然而两者间很大的不同之处在于,考古地理学在确认事实以及得出结论时,最终的根据是与土地、空间相关联的作为物证的地缘性考古资料以及对其的理解,而文献资料只停留在参考阶段,只是作为观察和研究过程中的辅助手段。换言之,只属于考古地理学的独特的研究方法,是对说明着人类过去的、与遗迹和遗物紧密关联的地表、空间以及作为物证的地缘性考古资料本身进行考察,通过地理学的研究方法探讨人类史上的地理现象。极端而言,可以说考古地理学最大的特点在于其对研究资料和研究对象的处理方法。

---

① 所谓地缘性考古资料是与纪念性考古资料相对立的概念,也可以称为文化化石,是指可以证明其与土地及地理空间直接关联的考古资料。

三、考古地理学在地理学中的位置

　　就研究工作所处理的对象而言,考古地理学因为与时间相关而容易被视为史学的一部分,从名称上冠以考古且研究资料主要是遗迹和遗物这一点看,又容易被理解为"地理性的考古学"而视为考古学的一个分支。另外,从考古学从来就有的印象出发,也容易把考古地理学混同于文献地理学之前的史前地理学,而被看作同一学科的不同名称而已。然而,即便同历史学或者考古学、第四纪学等学科有着密不可分的关联,它们在本质特点方面仍然是不同的,上面已经说过,考古地理学是属于地理学中的历史地理学科的。

　　为了便于探讨考古地理学在学术上的位置以及相关的学科体系问题,作为前提,有必要推敲一下因对概念理解的不同而有可能产生的论点相异的问题,以建立对于术语内涵的共同理解。

　　对于"历史地理学"这一学科名词的使用,一直有着两种不同的理解:其一是历史学家所说的历史地理学,另一是建构在地理学基础上的历史地理学。前者是帮助理解历史的一种手段,也可以称作地理性的历史学;后者则是为了复原已经成为过去的地理现象,探讨人地关系以及由此而产生的空间特性的历史地理学。① 因而实际上,诸如"历史时代""历史地理学"等术语所具有的内涵,从来就有广义的和狭义的等多种多样的理解,一直被历

---

① 日本现在就有由历史学者组成的日本历史地理学会和由地理学者组成的日本历史地理学研究会以及野外历史地理学研究会,分别在各自不同的立场上进行着研究。

史学界和地理学界分别将其在相去甚远的意义上使用着。① 在地理学界,历史地理学被视同文献时代的地理,在年代顺序上被置于史前地理学和原史地理学之后。②

第二次世界大战后,考古学获得了划时代的进展,开始动摇原来的"历史时代""历史地理学"等狭隘概念,前面已经说过,为了回应概念的扩大以及新学术体系建立的客观要求,而出现了种种新的建议。本人则是将广义的历史地理学置于研究人类史上的地理现象的学科的位置上,只是术语的使用上因为图方便而简单地称为"历史地理学",这以外,将狭义的历史地理学称作"有史地理学"(inhistoric geography)[中文目前大概也只能叫作"(狭义的)历史地理学",即有文字记载以来(以有别于无文字记载的史前)的历史地理学了——译者]。更新世以来的人类时代为"历史时代",人类史上留下来的"厚实空间"在作为地理学研究对象时,则"历史地理学"得以成立。对这样一种极长年代中的空间性和地理性现象,当主要是以考古资料来进行研究时,我认为这就是"考古地理学"。因而,这里所说的历史地理学已经是将原来的历史地理学(狭义的)概念规定于容量相对较小的"有史地理学",再将其包容在自身概念容量已经扩大了的、新的、广义的历史地理学之中了,时间上的顺序则为史前地理学、原史地理学,这以后

---

① [日]鱼澄惣五郎:《历史地理学研究》,星野书店1937年版;[日]福井好行:《日本历史地理学的展开》,载《历史地理学纪要》第1册《本质与方法》,古今书院1959年版;[日]菊地利夫:《内田宽一教授的历史地理学上的位置与学风》,同上;[日]藤冈谦二郎:《日本历史地理序说》,塙书房1962年版;[日]浅香幸雄:《学史与研究法》,载《日本的历史地理》,大明堂1966年版;[日]中川德治:《先史地理学序说》,小峰书店1966年版。

② [日]藤冈谦二郎:《先史地理学》,载织田武雄编:《新地理学讲座(7):历史地理学》,朝仓书店1953年版;[日]藤冈谦二郎:《先史地域及都市地域的研究》,柳原书店1955年版;[日]小野忠熙:《先原史地域的诸问题·地域的变貌》,载《历史地理学纪要》第2册,古今书院1960年版。

应该是有史地理学的位置了。

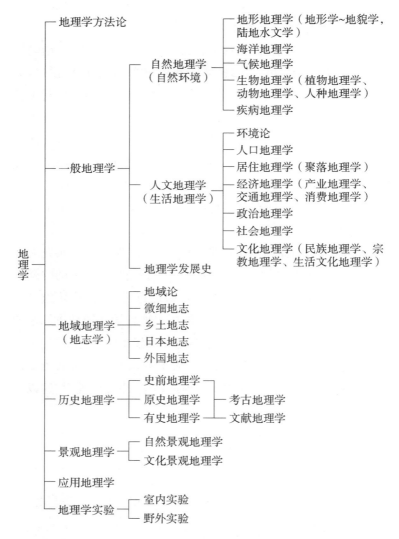

图 2　考古地理学在地理学中的位置

如果可以将地理学的对象在时间上不单单限定于现代，而是理解为包含全部人类时代的话，则可以大致分为以下三类：以"化石化"了的过去的地理空间为对象的，是为历史地理学；以现有的活生生的地理空间为对象的，是为现代地理学；如果是考察将会出现的未来的"预计中的"地理现象的，则未来地理学的存在也可以成立。这里所说的有着新内涵的历史地理学的研究对象，我以为指的应该是从可见的、具体的、微观单薄的生活地表开始，直到包含了这种微观单薄空间在内的宏观厚实的地理空间，即一切具有时间性特征的地理现象。而这里所说的考古地理学的对象空间，（很明显）并不只限于没有文献记载的史前和原史时代，而是包括了历史时代在内的一切可以成为历史地理学对象的、时间上"全跨度"的地理空间的了。

这样的历史地理学及其所属的考古地理学在地理学体系中的位置，已经从普通地理学以及特殊地理学中独立了出来，被置于相同的地位上了。因为即便是已经成为历史的地理现象，也是人类曾经居住的、与今天一样的阳光照耀下的大地上发生的景观，这种许多世纪中循环反复的景观，同今天的景观在本质上是没有什么不同的，因而其同普通地理学以及特殊地理学的对象无疑在根本上也是相同的。

四、结语

在学术研究上，事实的认定是严肃的这件事，似乎不必在这里多说，研究人类历史上的地理现象的历史地理学当然也一样。从"已经发生过了"这个角度说，其研究过程略有一点类似法庭的审判过程。比方说，其一，是有类似自白或目击者证词的、记录了过去历史的文献；其二，是有证实这些记录的物证（物质史料）；其三,是上述这些资料的相互关系在时间(过程)上能作出合理的解释。在确认人类历史上与地理相关的现象时,就资料而言,于有史(狭义历史)时代,上述三种考察方法都是可行的。然而在毫无文献可言的史前或者仅有间接文献可以征引的早期历史时期,就必须要依靠物质史料了。这种情况在时间的长度上,换个角度说,在空间的厚度上都要达到有史时代的几十倍。无论有无文献,通过对物质性的证迹的辨析来进行研究的考古地理学,是以包括了人类史全部的、极其厚实的地理空间为研究对象的,这决定了它实际上在整个历史地理学学科范围中将占有主要的领域。然而,资料的特点决定了其无法直接"说话",所以对这些资料所作的解释无论如何都是受到先天性的制约的,考古地理学工作者有必要对于这一点谦虚地保持清醒。

考古地理学是通过(遗迹、遗物等)物质史料,对经过相当时间的累积而成的空间进行研究的。在资料的认定以及对有关现象、空间特点的解释上,与地理学自不用说,与历史学,特别是与考古学也有着密不可分的关系,与形成人类生存之自然基础的第四纪学及其相关的诸学科也有着不可分割的近缘关系。因而,对考古地理学的研究者来说,与资料以及研究方法都有直接关联的地理学、考古学、第四纪学方面的修养应该说是一种不可或缺的基础知识和技能,研究工作者当然应该具有对这些知识的理解和判断能力。最理想的更应该是能够具有这样的素养和技能,即通过自己的发掘来获得所需要的研究资料。至于考古地理学的研究成果,于历史地理学当然不用说,于历史学、考古学、第四纪学以及其他相近学科也应该是有意义、有价值的。

诞生以来还并不太久的这门学科,在方法论以及实证性研究方面还都很不充分,为了使其成为有价值、有意义的学问,有着共同目标的同行们应该不懈地努力,以积累更多的研究实例,并使理论不断得到深化。

（原著小野忠熙,原刊发于《历史地理》第13辑,上海人民出版社1996年版）

黄河流域史前聚落之再检讨

——以河南省为例

一、前言

关于黄河流域史前聚落地理的研究,笔者最早是在约十年以前开始的工作。限于资料的可获得性,当时是以整个黄河流域为对象的较为宏观的研究[①](该文以下简称为《黄河》)。史前聚落研究所依据的主要是田野考古发掘报告(包括正式报告和简报)所披露的与聚落地理相关的资料,当然,都只能限于已经公开发表了的田野考古资料。这些资料的绝对数量相当可观,然而可供进行聚落地理方面研究的信息,相对而言,实在不算多。因而当时的研究可以认为是比较初步的、探索性的。近十年以来,公开发表的正式的田野考古报告(简报)当然数量不少,但大体上累积的速度仍和这以前差不多。只是最近几年,以《中国文物地图集·河南分册》(以下简称为《河南》)[②]的出版为契机,被"公开发表"了的各地已经发掘或调查过的史前遗址(聚落)的数量急剧增

---

① 见拙作《黄河流域史前聚落和中国早期城市》一文。该文为笔者的硕士论文,主要文字部分发表于《历史地理》第6辑(上海人民出版社1988年版,附表未发表),题为《黄河流域的史前聚落》。与《黄河流域的史前聚落》一文一样,本文之附表因篇幅太长而无法附在文后同时发表。读者如需要的话,请通过编辑部向作者直接索取。

② 国家文物局主编:《中国文物地图集·河南分册》,中国地图出版社1991年版。

长了许多倍,被披露了的可资聚落地理角度研究的资料也以跳跃式的速度增长。不用说,这实在是一件太好的事。比方说前仰韶时期的聚落(遗址),到1984年底为止发表的数字是33处,其中河南省境内的为20处,而《河南》一书中所披露的为"七十多处"(《河南·概述》语,实际是77处,见下文)。也就是说,仅在河南省境内,可供研究的前仰韶期聚落遗址数量就是1984年时所能够得到的将近四倍。其他如仰韶期、龙山期的遗址(聚落)数字同样也增加了好几倍。这一新事实的发生令笔者想到,对当时的研究结果有重新审视的必要,即研究对象的局部在数量上发生相当大的变化以后,当时的结论是否还能够站得住脚?不用说这是笔者非常关心的事。

《河南》一书是文物普查的成果汇编。笔者所谓新的被公开披露了的资料,是作为地图集的附录,以"文物单位简介"的形式发表的(《中国文物地图集》其他各省的分册,笔者仅见到吉林分册,形式相同)。就聚落地理研究所需要的资料而言,信息量有所不足,或者说很不足。比如对非常重要的聚落所处自然地理环境的交代,就显得非常欠缺。其他如建筑设置、聚落布局、平面形态以及聚落类型归类等方面的信息,也都只是略胜于无而已。

提供得比较完整的是面积和文化层厚度的数据。从下面的研究中可以看到,在这两个方面,或许有可能得到比较完整的认识,甚至说本文主要是这两个项目的研究也不算言过其实。

关于本文的研究方法,基本同此前(指《黄河》一文)用过的方法相同,即以考古学年代和区系类型为基础,观察比较其背景,将全部史前聚落资料分为旧石器时代、前仰韶期、仰韶期、龙山期这样四期(四个相对年代单位),再根据资料从聚落地理学角度进行考察。这里的区系类型指的是较大地域范围的、以各不同考古文化(类型)系列为标志的相对独立地理区域的史前文化类型。这种区系类型(考古文化类型、系列)其实即是一种受自然地理区域一定程度制约的文化地理现象。

关于河南境内旧石器时代人类居住情况的研究,因资料所限,只能是一些粗略的推测。

旧石器时代遗址,或者严格地说,是发现旧石器时代遗存的地方共有26处,而西峡跑马岭一处有"8个地点",则全部应有34个"地点"。这34个地点当然全部都是因人类活动而留下来的遗存,然而,它们并不能一概归为居住(聚落)遗址。

其年代跨度虽然没有准确的数据,但从旧石器时代早期、中期到晚期全有,则绝对年代跨度应有数十万年甚至上百万年。很难以这26处遗存来探讨数十万年、上百万年的某种"一般规律",只能作一些现象上的极简单的观察。

26处地方洞穴遗址有5处,约占20%。其他如土层水沟等地方发现的相关遗存(遗迹),应该不能排除附近也可能有(过)人类曾经居住过的洞穴。这个推测如果可以成立,则实际上洞穴居住的比例应当远远超过20%。有关旧石器时代人类居住的其他研究大体也是这样的推测,即古人类主要是穴居的。除洞穴以外,有研究者认为,人类应是"搭窝棚"居住的。① 当然,这里也并没有相关的材料来证明这一推测。

在遗存面积的数字中,有两处比较引人注目的是灵宝朱阳和南召杏花山,都有30万平方米,后一处还是洞穴。虽然不能把这看成完全是聚落面积,但应该是和居住相关的。由此想到,在这样一个相当规模的居住(活动)区域中,曾经有可能集中了多少数量的人群呢?目前当然还无法对此作出哪怕是最粗略的估算。

---

① 贾兰坡:《中国大陆上的远古居民》,天津人民出版社1978年版。

二、前仰韶期

黄河流域前仰韶期共分布有四个考古文化类型，大体按自西向东的顺序，为老官台文化（也有称"大地湾文化"的）、裴李岗文化、磁山文化、北辛文化。在《河南》中，对于河南全省前仰韶期的考古文化类型只有一个命名，即全部为裴李岗文化，但该书同时也指出，"大致可分为两种类型"，即"分布在偏北部丘陵地区，相对年代稍早的裴李岗类型"和"分布在偏南部平原地带，相对年代稍晚的贾湖类型"（《河南》，第29页）。在文化类型的命名上，各地方、不同学者间可能会有一些相异的见解，这并不是一个大的问题。这一时期是前八千纪晚期至前六千纪，年代跨度约一千五百年，黄河流域的一批相对最早的新石器文化群在这一点上并不互相矛盾，因而于本文相对年代的确定上不产生任何障碍。

前仰韶期（本文或可以称为裴李岗期）聚落在河南境内共计44处，全部是文化堆积很单纯的裴李岗文化遗址，再加上有裴李岗文化因素的33处，即为《河南》一书"概述"中所说的"七十余处"（具体为77处）。这七十余处遗址主要分布在河南中部，"多分布在郑州、洛阳、汝州、漯河四地之间的范围之内"（《河南》，第29页），而且相对集中于嵩山山麓的东麓、向黄淮海平原过渡地区。在《黄河》一文中，笔者曾经指出过，在整个黄河流域，前仰韶期遗址的分布不在大河沿岸，也不在山脉高处，而是主要集中在中低山地的中游沿岸。《黄河》一文也谈到此种现象与农业起源地区的探索相关。现在我们从《河南》一书提供的较新的资料中看到，相对年代较早的遗址分布在丘陵地区，且"遗址面积较小，灰层（文化堆积）较薄"；而相对年代较晚的分布在平原地区，且"遗址面积一般较大，灰层较厚"。可以说这以河南一省的资料再一次证实了当时的考察结果。结合后文仰韶期和龙山期聚落分布的演变,可以说令我们看到了农业的起源、发展、逐渐成熟以及从山麓向平原逐渐过渡的轨迹。

聚落规模看来是本文最可能有所收获的考察对象了。这可以从两个方面入手,即聚落(遗址)面积及文化层堆积厚度。后者反映了聚落使用年限的长短,一定程度上同聚落面积成正比。似乎仍有必要交代的是,遗址的面积有两种可能性,即聚落(遗址)范围和聚落实际居住面积这样两个不同的概念,前者总要比后者大一些,而且现知的面积和当时的实际规模存在不同,因为在绝大多数情况下,今天所能看到的遗存都是经过不同程度的破坏的。有必要带着这样的理性,来考察我们面对的数据。

本文将聚落规模分为如下几类(后文的仰韶期、龙山期也相同):超过 100 万平方米者为特大;100 万平方米以下、10 万平方米以上为大型;10 万平方米以下、5 万平方米以上为中型;5 万平方米以下为小型。

除去两处遗址(密县青石河、王嘴)没有提供面积数据,可供观察的共 42 处。其中面积最大的为郏县水泉,15 万平方米,这是目前所知整个黄河流域的前仰韶期遗址中面积最大的一个,而且是裴李岗文化的单纯堆积。该"大型聚落"占全部有面积数字的 42 处遗址的将近 2.4%。这以外,遗址面积一下子就下降了一半以上,6 万平方米的有 4 处,加上 5.75 万平方米的 1 处,则超过 5 万平方米的所谓中型聚落为 5 处,占 11.9%。此外,5 万平方米以下、2 万平方米以上(不含 2 万平方米)的有 5 处,亦为 11.9%。再就是 1 万平方米至 2 万平方米的 21 处,占 50%。其余的为 1 万平方米以下,共 10 处,占 23.8%。面积最小的是汝州湾张,1500 平方米。

将上述数据同整个黄河流域的观察结果相比,河南省内

1万~2万平方米的比例是50%,《黄河》一文同项为41.7%;1万~6万平方米的一共有31处,占全部有面积数据遗址的73.8%,《黄河》同项为66.6%。

如果按大、中、小型的分法,则大型聚落仅1处,占2.4%,中型11.9%,其余85.7%均为小型(5万平方米以下)聚落。

在《黄河》一文中,笔者曾有这样一段话:"前仰韶期聚落的规模多在1万~6万平方米之间,其中尤以1万~2万平方米的为最多,可以视作此时期聚落的常态。"现在对照河南一省内的情况,两次考察得出的百分比数据虽然并不完全一样,却是相当接近,可以说是再次证实了前仰韶期聚落规模的特点,即"大面积"聚落很少,以1万~6万平方米的小型聚落为绝大多数,其中又以1万~2万平方米的最具代表。

河南省内裴李岗期文化层最厚处达到3米(漯河翟庄),这与黄河流域其他地方观察到的大体相同(这以前的资料最厚为2米),最薄的是0.5米(此前资料为0.2米)。全部有文化层数据的37个遗址中,最厚处1米(含1米)以上的有32个,约占86%,其余5处不足1米,约占14%,则在河南省范围内,前仰韶期遗址的绝大多数文化层厚度达到1米以上。

上面这个结果与当初对黄河流域全域考察的结果恰好相反(《黄河》一文的统计是1米以上38.4%,不足1米的61.6%)。这个现象怎么解释?当然,可供观察的数据还是太少(黄河流域全域有文化层厚度数据的前仰韶期遗址仅四十余处,不含其他省份1984年以后新发表的数据),而且地区上也不平衡。排除前后两次都有可能发生的、所据资料本身在处理过程中的不精确处之外,其他可能的解释或许是:河南或者主要是嵩山山麓的情况与其他省份或者其他地区有所不同,比如这里的气候以及土地肥力等方面的条件比较适宜较长时间的居住,聚落迁徙的必要性相对较小，因此留下的文化层遗存也就相对较厚。这个问题目前尚无法作判断性的结论，只有等各省有关的资料发表得较全之后，或有可能获得较新的认识。

　　文化层厚度与聚落面积（规模）以及生产力高度（富裕度）成正比。前一点很好理解，聚落越大，迁徙越不便，居住年限相对也就较长；而后一点，可以简单地类比现代发达国家平均每人在同一单位时间内产生的垃圾数量（文化堆积的一种）远较发展中国家的为多，较远古人类则更不知要多多少倍了。同年代较晚的时期相比，前仰韶期文化堆积普遍是比较薄的（即便河南的该期文化层超过 1 米的为多），而且各遗址出土的文化遗物不丰富，质地也较粗糙。这是因为总的说来，农业尚处于早期发展阶段，生产力水平低下，土地肥力递减，抵御自然灾害的能力也很低，物质本来不丰富，而迁徙却又有可能是经常性的，因而遗留下来的文化层厚度就要较年代较晚的薄不少。

　　关于河南省裴李岗期聚落人口的估算，仍用笔者在《黄河》一文中用过的方法，即以遗址面积（聚落范围）为基准时，每平方米按 0.008 人～0.01 人计算，则 15 万平方米面积最大的郏县水泉，曾经可能聚居过的人口为 1200 人～1500 人。按当时的生产力水平而言，这应该是一个相当可观的数字，占 11.9％ 的 6 万平方米左右的聚落可能有过的人口为 480 人～600 人。按 1 万～6 万平方米为该期聚落规模的多数（73.8％），则该期绝大多数的聚落人口在 80 人～600 人之间。其中占 50％ 的为 1 万～2 万平方米的，亦即裴李岗期聚落的人口数可能以 80 人～200 人的范围为最具代表性。

　　考察前仰韶期聚落所在的具体自然地理环境，仅有中牟冯庄的"地表黄土覆盖"一语。有裴李岗文化因素的遗址有 33 处，仅有偃师高崖的"伊水南岸"（可据此归入"临水"类聚落）及新乡骆驼湾的"高地,由南而北逐渐倾斜"这样两句话,无法依此作任何判断性论述。这以外,有关建筑以及聚落平面、聚落类型的归类、划分等,《河南》提供的信息实在不多,无从论及。

三、仰韶期

河南省境内的仰韶期考古文化中,出现在《河南》中的名称有仰韶文化、大汶口文化、屈家岭文化这样三个。其中仰韶文化分布最广,遗址数量最多。当然,《河南》也指出了在"仰韶文化"这一名称下,河南省境内共有"庙底沟类型""大河村类型""后岗类型""大司空类型""下王岗类型"等各种文化类型,有一部分学者是直截了当地称上述各文化类型为"○○文化"的。同前仰韶期一样,文化命名上虽有不同的见解,但并不影响对上述各文化或文化类型的共同认识,即这是约自公元前五千纪初至前三千纪初,跨度约为两千年,生产力发展水平相近,具有相当多共同因素的一个史前文化时期。

仰韶期的聚落遗址数量全部为 269 处,很单纯的仰韶时期的遗址为 238 处,31 处是很明显的所谓"仰韶时期文化为主",但也包含有其他文化叠压的。这以外,各期叠压的遗址中,包含有仰韶期文化遗存的共有 445 处,因此河南省境内目前所知的仰韶时期遗址全部数字为 714 处。

该期聚落的分布大体可以说已经遍布全省各地,但以郑州以西的黄河及其支流沿岸为最多,而东部平原地带就相对较少,甚至可以说很少。这个现象的解释并不复杂。在《黄河》一文中笔者曾经指出,前仰韶期的聚落主要分布在中等高度的丘陵、山麓地带,并随着年代的推移向低海拔地带发展。但这种发展以人类的能力与自然界的威力之间的平衡为界限,在中原地区,主要是受黄河制约。黄河在进入历史时期后的有记录的大小决口泛滥次数就以千计①,更不用说在史前了。大体以郑州、荥阳以北为轴,黄河曾经长时期地在整个黄淮海平原上泛滥漫流。《黄河》一文曾举太行山东麓为例,现在河南的情况可以说又一次印证了这一点。在东部平原地区,前仰韶期遗址可以说一处也没有,到仰韶期开始出现,但不多,而到龙山期时就大批出现了(《河南》,第30—31、32—33页)。虽然没有充足的相关资料,《河南》一书提供的也有限,但有理由推测,今天还存留着能够被发现的河南东部平原上的仰韶期以及龙山期的聚落遗址,多半应位于相对海拔略高的岗丘之类的高地上。

我们对269处聚落的规模进行了观察。

面积最大的为80万平方米(灵宝东双桥),其次为75万及70万平方米各2处,再依次是60万(1处)、45万(1处)、40万、33万、32.5万、30万、22.4万平方米这样的面积落差,到10万平方米以上,即所谓大型聚落一共有46处,占总数的17.1%(《黄河》中为20.9%)。有一个与黄河流域其他地区相同的现象是,1万~10万(不足10万)平方米的中、小型聚落为最大多数,共163处,占60.6%(《黄河》一文为54.4%),这其中又以不超过5万平方米的小型聚落占绝大多数,有129处,在1万~10万平方米的聚落中占79.1%(《黄河》一文算法略有不同,不超过6万平方米的占80%以上),在全部269处聚落中也有47.9%的比例(《黄河》中不超过6万的占43.6%)。不足1万平方米的不多,58处,比例为21.6%(《黄河》中为22.9%)。另有面积"不详"及未提供面积数字的聚落各1处。

面积最小的聚落为400平方米的灵宝县内的文东和干头,是

---

① 邹逸麟:《中国历史地理概述》,福建人民出版社1993年版,第20页。

两处纯粹的仰韶期文化遗址。没有理由说仰韶期就一定不会有这么小规模的聚落,但考虑到文化层厚度有 2 米,不算太薄,则居住也应有一定的年限,实际面积或许不应该这么小,现在看到的面积数字很可能是被破坏过的。当然这只是推测,目前并无证据。

与黄河流域其他地方的仰韶期遗址相比,河南没有 100 万平方米以上的所谓"特大型聚落"(如山西汾阳峪道河规模大至 680 万平方米)①。按大、中、小型分,大型聚落占 17.1%,5 万平方米以下的小型聚落共 69.5%,所余 15.4% 为 5 万至 10 万平方米的中型聚落,还包括无面积数字的,中型聚落实在不算多。大、中、小型聚落规模的比例,以及自前仰韶期至仰韶期的整个聚落规模的发展趋向,大体上同整个黄河流域是一致的,即有可能达到的聚落规模是越来越大了,但大量的仍是不足 10 万平方米的中小型聚落,以及相对比例最高的 1 万~5 万平方米的较小型聚落。

有文化层厚度数据的遗址共 254 处,其中文化层最厚的为 7 米(宜阳邵窑),这是一个 16 万平方米的规模不小的聚落。最厚处达到 6 米的有 1 处,达到 5 米的有 4 处。超过 3 米(不含 3 米)的全部为 23 处,占有文化层厚度的 254 处的 9.1%,与《黄河》一文用同样方法计算得出的 9.1% 的比例正好相同。文化层不足 1 米的非常少,仅有 3 处,占 1%,与《黄河》一文观察所得比例差很多(《黄河》中为 21.2%)。这以外就都在 1 米~3 米的厚度范围内了,将近 90%(《黄河》中为 70%)。大体而言,厚度超过 3 米的很少,我们仍可以说 1 米~3 米的文化层堆积是这一时期的常数,所占比例最高,这一点同整个黄河流域仰韶期是一致的,但在实际比例上,有将近 20% 的出入。颇值得引起注目的是,文化层

---

① 山西省考古研究所:《山西汾阳峪道河遗址调查》,《考古》1983 年第 11 期。

不足 1 米的遗址数量极少,这种河南一地的文化层平均厚度超过其他地区的现象在前仰韶期也有,同对大面积的整个黄河流域观察的结果很不一样。前面的解释或许并非毫无道理,即河南地区的环境较黄河流域其他地区更适合农业聚落的较长时间的定居,相对的,迁徙也就比较少,因而留下的文化层厚度也就相对要厚一些。前面也说过,这是一个尚待解决的问题,目前看来还很难有结论。

人口的估算仍用前面的方法,即以每平方米 0.008 人～0.01 人计算。最大的灵宝东双桥,80 万平方米的聚落范围内,可能居住过的人口为 6 400 人～8 000 人,该聚落文化层厚达 4 米,可知是经过较长时间居住的。这以外,占大多数的 1 万～10 万平方米的聚落的人口数可能在 80 人～1 000 人的范围内,其中比例最高(最为普遍)的 1 万～5 万平方米的,亦即最具代表性的聚落人口数字在 80 人～500 人的范围,同整个黄河流域的观察结果大体一致。

提供了自然地理环境的遗址共有 19 处(为全部遗址数的 7%)。其中 11 处是依附于河流或沟渠的,约占 58%;其余的就是"地势较高""高周围若干米"之类描述,资料很少,无从作结论性的表述,如果要分类的话,大概应是阶地聚落和岗丘聚落这样两类了。这样的"聚落类型"归类,前文谈到,是"姑妄归之"、并不精确的。另外还有一些含有仰韶期文化内涵的遗址,因多种文化叠压,也就不予归类。

四、龙山期

"龙山文化"最早发现于山东省济南市章丘区龙山镇。此后,从黄河流域到长江流域,各地都有"龙山文化"被发现,当然也有学者分别使用各种不同的名称,如"三里桥文化""王湾三期文化""客省庄二期文化"等,它们在年代上大体相近(跨度约自前三千纪初至前二千纪前叶,延续一千余年),生产力发展水平大致相当,文化面貌上也有不少共同之处,学者们就这一点认识并不相左,因而"龙山时期"这一概念当比较容易被普遍接受。

河南省内龙山时期文化的分布遍及全省几乎任何角落,遗址的数量是庞大的,"达千处之多"(《河南》,第 35 页)。聚落遗址共有 691 处,包括以龙山文化为主的 75 处,这以外,各期叠压的遗址中含有龙山文化的有 698 处,两者相加,则龙山期聚落遗址已经发现的共有 1 389 处,超出"千处"很多。

提供了自然地理环境信息,并且据此可以作出聚落类型归类的聚落数量仍然不多,但较前仰韶期和仰韶期,绝对数量以及相对比例还是多不少。有地理环境信息的为 85 处,占总数的 12.3%。这 85 处大致可分两类,即明显临靠着河流沟渠等地表水的(临水)阶地聚落 20 处(23.5%),和坐落在相对高于周围地表的不同高度的岗地之类的岗丘聚落 65 处(76.5%)。这里的划分有一些属推测,未必准确,但两者间的比例与《黄河》一文中对整个黄河流域观察的结果很不同。《黄河》中阶地聚落达 82.2%,岗丘聚落 13.3%。这个问题或许可以这样解释:黄河流域全域山地占有相当大的比例,而岗丘聚落,尤其是龙山时期的岗丘聚落恰恰是主要分布在平原地带的。前面谈到过,自前仰韶期到仰韶期再到龙山期,聚落的分布逐渐从高海拔地区向低海拔地区扩展,而河南省的东部和南部分布有大面积的平原,而且相当部分正在黄河泛滥的大冲积扇上。人类的聚落在到达这里时,首先选择的应该是即便在黄河汛期时也不至于被淹没的、海拔相对较高的岗丘之类的地形。可能这正是河南境内龙山时期岗丘聚落比例如此之高的重要甚至最重要的原因。当然,这个说法目前还不能看作结论,资料毕竟还很不充分,有待大量资料具备之后再作观察。

聚落规模的考察可能在目前还相对比较准确一些。

全部691处遗址中,有面积数据的为642处。其中100万平方米以上的所谓特大聚落仅有1处,即三门峡小交口,240万平方米。这以下就是80万、75万、50万(2处)、48万(2处)、45.5万、42万、40万(2处)平方米这样的顺序,到10万平方米截止,即特大型、大型聚落共63处,比例为9.8%,则其余90.2%全都是不足10万平方米的中小型聚落。

对这90.2%再作划分的话会发现,5万～10万平方米的所谓中型聚落的比例也不高,共有94处,占14.6%,所剩的75.6%均是面积不足5万平方米的小型聚落,在龙山期全部提供了面积数字的遗址中占绝大多数。

对小型聚落再作细分,面积不到1万平方米的有242处,比例为37.7%,这以外,亦即1万～5万(不含5万)平方米的聚落比例为37.9%。

面积最小的聚落为420平方米,有2处(郸城展小楼和邓州夏集)。《河南》未注明是否属遭受过破坏的遗存,但颇难想象一个完整的聚落面积如此之小,当然也没有理由完全否认这种可能性。

对照《黄河》一文中对整个黄河流域龙山期聚落遗址的统计,10万平方米以上的占15.1%;1万以上、不足10万平方米的占48%,其中1万～5万平方米的有34.2%;不足1万(1000以上)平方米的31.3%;不足10万平方米的全部相加(含1000平方米以下)的话为80%以上,与本文的90.2%也可以说相去不远。而占最大多数的面积数字,两者都是5万平方米以下,分别为75.6%(河南省内)和65.5%(黄河流域全体,加上1000平方米以下的也超过 70%)。

河南一省和整个黄河流域的统计都说明,龙山期聚落面积总的趋势是小型化,即绝大多数聚落属 5 万平方米以下的小型聚落。这个现象在《黄河》一文中也探讨过,当然至今仍不能作出圆满解释,但大体同生产力发展速度加快、生产单位趋向小型化、贫富分化、氏族及家族的纽带开始松懈、战争灾难频度增加、原始社会行将解体的社会大变动有关。

观察龙山期文化层的厚度,一共 640 处是有数据的。最厚者为 10 米(柘城北王庄),其次为 8 米(2 处),这两处都是以龙山文化为主,又含有其他时期文化堆积的。单纯龙山文化的堆积最厚为 6 米(虞城马庄、柘城高庄),其次为 5 米(4 处)。同黄河流域其他地方类似的是,最厚处超过 3 米的在比例上有点接近,为 47 处,占 7%(《黄河》中厚度 4 米以上的占 6.8%)。

文化层厚度 1 米～3 米的遗址为压倒性多数,占 89.1%,其中又以 1 米～2 米的为最多,有 428 处,占总数的 66.9%(《黄河》中 1 米以上、不足 2 米的为 34.7%)。

厚度不足 1 米的比例很低,26 处,比例仅为 4.1%,这一点和《黄河》一文的统计结果(不足 1 米的 36.8%)又大相径庭。是否仍应用河南的自然环境较适宜相对长时间的经营来解释,后面将稍详细地探讨。

人口的估算仍用聚落(范围)面积每平方米 0.008 人～0.01 人的方法。面积最大的三门峡小交口 240 万平方米的范围内,曾经有过的居民可能达到 19 200 人～24 000 人。1 万～5 万(不含 5 万)平方米的聚落为最大比例,占 43.3%,换言之,较大多数聚落的人口在 80 人～500 人的范围之内。35.1% 的聚落面积不到 1 万平方米,亦即将近 1/3 的聚落人口数可能在 80 人～100 人以下。

五、结语

1. 河南省内前仰韶期的聚落,相对年代较早的分布在偏北部丘陵地区,且"遗址面积较小,灰层(文化堆积)较薄",具体而言,相对集中在中等海拔高度的嵩山山脉的东麓;而相对年代较晚的则分布在偏南部平原地区,且"遗址面积一般较大,灰层较厚"。大体可以说这是黄河流域各地前仰韶期聚落发展的一般规律,即早期的新石器时代聚落分布在中等海拔山地的中小河流的中游,然后随着年代的推移,逐渐向低海拔、平原以及中小河流的下游、大河沿岸发展。由此可以看到定居农业的起源、发展、逐渐成熟和过渡的轨迹。

大面积聚落很少,以 5 万平方米以下的小型聚落为绝大多数,其中又以 1 万~2 万平方米的最具代表性。

河南省内,前仰韶期遗址的绝大多数文化层厚度达到 1 米以上,约占 86%,不足 1 米的约占 14%,这与黄河流域全域的 1 米以上占 38.4%、不足 1 米的占 61.6%的结果很不一样,或者可以说恰好相反,颇引人注目。

该期绝大多数聚落的人口估计在 80 人~600 人之间,其中 80 人~200 人的范围可能最具代表性。

2. 仰韶期聚落的分布已经到达全省各地,但以郑州以西的黄河及其支流沿岸为最多,而东部平原地带就相对较少,甚至可以说很少。原因应该是黄河在整个黄淮海平原上的泛滥漫流,人类还难以在这里长期定居。

仰韶期河南没有 100 万平方米以上的所谓"特大型聚落",但大、中、小型聚落规模的比例,以及自前仰韶期至仰韶期的整个聚落规模的发展倾向,大体上同整个黄河流域是一致的。大量遗址仍不足 10 万平方米,相对比例最高的也仍然是 1 万～5 万平方米的较小型聚落。

河南境内仰韶期文化层堆积厚度以 1 米～3 米的所占比例最高。文化层不足 1 米的遗址数量极少,仅占 1%,而全黄河流域为 21.2%。同前仰韶期一样,在仰韶期这一点和整个黄河流域其他地区很不相同,这个堆积薄的遗址数量相对很少的现象一直到龙山时期仍然持续着,可知并非偶然,可能有某种因素制约着这一点。

较大多数的聚落人口数估计在 80 人～1 000 人的范围内,其中比例最高,亦即最具代表性的聚落人口数字可能是 80 人～600 人的范围,同整个黄河流域的观察结果大体一致。

3. 河南省内龙山时期文化的遗址数量庞大,接近一千四百处。分布已经遍及全省几乎任何角落,包括东部平原地区。

龙山期的资料已可作较简单的聚落自然地理环境的观察,虽然资料还不多。大致可分为依附于河流沟渠等地表水的(临水)阶地聚落(23.5%)和坐落在相对高于周围地表的岗丘聚落(76.5%)两类。但这两者间的比例与整个黄河流域的阶地聚落 82.2%、岗丘聚落 13.3% 的比例很不相同。原因可能是黄河流域全域山地占有相当大的比例,而河南省的东部和南部分布有大面积的平原,而且相当一部分正在黄河泛滥漫流的大冲积扇上。龙山时期正是人类聚落较大规模地进入平原的时期,为避免在黄河汛期被淹没,在这里经营聚落时,岗丘之类的高地应该是比较自然的选择,因而岗丘聚落的比例就非常之高了。

龙山期聚落面积总的趋势是小型化,这和整个黄河流域是一致的。河南境内该期聚落的绝大多数(90.2%)是不足 10 万平方米的中小型聚落,其中又以不到 5 万平方米的小型聚落为最多(75.6%)。

龙山期聚落遗址文化层厚度的比例仍和黄河流域全域很不相同。1米～3米的为压倒性多数，占89.1%，其中又以1米～2米的最多，为全部数据的66.9%，而《黄河》中1米～2米的为34.7%。厚度不足1米的在河南仅占4.1%，而《黄河》一文中是36.8%。继前仰韶期、仰韶期之后，到龙山期仍是这个比例相差最大。

代表性的聚落人口数字估计在80人～500人的范围之内。最高的估计是居民可能曾经达24 000人的聚落（群）。

在对河南省内史前各时期的聚落现象加以观察之后发现，在作为主要指标的面积以及相关的人口估算等方面，结果与整个黄河流域大体相同。阶地聚落与岗丘聚落的比例与全黄河流域的比例很不相同，除了考虑到精确度方面可能有的问题之外，也可以作出大致能够成立的解释。只有文化层堆积的厚度河南和全黄河流域之间相差很大这一点，颇难作出较令人满意的解释。特别是文化层厚度不足1米的遗址，贯穿前仰韶、仰韶、龙山三个时期，都是河南境内比例很低，而整个黄河流域比例很高，且相差极大，前仰韶期是14%比61.6%，仰韶期是1%比21.2%，龙山期是4.1%比36.8%，可谓大不相同。原因究竟是什么？本文的研究集中在相对较小的河南一省区域之内，其他方面不敢断言，仅就文化层厚度而言，有理由说资料是比较全的，上述结果的可信度相对应当属比较高的（并不排除从最早的调查、数据的得出，到研究过程最终的取舍全部过程中可能有的误差）。而《黄河》一文因所据资料年代略早，地域分布也不大均衡［比如《黄河》所据资料中，如果山地的或某一个特定地区所占比例太高，而这个（些）地区又有不同于其他大多数地区的自身特点的话，则于整个比例就可能产生程度不同的影响］，再加上如前仰韶期目前所能够得到的文化层厚度数据全部仅四十余处（不含其他省份1984年以后新发表的)这样一些因素,因而有理由考虑到上述比例的精确度可能会略有一些问题。但前仰韶、仰韶、龙山连续三期都有这种突出的比例上的不均衡,可能就不是材料或统计上的偏差所能解释的了。当然,总体而言,可供观察的资料(数据)可能还是太少,暂时还难以对此作出结论。目前可能的解释或许只能是前面已经谈到过的:河南或者主要是嵩山山麓以及向平原过渡地区的情况,与其他省份或其他地区有所不同,比如这里的气候以及土地肥力等方面的条件比较适宜较长时间的居住,聚落迁徙的必要性相对较小,因而留下的文化层遗存也就相对较厚。这个解释当然并不令人满意,但目前还无法作出其他有说服力的解释或判断,可能只有等各省有关的资料发表得更全之后(比方说《中国文物地图集》全部出齐),或许能获得较全面的解释。

(原刊发于《历史地理》第 14 辑,上海人民出版社 1998 年版)

青海省马家窑文化聚落规模考察

一、前言

本文所依据的资料,全部出自《中国文物地图集·青海分册》(以下略为《青海》[①])所附的"文物单位简介"中所提供的有关遗址情况的材料。有必要强调的是,本来考古学所注视的"区域",应该是自然地理性质的区域。受地形、海拔、纬度等因素的影响或制约而形成的某种程度上独立的自然地理区域之间,我们会看到考古学上的文化面貌、社会结构、发展阶段等方面的种种相异之处,这是考古学之所以重视区域之意义和原因(虽然这并不绝对),也是笔者一直在进行的从地理学角度考察史前聚落形态的出发点所在。本文以一个省这样的行政区域作为研究范围,应该说并不是"非常"理想的。笔者曾经以整个黄河流域这样一个巨大的"区域"为对象,作过宏观的史前聚落形态方面的研究。[②] 当时所用的资料主要是各地发表的发掘报告中与"聚落"本身相关的报道,应该说是零碎的,所能够做的也只能是宏观性的把握。

---

① 国家文物局主编、青海省文化厅编制:《中国文物地图集·青海分册》,中国地图出版社1996年版。
② 王妙发:《黄河流域的史前聚落》,载《历史地理》第6辑,上海人民出版社1988年版。本书亦收录本文。

近年来《中国文物地图集》的各省分册陆续出版,每一册都提供了关于史前聚落遗址的资料,就数量而言有了惊人的(甚至是爆发性的)增加,使以一个一个省(自治区)这样相对较小的范围为对象,作更为细致的研究也有了可能。当然缺点也有,或者说缺点很明显,即今天的行政区域和考古学文化的(受自然地理区域制约)区域并非同一个概念。但这一缺点也有可能弥补,办法是将资料所提供的范围本身按自然地理环境的不同,并结合考古学文化的不同,分为较小的区域来作观察和比较。将来所有省(区)的相关资料全部出版之后,再作大规模的相互间的比较,连接重合部分,则有可能令我们看到史前不同时期、各不同考古文化在聚落形态方面的全貌。只是青海的情况略为特殊,从文后遗址墓葬表上可以看到,史前聚落遗址绝大部分集中在东部黄河流域及青海湖一带,在省内再分区研究基本上接近于无意义,因而集中为一个区域对象来作考察。

青海省内已经发现的新石器时代各时期的遗存(包括遗址和墓地)共有 1 003 处[1],绝大部分属马家窑文化[分属马家窑、半山、马厂这三个类型(时期)],非马家窑文化的遗存极少,或者可以说接近于无(如文化堆积单一的仅有民和县硖口大庄庙底沟文化遗址 1 处和循化县西沟大庄石岭下文化遗址 1 处)。这 1 003 处遗存可以分为这样两类:一类是各不同时期(年代)文化遗存叠压,其中包含有新石器时代遗存的,共有 595 处;另一类是所谓"纯新石器时代遗存",即不含有青铜时代及更晚时期的遗存,有 408 处。第二类又分两种,一种是新石器时代各不同时期(类型)文化遗存叠压的,另一种则是"某新石器文化类型单纯堆积",主

---

[1] 据《青海》所附"文物单位简介"中所提供的资料所作归类统计,不敢保证绝对无出入。

要是马家窑、半山、马厂这三个类型(时期)中的某一个文化类型的单纯堆积,共有遗址 251 处,墓地 81 处(具体各时期数量见后文及附表)。这是本文研究的主要对象。

本文的课题为"聚落(遗址)规模",而该"聚落本身"是应该非常具体地落实在某一时间(这里是相对年代)和空间(地理位置)的交叉点上的。说某遗址规模(面积)有多大(平方米),严格而言没有真正的信息量,只有说某遗址(聚落)在某某年代(考古文化时期)规模有多大才有意义。因而,就规模而言,只有年代(考古文化)单纯的遗址才有意义。具体到本文,亦即只有马家窑文化各文化类型(时期)单纯堆积的 251 处遗址(聚落)和 81 处墓地才是反映当时聚落规模的真正有意义的研究对象。有关聚落形态,可以考察的角度当然很多,略为遗憾的是,《青海》的"文物单位简介"中大部分地方忽视了对遗址所在的自然地理环境的交代,有关聚落设施等方面的资料也很少,当然还有本文篇幅的限制,这些都是本文的研究仅集中于"规模"的原因之一。

有关本文的研究方法有若干处需要交代。

1. 规模分类 根据笔者迄今为止的经验或已习用了的方法,100 万平方米以上聚落为特大型(青海马家窑文化无如此大规模),10 万平方米以上为大型,5 万平方米以上为中型,不足 5 万平方米为小型。通常在任何时代、任何地方,肯定都是以小型聚落为绝大多数,这一点在马家窑文化时期的青海也不例外。但事实上,在这些小型聚落中,一定还有一种最具代表性的某种规模的聚落占据最大多数。根据本文后面的研究可以知道,在小型遗址中,又可以分出一种 1 万(含 1 万)平方米以下的"最小型"或称"普通型"的规模类别,是青海马家窑文化遗址的最具代表性的规模数字。

虽然上面的分类都是以数字为依据的,但这些数据本身的真实性或曰事实性，只能停留在今天我们看到的遗址这样一个"事实"上。即便调查工作全然无误，今天所见的和当时真实的"聚落规模"之间，肯定也是有程度不等甚至极大的出入的，从这个角度探讨时，也不能不对此保持清醒的认识。最主要的当然就是在从史前到今天的相当长的岁月中，各类遗存所受到的不同程度的破坏。但我们是否也可以这样想：各个遗址受到这种破坏的"平均概率"应该是大体一致的，则我们今天看到的遗址的现状，尤其是规模（面积）的现状，其实在相当程度上反映了当时各不同规模聚落间在比例上的实际关系。

文化层堆积的厚度反映了当时该聚落延续使用年限的长短，理论上应该和聚落规模相关，通常我们可以认为，聚落规模越大，则延续使用时间也应该越长，因为迁徙的难度也大，留存下来有可能被后人发现的文化层厚度也应该越厚（当然这也是相对的，前提是假设厚度积累的速度大体一致，虽然事实上不同地区、不同遗址之间一定会有差异）。但这两者之间（即遗址规模和文化层厚度之间）是怎样一种关系，至今还不能得出规律性的认识。笔者对文化层厚度一直保持着关心，认为比较理想的是有一天能发现文化层厚度与聚落使用年限之间的关系可以用数字表示（比如在不同地区若干厚度的文化层表示若干年份）。这是一个尚待继续观察探讨的问题。本文将对文化层厚度的考察结果也记录了下来，也略作了与遗址规模间关系的简单比较，或许积累多了，有一天会令我们得到某种新的认识。

墓地是死后的"居处"，是另一种"聚落"（居住）形式。本文对青海省内马家窑文化时期的墓地规模也进行了考察，并且与居住遗址进行了某种简单的比较。但说实话，这种比较是不尽如人意的，只是一种客观陈述而已，谈不上有多少值得一提的收获。

二、马家窑期

考察青海全省纯马家窑期文化的遗存，共有遗址 109 处、墓地 10 处（见表 1、表 4）。

表 1 青海省马家窑文化马家窑类型单纯堆积遗址墓葬表

（1）遗址表			
遗址名称	年代（考古学文化）	面积（万平方米）	文化层厚度（米）
西宁下孙家寨	马家窑	9	0.5～1.2
大通后子河	马家窑	10.5	0.5
长宁西	马家窑	7	1.7
乐都沙坝	马家窑	0.75	0.6
苏家	马家窑	0.5	1.6
东旱台	马家窑	1.5	0.5
后山	马家窑	0.6	0.6
下街	马家窑	1.8	0.5～1
前坝子	马家窑	1.5	0.5
赵家庄	马家窑	0.4	0.6
下贾湾	马家窑	3	不详
峡门	马家窑	0.5	0.5～1
联星	马家窑	0.75	1
童家	马家窑	1.2	0.5
米家湾	马家窑	0.7	0.5～0.8
湟中寺尔寨	马家窑	2	0.7

续　表

(1) 遗址表			
遗址名称	年代(考古学文化)	面积(万平方米)	文化层厚度(米)
民和亨堂村北	马家窑	1.5	0.2～0.5
石灰窑	马家窑	0.2	1～2
东三台	马家窑	不详	不详
关塬南	马家窑	2	0.5～1
邓槽湾	马家窑	0.35	不详
旱台	马家窑	不详	不详
古岱东	马家窑	3	1～1.5
三岔西南	马家窑	2	不详
灰拉拉塬	马家窑	1.8	0.2～0.4
武家	马家窑	6	不详
小塬	马家窑	2	0.4
李家山西	马家窑	0.8	不详
白崖	马家窑	6	不详
上塬	马家窑	6	不详
柴沟	马家窑	0.3	不详
脱谷岭	马家窑	不详	不详
前坪	马家窑	不详	不详
老爷泉	马家窑	0.75	0.5～1
上牙洒南	马家窑	不详	不详
塘卡阳山	马家窑	1.2	2～2.5
旱地台	马家窑	2.25	1～2.5

续 表

(1) 遗址表			
遗址名称	年代(考古学文化)	面积(万平方米)	文化层厚度(米)
安家东北	马家窑	1.2	不详
下川口西南	马家窑	0.5	不详
马聚塬南	马家窑	0.6	0.3~1
马聚塬	马家窑	2	1~2
前头台	马家窑	5	不详
上木台	马家窑	0.15	不详
河西庄东南	马家窑	0.4	不详
大马家西	马家窑	0.48	不详
大庄四台	马家窑	0.15	0.5~0.7
硖口大庄东	马家窑	3	不详
马家堡	马家窑	1.2	不详
祁家塬	马家窑	0.8	不详
互助黑鼻崖	马家窑	1.2	1.5~2.5
孙家	马家窑	0.36	0.15~0.6
加唐	马家窑	0.5	不详
化隆沙隆卡	马家窑	2.4	0.7
公义	马家窑	0.4	0.5
贡什加	马家窑	1.05	不详
朱乎隆	马家窑	6	不详
尕杂米滩	马家窑	1	不详
上哆吧	马家窑	2	0.85

续 表

（1）遗址表			
遗址名称	年代(考古学文化)	面积(万平方米)	文化层厚度(米)
参果滩	马家窑	0.35	0.5
哇家滩村西	马家窑	1.2	0.5
哇家滩	马家窑	0.5	0.5
苏隆柱	马家窑	0.48	不详
河北	马家窑	0.6	不详
正尕	马家窑	1	0.5
曹家	马家窑	2.5	0.3～0.5
循化西沟大庄	马家窑	0.6	0.5
草花细	马家窑	0.425	0.5
线尕拉	马家窑	0.25	0.4
斜昌沟	马家窑	2.5	0.4
果什滩南	马家窑	0.48	0.2
新河北村西	马家窑	0.25	0.7
大寺古	马家窑	0.6	0.4
丹麻嘴	马家窑	0.24	0.3
贺隆	马家窑	0.25	0.3
洋浪麻塘	马家窑	3.35	0.8
拱北峡	马家窑	0.25	不详
三麻里东	马家窑	1.5	不详
同仁土干木	马家窑	0.28	0.7
塌山	马家窑	2	0.2

续　表

(1) 遗址表			
遗址名称	年代(考古学文化)	面积(万平方米)	文化层厚度(米)
郭麻日	马家窑	0.3	不详
向阳	马家窑	不详	0.2
年都乎	马家窑	1.45	0.3
郎家河	马家窑	1.2	不详
新城东北	马家窑	不详	0.5
下庄	马家窑	3	0.5～1
那曲	马家窑	3	不详
沙索麻	马家窑	0.5	0.5
寺台	马家窑	0.2	不详
浪家沟	马家窑	2.5	不详
尖扎罗洼林场后	马家窑	2.5	0.3～1.5
如什其北	马家窑	不详	不详
过巴滩	马家窑	1.4	0.3
下李家	马家窑	2	0.5
牙那洞	马家窑	2.3	1.2
牙那洞东南	马家窑	2.5	0.3
格日西	马家窑	0.1	不详
如其滩	马家窑	0.6	0.4
贵德拉沙台遗址	马家窑	0.5	0.1～0.3
下罗家	马家窑	不详	0.4～0.5
下排	马家窑	2	0.7

续 表

(1) 遗址表			
遗址名称	年代(考古学文化)	面积(万平方米)	文化层厚度(米)
尼多岗	马家窑	0.48	0.3
兴海二台	马家窑	0.5	不详
羊圈台	马家窑	18	0.1
下滩	马家窑	3.75	不详
贵南增本卡遗址	马家窑	2.8	0~0.5
森多南	马家窑	0.4	不详
麻尼湾	马家窑	0.02	
烧炭沟	马家窑	0.025	
高渠顶	马家窑	0.05	

(2) 墓葬表		
遗址名称	年代(考古学文化)	面积万(平方米)
乐都小岭子墓群	马家窑	1.2
脑庄墓群	马家窑	0.3
化隆参果滩墓群	马家窑	0.48
土桥坡墓群	马家窑	1.5
共和恰卜恰墓群	马家窑	0.8
贵德查义山墓群	马家窑	2
孙家沟墓群	马家窑	3
者麻昂墓群	马家窑	2
罗汉堂墓群	马家窑	3.5
兴海香让沟墓群	马家窑	0.75

1. 遗址

在纯马家窑期的 109 处文化堆积中，面积"不详"的有 9 处，提供有遗址面积数字的为 100 处。

没有超过或达到 100 万平方米的特大型遗址。在上述 100 处遗址中，最大的 18 万平方米（兴海县羊圈台），其次为 10.5 万平方米（大通县后子河），超过 10 万平方米的大型遗址仅此 2 处，在有面积数字的 100 处遗址中占 2%，如以纯该时期遗址的总数 109 处为分母，则为 1.8%。

5 万平方米以上、不足 10 万平方米的中型遗址共 7 处，在有面积数字的 100 处中占 7%，在全部 109 处纯该时期遗址中占 6%。

其余的 91 处就全是不足 5 万平方米的小型遗址了，在有面积数字的 100 处中占 91%，占全部 109 处纯该时期堆积遗址的 84%。

在 91 处小型遗址中，又以 1 万（含 1 万）平方米以下为最多，共有 50 处，占 54.9%，超过一半（在全部 109 处遗址中也占 46%）。

前言中已经谈到过，较为值得探索的是该文化时期（类型）在该地域最具代表性的遗址规模，而现在笔者有理由说，占小型遗址 54.9% 的此类 1 万平方米以下的最小型遗址，应该可以认为是马家窑文化时期遗址（聚落）中最具代表性的面积数字。

面积数字最小的仅 200 平方米（贵南县麻尼湾）。我们可以怀疑这个数字是否表示了当时"聚落"的真实性，就好像还有一些地方（遗址）仅发现了该时期的遗物，但遗址面积却无法确定，而只好表示为"不详"一样。面积"不详"不等于从来没有过面积，则 200 平方米这样一个数字可以认为是遗址遭受过破坏，但受到过怎样程度的破坏则无法回答。

2. 文化层

109 处纯马家窑期遗址中,提供有文化层厚度数据的为 66 处,其余 43 处为厚度"不详"或没有表示(空白)[见表 1(1)、表 4]。最厚的为 1.5 米~2.5 米(互助黑鼻崖),最薄的为 0.1 米(兴海羊圈台)。各遗址的厚度绝大多数不足 1 米,1 米以上或最厚处达到 1 米的有 18 处,在有厚度数据的遗址中占 27%。

试考察厚度与面积之间的关系,厚度最大的互助黑鼻崖(1.5 米~2.5 米)的面积是 1.2 万平方米,而最薄的兴海羊圈台(0.1 米)的面积却正好是最大的 18 万平方米。面积第二的大通县后子河(10.5 万平方米)的文化层厚度是 0.5 米。其他各不同面积和不同厚度之间也略作过比较,只好说目前还看不出两者之间有任何规律性的对应关系。

3. 墓地

单纯马家窑期的墓葬在青海全省共发现 10 处,当然另外有大量马家窑期与其他时期文化相叠压的,但这里只能就这 10 处遗存单一的墓地进行探讨。这 10 处都是有面积数据的,从最大的 3.5 万平方米(贵德罗汉堂)到最小的 0.3 万平方米(乐都脑庄)不等。墓葬规模和遗址规模之间也只好说遗址总数比墓葬多,遗址规模(面积)大的要超过墓葬规模(面积)很多,这两点当属"正常"的现象。当然如前言中谈到过的那样,通常我们今天能看到的遗迹(遗址、墓葬等)都是经过不同程度的破坏的,而且数据还是太少,还不敢说明该时期墓葬和遗址之间在规模方面的特点或规律。

墓地面积最大的贵德罗汉堂(3.5 万平方米)没有同时期的遗址(有卡约文化遗址)[①],遗址面积最大的兴海县羊圈台(18 万

---

① 见《青海》所附"文物单位简介",第 159 页。

平方米)也没有同时期的墓葬。仅有一处化隆参果滩是遗址和墓葬为同时期的,遗址面积 0.35 万平方米,文化层厚 0.5 米,墓地面积 0.48 万平方米,似乎比例上比较"正常",都只能算是小规模的,墓葬较遗址还略大一点。

三、半山期

青海全省纯半山期文化的遗存共有遗址 12 处、墓地 3 处(见表 2、表 4),在三个文化时期中都是最少的。

表 2　青海省马家窑文化半山类型单纯堆积遗址墓葬表

(1) 遗址表			
遗址名称	年代(考古学文化)	面积(万平方米)	文化层厚度(米)
平安西营	半山	1.2	0.2～0.8
民和总塬	半山	2	0.5
河西庄东南	半山	0.8	0.5～1.2
关方沟	半山	不详	不详
黑圈	半山	0.06	0.5
民和巴塬	半山	0.15	不详
甘家沟塬	半山	0.5	不详
同仁上吾屯	半山	0.63	0.14
科什藏	半山	0.5	不详
尖扎县直岗拉卡	半山	2	0.4
同德县兔儿滩遗址	半山	4.75	0.4
化隆雪麻	半山	1.2	0.2

(2) 墓葬表		
遗址名称	年代（考古学文化）	面积（万平方米）
乐都华家岭墓群	半山	0.48
大湾墓群	半山	0.8
民和田家墓群	半山	4.5

1. 遗址

12处纯半山期遗址中，有1处面积"不详"，其余11处有面积数字，最大的为4.75万平方米（同德县兔儿滩），最小0.06万平方米（民和县黑圈），全部为不足5万平方米的小型遗址。其中1万平方米以下的有6处，在有面积数字的遗址中占55%，以全部12处为分母，则占50%。面积最小的为600平方米，较马家窑期最小的200平方米还略大一些。

在青海省内，半山期的遗址不仅数量少，而且面积小。遗址规模全部为小型，或可以认为是本地区该期文化的一个特色，但数量太少，还不足以看出全貌。只是超过一半的遗址为1万平方米以下的最小型，不仅和马家窑期有相同之处，再联系后面马厂期的考察结果看，笔者以为是本地的一个较为普遍的现象，即1万平方米以下是我们今天所能看到的最具代表性的遗址面积数字。这在何种程度上反映了当时的实际情况我们还不敢断言，还有待于更多的观察，但无疑这一现象应该引起注意。

2. 文化层

全部12处遗址中，有4处厚度"不详"，8处是有厚度数据的。最厚的为1.2米（民和河西庄东南，0.5米～1.2米），其余7处厚度全部不足1米，最薄的为0.2米（化隆雪麻）。

厚度最大处达1.2米的民和河西庄东南遗址的面积为0.8

万平方米,面积最大的同德县兔儿滩(4.75万平方米)文化层厚度为0.4米,两者间的"比较"这件事本身可以做,但看不出是怎样一种关联,可比较的数据也太少,目前可能也只好归结为受破坏的程度各不相同了。

3. 墓地

"纯半山期"的墓葬仅有3处,面积分别为0.48万、0.8万和4.5万平方米(民和田家墓群)。面积最大的不仅超过大部分单纯堆积的同时期遗址(仅较同德县兔儿滩的4.75万平方米略小),而且在整个马家窑文化三个类型(时期)中也算是不小的。照理说死后集中埋葬的墓地附近应该有同时期的聚落(甚至可以断定曾经有过),但同地(如民和田家)发现的遗址是马厂类型和卡约文化叠压的遗存,面积1.5万平方米[①],是聚落遗址被破坏得非常彻底、不留任何痕迹的例子。

四、马厂期

青海省内发现纯马厂期文化遗址130处、墓葬68处(见表3、表4)。在马家窑文化三个类型(时期)中两者都是数量最多的。

表3 青海省马家窑文化马厂类型单纯堆积遗址墓葬表

(1)遗址表			
遗址名称	年代(考古学文化)	面积(万平方米)	文化层厚度(米)
平安骆驼堡西南	马厂	0.5	不详
乐都水磨营	马厂	0.8	0.5
陈家	马厂	0.96	0.5~1

[①] 见《青海》所附"文物单位简介",第66页。

续 表

(1) 遗址表			
遗址名称	年代(考古学文化)	面积(万平方米)	文化层厚度(米)
晁马家	马厂	2	0.5～1
马家	马厂	0.5	0.5
新盛东	马厂	0.4	0.5
扎门子	马厂	0.8	0.5
脑和山	马厂	0.06	0.6
高粮顶	马厂	0.48	1～1.3
白崖子	马厂	1.2	0.5～0.8
西湾	马厂	3	0.5
卯寨沟	马厂	0.05	0.5
西台	马厂	0.9	0.5
沙沟	马厂	0.4	不详
磨崖头	马厂	4	0.5
断头崖	马厂	0.4	0.6
老鸦	马厂	3	0.4
老鸦东	马厂	0.4	0.5～0.8
峡口	马厂	0.8	0.5～0.8
马家营	马厂	0.4	0.5～1.5
大寨子	马厂	1.8	0.5～1.5
大寨子东	马厂	1.8	0.5～1
姜湾	马厂	0.6	0.5
汉庄子南	马厂	0.8	0.5～1
汉庄子北	马厂	1	0.5
后洼	马厂	0.25	不详

续　表

(1) 遗址表			
遗址名称	年代(考古学文化)	面积(万平方米)	文化层厚度(米)
七里店	马厂	0.8	0.3
申家台	马厂	0.8	1
汤官营	马厂	0.5	0.3~0.8
贾湾北	马厂	0.3	0.8
东岗	马厂	0.25	0.7
杏树沟	马厂	0.2	1.5
辛家	马厂	0.76	0.5~1
西坡	马厂	3	0.5~1
本康岭	马厂	0.65	不详
民和川口	马厂	不详	不详
川口大庄东北	马厂	0.3	不详
三台	马厂	0.18	不详
河西庄东	马厂	5	0.3~0.8
巴塬东	马厂	1.5	0.2~0.5
果园村	马厂	3	不详
张家台	马厂	3	不详
山金台	马厂	1.6	不详
古鄯东	马厂	不详	不详
新庄子	马厂	2.5	0.5~1
张铁水库北	马厂	0.5	不详
加仁	马厂	0.5	0.4
下庄	马厂	1.5	1.5
路家堡东	马厂	0.5	不详

续 表

(1) 遗址表			
遗址名称	年代(考古学文化)	面积(万平方米)	文化层厚度(米)
小下塬	马厂	0.75	不详
路家堡南	马厂	不详	不详
胡拉海	马厂	2	不详
下百户	马厂	2.25	不详
杨家垭豁	马厂	0.8	0.3
泉儿湾	马厂	0.25	不详
马黄坡	马厂	1	不详
阳山东	马厂	1.5	不详
地湾山	马厂	0.32	不详
沙巴沟	马厂	0.4	不详
秦家塬	马厂	4	不详
池丙塬	马厂	3	不详
李家阳山	马厂	0.8	不详
白家南	马厂	0.2	0.2～1
白家	马厂	1.2	0.2
塬坡塬	马厂	3	0.3～0.8
三家塬	马厂	3.75	不详
总堡北	马厂	3	不详
总堡东北	马厂		不详
台尔哇	马厂	不详	不详
马家塬	马厂	1.5	不详
马家塬村北	马厂	1	0.5～0.8
李家塬西	马厂	1.6	1

续 表

(1) 遗址表			
遗址名称	年代(考古学文化)	面积(万平方米)	文化层厚度(米)
潭家	马厂	3	不详
光觉寺塬东南	马厂	3.75	不详
光觉寺塬	马厂	0.15	不详
光觉寺塬东	马厂	6	不详
樊家滩	马厂	1.2	0.4~0.6
甜草沟	马厂	5.25	0.5
坡埂	马厂	不详	0.2
戴家	马厂	0.25	不详
下牙洒	马厂	不详	
黑圈北	马厂	0.2	0.2~0.5
李家岭	马厂	1	不详
三台地	马厂	2	不详
白家山	马厂	1.05	不详
哈家圈	马厂	2	不详
元庄	马厂	2	1.4
隆家	马厂	1	0.4
儿官北	马厂	2	1.4
韩家北	马厂	0.9	不详
邦塘	马厂	不详	不详
大庄三社	马厂	2.25	不详
陈家西北	马厂	0.25	不详
团庄	马厂	2.25	不详
巴家头	马厂	1.5	0.2

续 表

(1) 遗址表			
遗址名称	年代（考古学文化）	面积（万平方米）	文化层厚度（米）
钟家	马厂	3	0.7～1.2
安家	马厂	1.5	0.2～0.4
黄土山	马厂	0.24	不详
下川口沟	马厂	2.5	不详
下川口西	马厂	2	不详
阳盘沟	马厂	0.5	0.2
座座塬沟	马厂	0.25	不详
下川口南	马厂	2.25	0.5～1
香水沟	马厂	不详	不详
三条沟	马厂	0.5	不详
杨家湾	马厂	3	不详
王家岭	马厂	0.25	不详
黄池阳山	马厂	0.15	不详
徐家	马厂	0.5	0.2
巴州东南	马厂	不详	不详
巴家塬	马厂	2	
二台地	马厂	0.4	0.2～0.5
羊羔滩	马厂	10.5	不详
羊羔滩东	马厂	2	不详
上马家	马厂	3	0.5
尕高崖	马厂	3	0.5～1
洒力池东北	马厂	0.4	不详
洒力池	马厂	1.04	不详

续 表

(1) 遗址表

遗址名称	年代(考古学文化)	面积(万平方米)	文化层厚度(米)
洒力池东南	马厂	0.04	
南塬北	马厂	1.5	不详
甘家	马厂	1.5	不详
范家北	马厂	1	0.5
拱巴塬	马厂	3	0.5~1
下红庄东	马厂	0.48	0.3~0.5
上红庄	马厂	6	0.2
民主村东北	马厂	1	不详
碟口张家	马厂	0.8	0.8
昂光堂	马厂	0.8	不详
循化吾羌	马厂	不详	不详
尖扎县藏昂台	马厂	0.75	不详

(2) 墓葬表

遗址名称	年代(考古学文化)	面积(万平方米)
平安石沟沿墓群	马厂	1
三合墓群	马厂	0.25
新庄墓群	马厂	东西长60米
骆驼堡墓群	马厂	1.6
乐都羊肠沟墓群	马厂	3
朗家墓群	马厂	1.2
药水沟墓群	马厂	1.5

续 表

(2) 墓葬表		
遗址名称	年代（考古学文化）	面积（万平方米）
大皮袋沟墓群	马厂	1.5
大崖沟墓群	马厂	1.5
田蒲家墓群	马厂	1.5
新盛墓群	马厂	0.5
大阳坡墓群	马厂	0.56
段堡子墓群	马厂	2
顾家嘴墓群	马厂	0.5
崖湾墓群	马厂	0.25
赵家庄墓群	马厂	1
贾湾墓群	马厂	1.2
瓦窑嘴墓群	马厂	0.54
乱山洼墓群	马厂	1.5
小旱台墓群	马厂	0.3
吴家洼墓群	马厂	0.54
千户台墓群	马厂	0.6
斑家沟墓群	马厂	0.5
侯白家墓群	马厂	0.5
李家台墓群	马厂	1
庄子墓群	马厂	1.5
大顶墓群	马厂	0.5
山城墓群	马厂	0.8

续 表

(2) 墓葬表		
遗址名称	年代(考古学文化)	面积(万平方米)
民和中庄墓群	马厂	2
路家堡墓群	马厂	1.2
上庄墓群	马厂	0.4
官户台墓群	马厂	2
下古岱墓群	马厂	1.2
武家墓群	马厂	0.5
白武家墓群	马厂	0.27
李家阳山墓群	马厂	2.25
李家塬墓群	马厂	5
灰山塬墓群	马厂	1.2
桥头墓群	马厂	2
马家墓群	马厂	0.3
王家塬西北墓群	马厂	2.5
下塬坡墓群	马厂	6
冉家墓群	马厂	2
总塬墓群	马厂	1.5
光觉寺塬墓群	马厂	6
塬坡墓群	马厂	1.2
下坡墓群	马厂	1.2
邓家墓群	马厂	2
阳洼坡墓群	马厂	0.24

续 表

(2) 墓葬表		
遗址名称	年代（考古学文化）	面积（万平方米）
塔湾墓群	马厂	0.75
儿官墓群	马厂	10
陶家墓群	马厂	0.8
单家沟墓群	马厂	1
苏家庄墓群	马厂	0.2
小焦土墓群	马厂	2
黄池阳山墓群	马厂	1.2
碱水沟墓群	马厂	0.5
铁家墓群	马厂	2
南塬墓群	马厂	2
后庄墓群	马厂	0.12
李二堡墓群	马厂	不详
拱巴源墓群	马厂	1.5
崖湾墓群	马厂	0.4
互助乱滩山墓群	马厂	1.04
燕儿台墓群	马厂	0.3
化隆文卜具村西墓群	马厂	1.5
责什加墓群	马厂	1.2
水库滩北墓群	马厂	1.6

1. 遗址

130处纯马厂期遗址中，"面积不详"或空白有11处，有面积数字的为119处，也是三个时期中数量最多的。

这119处中,面积最大的为10.5万平方米(民和羊羔滩),最小的为0.04万平方米(民和洒力池东南)。10万平方米以上的大型遗址仅上述1处,在有面积数字的遗址中占0.84%(在全部130处中占0.76%)。其次为6万平方米,有2处(民和光觉寺塬东、民和上红庄),另外5万平方米及5.25万平方米各1处,即5万平方米以上(含5万)、不足10万平方米的中型遗址共有4处,在有面积数字的119处中占3.4%(在全部130处中占3.1%)。这以外,就全部是不足5万平方米的小型遗址了,共114处,占绝大多数,占119处有面积数字的遗址的96.6%(在全部130处中占88.5%)。

在这114处小型遗址中,又有将近一半为不足1万平方米的最小型(最普通),有57处,在119处有面积的遗址中占47.9%(以130处为分母则为43.8%)。

三个时期遗址数量各不相同,但在上述比例上却有相当接近的地方,除了小型聚落占大多数以外,1万平方米以下的最小型(最普通)遗址的比例大体上都在一半左右(马家窑期、半山期、马厂期分别为54.9%、55%、47.9%,皆以有面积数据的遗址数字为分母)。前言中也谈到过,虽然在漫长的历史时期中所有的遗址都有可能遭到程度不一的破坏,但宏观上受到破坏的平均概率应该是相近的,因而我们在今天可以看到上面的这个比例上非常接近的现象。我们有理由认为,这是一种具有某种规律性的现象,而且很具本地特色。比方说笔者曾经以整个黄河流域的仰韶文化时期遗存为对象作过相近的研究,和现在仅以青海省内的马家窑文化时期遗存为对象的结论颇为不同。①

---

① 王妙发:《黄河流域的史前聚落》,载《历史地理》第6辑,第82—83页。本书亦收录此文。

2. 文化层

130 处纯马厂期遗址中,提供有文化层厚度数字的有 63 处,不到一半,厚度"不详"或空白的有 67 处。普遍厚度不大,最厚处达 1.5 米,有 2 处(乐都杏树沟和民和下庄)。最厚处达到 1 米以上的也不多,有 21 处(含上述 2 处),在有厚度数字的 63 处中占 34.3%。其他 42 处的文化层厚度全都不足 1 米,最薄处为 0.2 米,有 6 处。

文化层最厚达 1.5 米的 2 处,遗址面积都不大(乐都杏树沟 0.2 万平方米、民和下庄 1.5 万平方米),而面积最大的民和羊羔滩(10.5 万平方米)文化层厚度"不详"。理论上,文化层厚度大表示延续使用年限相对长,反之则短,而且该聚落面积也应该相对较大,但实际上在马厂期还很难证明这一点。

3. 墓地

马厂期的墓地和遗址一样,数量上是三个时期(类型)中最多的。纯马厂期墓地共有 68 处。除面积"不详"的 1 处和无统计学意义的"东西长 60 米"1 处以外,有面积数字的为 66 处。其中规模最大的为 10 万平方米,仅 1 处(民和儿官);其次为 6 万平方米,有 2 处(民和下塬坡、光觉寺塬);再次为 5 万平方米 1 处(民和李家塬)。这以外,另有 37 处面积超过 1 万平方米,数量不少,加上上述 4 处,则超过 1 万平方米的共有 41 处,在全部有面积数字的墓葬中占 62%,为大多数。墓地面积最小的为 0.12 万平方米。

与年代较早的马家窑期和半山期相比,马厂期的墓地数量多了很多,而且面积大的比例也大,绝对面积数字也大。仅就墓地规模而言,或许可以看作一种发展。

比较墓地规模与遗址规模间的关系,墓地面积最大的民和儿官同地也有史前遗址,但文化年代为齐家文化和青铜时代。① 另外表3(1)中有"儿官北"遗址,为马厂期单纯堆积,面积为2万平方米,文化层厚1.4米。该"儿官北"遗址的地理位置为"前河乡儿官村北400米"②,而儿官墓群的地理位置为"前河乡儿官村北"③,另一个齐家文化和青铜时代的"儿官遗址"的地理位置则是"前河乡儿官村东"。很明显"儿官墓地"和"儿官北遗址"位置很接近,而且同是马厂文化类型(时期)的,是否可以认为这两者在当时是"配套"的,即其实是聚落所附的墓地呢?虽然不能作肯定的回答,但无疑这个可能性是非常大的。如果是这样,则墓地10万平方米,遗址2万平方米,墓地较遗址大了许多。仅从这两个数字来看,似乎颇偏离了"正常"。

面积最大的民和羊羌滩遗址(10.5万平方米)附近无相应可对照的墓地,该面积数字和最大的儿官墓地的面积相近。当然两者间谈不上有何种关联,可以说的也只是马厂期的遗址和墓地都有可能达到如此规模。

五、结语

青海省马家窑文化的三个类型(时期),遗址的数量是马厂期最多(130处),马家窑期其次(109处),半山期最少(12处);大型和中型遗址的数量为马家窑期最多(2处、7处),马厂期其次(1处、4处),半山期无;绝对面积最大的是马家窑期(18万平方米),其次为马厂期(10.5万平方米),半山期最小(4.75万平方米)。

---

① 见《青海》所附"文物单位简介",第75页。
② 见《青海》所附"文物单位简介",第66页。
③ 见《青海》所附"文物单位简介",第84页。

表 4　马家窑文化时期聚落墓葬规模统计表

文化类型（期）	遗址									墓地		
	单纯该期总数	有面积数	大型	中型	小型	最大（万平方米）	最小（万平方米）	有文化层数据	最厚处（米）	最薄处（米）	单纯该期	最大（万平方米）	最小（万平方米）
马家窑期	109	100	2	7	61(50)	18	0.02	66	2.5	0.1	10	3.5	0.3
半山期	12	11			11(9)	4.75	0.15	8	1.2	0.2	3	4.5	0.48
马厂期	130	119	1	4	114(57)	10.5	0.04	63	1.5	0.2	68(66)	10	0.12

（）内为不足 1 万平方米的最小型　　　　（）内为有面积数据者

半山期的遗址不仅数量少，而且面积小，遗址规模全部为小型，可以认为是一个特色，当年该期文化的持续时间相对较短。

三个时期遗址数量、规模各不相同，但有一个现象却非常相近，即 1 万（含 1 万）平方米以下的最小型遗址在三个类型（时期）大体都占一半的比例（马家窑期 54.9%、半山期 55%、马厂期 47.9%）。这是我们今天所能看到的本地区最具代表性的遗址面积数字，虽然不敢断言在何种程度上反映了当时的实际情况，还有待于更多的观察，但无疑这一现象应该引起注意。有理由认为这是一个规律，而且很具地方特色。前面也已经谈到过，以不同区域范围为对象考察同样项目时得到的结论有所不同。[①]

遗址文化层最厚处是马家窑期（2.5 米），其次为马厂期（1.5 米），再次为半山期（1.2 米）。暂时还无法以厚度来具体计算延

---

① 王妙发：《黄河流域的史前聚落》，载《历史地理》第 6 辑，第 82—83 页。本书亦收录此文。

续使用年份,但与其他地域比较的话,青海省内的马家窑时期的聚落文化层厚度是普遍偏薄的。如大体同时代的甘肃天水西山坪遗址,文化层最厚处达到 7 米①,而整个黄河流域仰韶文化时期最具代表性的遗址文化层厚 1 米~3 米的将近 70%,不足 1 米的仅 21.2%。② 相对而言,本地该时期的聚落延续时间不长,换一个角度说,是迁徙的频率比较高。

墓地的数量是马厂期最多(68 处),马家窑期其次(10 处),半山期最少(3 处)。墓地的附近并不一定有同时期的聚落(遗址),当然这个现象并非本地特有。

墓地规模和遗址规模之间虽然也作了比较,但尚无规律性的发现。

与年代较早的马家窑期和半山期相比,马厂期的墓地数量多了很多,而且面积大的比例也大,绝对面积数字也大。这与遗址数量和面积方面看到的情况相同,可以认为马厂期是马家窑文化三个类型(时期)中最为繁荣的时期。

(原刊发于《青果集:吉林大学考古系建系十周年纪念文集》,知识出版社 1998 年版)

---

① 谢端琚、赵信:《甘肃天水地区考古调查纪要》,《考古》1983 年第 12 期。
② 王妙发:《黄河流域的史前聚落》,载《历史地理》第 6 辑,第 83 页。本书亦收录此文。

海野一隆的《地图文化史》(书评)

日本的地图史家、颇为中国学界熟识的海野一隆先生出了一本新书:《地图文化史——世界和日本》(地図の文化史—世界と日本—)(日本八坂书房1996年版)。全书有正文26章,分"世界之部"和"日本之部"两大部分,另有前言一章。本书最大的一个特点是书中有各类地图及与地图史相关的彩色、黑白图版大大小小共一百八十余幅,正如作者在前言中所说的,"本书的主角,其实是那些图版"。笔者曾询问过作者共收藏有多少这方面的照片图版,回答是没有仔细统计过,"几千幅总有",当然作者特别强调,现在这本书中所收的就是其中的精华了。

笔者首先想强调的是,这是一本专著,但同时又可以说是一本为"大众"写的普及性的读物。通常普及和专门这两者是很难结合得很好的,但笔者仍以为这本书可能这样定位比较确切一点,而且是将普及和专门结合得比较好的。如果论专著,海野先生有若干部地图史方面的大部头著作[如《日本的古地图》(日本の古地図),创元社1969年版;《日本古地图大成》(日本古地图大成),讲谈社1972年版;《日本古地图大成·世界地图篇》(日本古地图大成·世界図编),讲谈社1975年版;等等,皆与人合著],但部头太大,不但一般读者难以接触到,即便是专业学者也难以备齐,要用的时候大概要到颇具规模的图书馆才行。而现在这本书则可以一定程度地弥补这一不足。本书的专业水平不用说是非常高的,作者是以几乎无一字无出处的专家的本分写的这本书。书中出现的地图,相关的史实、人名、地名、年代,包括人名地名的原文拼法、人物的生卒年,以及地图实物今天的收藏场所等,方方面面都尽最大的可能作了非常详尽的介绍,而图版文字说明又非常简洁(据作者称,出版社对说明文字限制过严,"不得不"在简略上颇费了一番工夫也是事实)。此书一册在手,大体上能对人类历史上地图的诞生、发展有一个总体的了解。而且书后附有人名索引、事项索引,日、英两种文字的图版索引和研究文献索引,再加上书中提供的线索,可由此书出发进行更深入的专门研究。于相关专业的学生和研究者而言,此书无疑是一本极好的参考书,还可作为有关专业教材的补充资料,甚至直接作为地图史的入门教材。与此同时,一般的读者只要略有兴趣,翻开此书也不会令他畏惧,因为此书没有那种学术著作通常有的"硬面孔",那些图版甚至可以说非常引人入胜,可以令他兴趣盎然地读完全书。

全书共27章,"世界之部"和"日本之部"两大部分篇幅上大体各占一半。从引言"什么是地图?"这个素朴的问题开始,除了分析地图的种种特征之外,还特别提到地图史上的一个普遍的"精亡粗存"和"同系后劣"的现象。前者特别指出,批量印刷技术发明之前,大型精致的地图制作困难,产量很少,而随着技术进步被逐渐废弃,因而难以留存下来,而同时期的较小型粗糙的地图则有可能较多地被传抄,流传下来的可能性反而大。后者则是指同系谱的地图因为传抄脱误的反复,结果是越晚的反而越退化。

"世界之部"各章介绍人类社会生活中地图的诞生、发展、变化,世界各国、各地区、各民族对"世界"的理解和在地图上的表现形式,以及各文化体系间在地图文化方面的互相影响和交流,大体可称是人类地图发展的简史。

"地图之发生"一章举了世界各地最原始古老的地图的各种例子。比如马歇尔群岛岛民用椰子细签编织的海图,择捉岛民用米粒排成的千岛列岛图,墨西哥原住民的标记独特的彩色地图,俄罗斯古坟出土的银壶上的线刻地图(为现知的最古老的地图,可上溯至公元前3000年,1895年发掘),意大利青铜时代的石刻村落图,巴比伦黏土板地图,古埃及纸莎草地图等,非常引人入胜。

有关世界地图,最古老的实物是公元前500年前后的巴比伦黏土板地图,最早的文献记录则是古希腊希罗多德的《历史》。此外,各民族从不同宗教观念出发的对世界的理解的图形化,都在第二章"世界之图形化"中作了介绍,当然同时附有各类图版和照片。

第三章举例说明人类对大地(地球)的认识过程,比方说地球是圆的这个今天的常识,人类为认识这一点,从最早的世界地图开始,花费了若干个世纪的时间。对此认识最早的是数学家毕达哥拉斯,但出发点却是宗教信念,而非科学实证,因为他认为上帝创世时只能是将世界造成几何学上最完整的形状,即球形。

"世界之部"的其他几章则介绍世界各地区、各民族、各宗教圈以及各不同时期的地图文化现象,同时也提供了不少与地图相关的测量器具等历史资料,以及天体仪、地球仪的产生、发展的历史和实物(图版照片)史料。

书中介绍了相当数量的中国古代地图,其中马王堆出土的长沙国南部地图、《禹迹图》、《华夷图》、《皇朝一统舆地全图》(1页)是配有图版的,另外还有一幅北宋《武经总要》所载的中国古代测量器具的图版。

在朝鲜半岛制作的古代地图通常很难有机会看到。除了受中国的影响以外,他们也形成了一些自己的风格,比如山地的表现就很具特色。

越南、泰国、缅甸、印度尼西亚、印度等东南亚、南亚地区的各种不同风格的古代地图，都是很令我们耳目一新的。而且除了用普通的纸张制作的地图以外，还有如棉布地图、以毛织品上的精细刺绣来表示的地图等。

西方地图史上的一些例子，人们知道得多一点，而伊斯兰教圈的地图文化成果以及对世界的影响可能就了解得略少一些，而此书对此作了颇为详细的介绍。中国自元代开始接受伊斯兰教圈地图文化的影响，《元经世大典地里图》《大明混一图》等都是例子。另外，《郑和航海图》中以"指"为纬度单位，更是明显的伊斯兰地图学方法的直接应用。

谈到东西地图文化交流，有几位功不可没的人物，如利玛窦、汤若望、南怀仁等，此书对这几位也作了介绍，并附有他们的照片。

另外，本书对历史上地图投影、比例尺、本初子午线在各国、各地区、各个不同时代的变迁等，都有兼具学术性、趣味性的论述。

本书对日本的地图介绍可以说更为详细。其中颇具日本特色的地方很多，如第十四章专门介绍的"行基图"，这是以7、8世纪时的高僧行基的名字命名的一类地图的总称，最初只是指具某种共同特征的全国性行程图（旅行图），后来成为各类日本全图的代称。江户时代的"大杂书"（类似万年历）中的插图，驱邪避地震用的一条鲶鱼（龙？）背上的全日本图，后来也成了行基图的一个末流。

日本是深受佛教影响的国家，而佛教对世界、对宇宙的解释很自然地会在地图上表现出来，第十五章集中论述了这一点。各时代与佛教相关的地图表现最多的是各种形式的须弥山（大千世界),以及现实世界的"瞻部洲"。虚幻的宗教理念和现实的地理学知识的结合(并不断地吸收西洋系统的地理知识),也表现在佛教世界的地图上。

第二十三章题为"地图之大众化"。制图技术的进步,一般民众求知欲的旺盛,使地图的出版和使用逐渐普及。该章用了不少篇幅,除介绍了民间使用的各类地图、常见的地域图、巡拜寺院名刹用的旅行地图等之外,还介绍了烧制在陶瓷器皿上的地图、随身携带的药匣上的地图等,甚至介绍了江户时代如《娼妃地理记》这类书中所附花街柳巷相关的所谓"戏作"地图,说明当时地图之普及。

最后一章论述了日本明治时代近代西方地图技术的应用、大比例尺地图的测绘制作情况。其中着重介绍了国家规划的五万分之一比例全国地图的测绘和制作情况及制作时限,该图自明治二十五年(1892)开始制作,大正十四年(1925)完成。

本书也有一些不足之处。书后所附各类索引中没有地名索引,不能不说是一个缺憾。当然,作地名索引的工作量太大,但如果附上的话于读者的帮助会更大。其他索引也略有一些疏漏之处。各章的陈述凡是看起来有必要的地方几乎都加了各类注释,非常细致,甚至可谓不厌其详,看得出作者的本意是想尽善尽美,但难免挂万漏一,也有一些不尽人意之处。

地图不像书,通常书评可以使读者对原书窥豹一斑,而笔者这篇书评走笔至此,自己以为顶多也只能令读者窥豹半斑,不少精美珍贵的图版无法在这里表述。不用说,最好的办法是读原书。日文版的《地图文化史》中国读者不容易到手,但好在海野先生和八坂书房已经授权某出版社出版中文版,并同意提供原始图版,可以预计中文版将和日文版同样精美。读者在读到本书评时,很可能中文版也已经可以在书店看到了。①

　　最后还有一点题外之话。不管怎么说,这本书的读者是需要一定程度的文化修养的,但笔者注意到手中这本受赠于海野先生的书,版权页上印着"1996年2月29日初版第一次印刷"及"1996年5月10日初版第二次印刷",也就是不到三个月就印了第二次,说明销路很好。笔者以为这应该和日本大众的平均文化程度较高相关,或许也和书商推销有方不无关系。事实上,这本学术性强,兼具普及性、趣味性,照片又那么精美且珍贵的书有理由受到欢迎。希望中文版的《地图文化史》受到中国读者的欢迎。中文版是笔者翻译的,因而现在这段话不免有王婆卖瓜之嫌,就此打住。

（原刊发于《历史地理》第15辑,上海人民出版社1999年版）

---

① 本书已于2002年由香港中华书局以《地图的文化史》为题出版（繁体字版）；2005年由新星出版社出版了简体字版。

考古地理学研究之回顾与前瞻

"考古地理学"这个学科名称是外来的,是指以考古学现象为研究对象,(通过考古学资料)考察人类史上的地理现象,界于考古学和地理学之间,应归为历史地理学的一个分支学科。

"考古地理学"这一学科名词是日本学者先开始用起来的,或许不能说绝,据笔者所知,国际考古学界或地理学界大概至今还不大使用"archaeological geography"(考古地理学)这一学科名词。而在日本,该学科名称虽然较考古学、历史地理学等名称为新,所涉研究范围及出现频度也确实相对比较小,但"考古地理学"作为学科本身的存在,该学科名词的被承认、被使用已经完全没有问题。最早"创始"这一学科名词的是已故的藤冈谦二郎,他早在1953年就提出并开始使用这一名称。这以后的学科建立并使之成长、发展,藤冈谦二郎的功劳都是不可磨灭的。藤冈谦二郎其人中国学者并不陌生,是日本历史地理学界的超重量级人物。藤冈很早开始考虑考古地理学的学科理论问题,也写过若干专门探讨这个问题的文章或著作中的章节。这以后,小野忠熙于1966年发表的《考古地理学之意义》一文①(笔者曾翻译并向中国

---

① [日]小野忠熙:《考古地理学之意义》,原载日本《考古学杂志》1966年第3期;拙译载《历史地理》第13辑,上海人民出版社1996年版。本书亦收录该文。

学界介绍过此文,也谈了自己对这个问题的一些看法),是在比较恰当的时间(学科已有一定的发展),比较全面地从纯学科理论角度集中对考古地理学进行的探讨。学科概念成立后,随着田野考古学的发展,积累了相当数量的考古资料,一部分地理学家(特别是历史地理学家)以及考古学家对这些不同年代的考古资料从地理学领域各个角度进行了研究,成果可以说相当多,积累的文献颇为可观。

回过来看中国,考古地理学作为一门分支学科,于中国考古学界和历史地理学界而言,应该说还是一个比较新的概念,虽然也有过一些考古学与地理学之间关系的理论方面的探讨,如前面提到,笔者就曾将日本的代表性的理论文章向中国学界介绍过。在历史地理学界,"考古地理学"或许已颇为学者所知,但在考古学界,说人们对此还比较生疏可能不算大错。当然,如果从使用资料的角度,即以考古资料研究地理学问题来界定考古地理学的话,可以认为中国已经有过一些考古地理学方面的研究工作了,包括理论探讨和实证研究,并且可以一直上溯到20世纪前叶考古学在中国刚刚起步的时候。本来考古学在其诞生之时就和地理学结下了不解之缘,比如史前考古学中的"某某文化"本身就离不开地域概念(分布范围),从一开始就是一个文化地理学的概念。翻开各类考古学文献目录,地理学相关学科(包括民族学、交通、文化交流等)的文献是不可或缺的,可见考古学界从来就认为地理学与自己密切相关。现在提出"考古地理学"这么一个学科新概念来,其实不过是名称"新"而已,可以认为它原本就是客观实际存在的,现在所需要的不过是一个清晰、自觉的认识。有了这样一个自觉意识之后,"考古地理学"学科的发展会目标更明确,与考古学之间也会形成一种更好的良性互动关系。

这里不妨稍用点篇幅来简单地回顾一下20世纪以来,特别是近几十年来分别由考古学家、地理学家或历史学家所做过的事实上的"考古地理学"的研究工作。有关考古学与地理学之间关系的理论方面的探索,有一部分学者是很认真地思考过的,虽然可能还没有这么具体的"建立新学科"的自觉意识,论文数量也不很多。比方说下面几篇文章:杨纯渊的《考古学与历史地理学之关系》①、王小盾等的《中国史前文明研究的地理学方法》②、李先登的《试论中国古代文化起源与地理环境关系》③、王恩涌的《文明起源的地理分析》④等。

以考古资料探讨某一个时代的地理问题的著作,有李学勤的《殷代地理简论》⑤、郑杰祥的《商代地理概论》⑥等。如李容全的《环境考古研究中地学调查纲要》⑦、周廷儒的《中国第四纪古地理环境的分析》⑧、史念海的《石器时代人们的居地及其聚落分布》⑨就是以整个石器时代和整个中国为视野的,笔者本人的《黄河流域的史前聚落》则限定了空间范围,时间跨度仍颇大⑩。

用考古资料研究古地貌、古地形及其变迁的文章,有韩嘉谷

---

① 杨纯渊:《考古学与历史地理学之关系》,载《山西省考古学会论文集(二)》,山西人民出版社1994年版。
② 王小盾、陶康华:《中国史前文明研究的地理学方法》,《上海师范大学学报(哲学社会科学版)》1994年第3期。
③ 李先登:《试论中国古代文化起源与地理环境关系》,载洛阳市第二文物工作队编:《河洛文明论文集》,中州古籍出版社1993年版。
④ 王恩涌:《文明起源的地理分析》,《北京大学学报(哲学社会科学版)》1995年第2期。
⑤ 李学勤:《殷代地理学简论》,科学出版社1959年版。
⑥ 郑杰祥:《商代地理概论》,中州古籍出版社1994年版。
⑦ 李容全:《环境考古研究中地学调查纲要》,《中国历史博物馆馆刊》1995年第1期。
⑧ 周廷儒:《中国第四纪古地理环境的分析》,《地理科学》1983年第3期。
⑨ 史念海:《石器时代人们的居地及其聚落分布》,载《河山集》。
⑩ 王妙发:《黄河流域的史前聚落》,载《历史地理》第6辑。本书亦收录该文。

的《天津地区成陆过程试探》和《从考古学资料看天津平原发展的曲折历程》①、谭其骧的《西汉以前的黄河下游河道》②、徐其忠的《从古文化遗址分布看距今七千年—三千年间鲁北地区地理地形的变迁》③等。

根据考古资料研究史前或历史时期的地域性经济开发问题，如果称其为"考古经济地理"会令人感到陌生，那么指其属"历史经济地理"范畴的话可能就比较容易被接受了，如冯志毅的《试论陇西黄土区古文化、古民族及早期经济开发》④、胡健等的《试析查海遗址的原始农业》⑤等。还有根据考古资料研究史前或历史时期的交通问题的文章，如吴玉贤的《从考古发现谈宁波沿海地区原始居民的海上交通》⑥、吴汝祚的《中国沿海史前文化和海上交通》⑦等。

上面举的这些例子，仅仅是各不同角度的研究成果的极小一部分，远远谈不上也不可能在这里全部引用。

至于利用考古资料研究中国都市（城市）问题的论文几乎可以称汗牛充栋，而且非常全面，涉及都市的方方面面，包括都市理论、起源、形成、发展、变迁、规划、形制以及文献资料与考古发现

---

① 韩嘉谷：《天津地区成陆过程试探》，载《中国考古学会第一次年会论文集》，文物出版社1980年版；《从考古学资料看天津平原发展的曲折历程》，载《中国考古学会第二次年会论文集》，文物出版社1982年版。
② 谭其骧：《西汉以前的黄河下游河道》，载《历史地理》创刊号，上海人民出版社1981年版。
③ 徐其忠：《从古文化遗址分布看距今七千年—三千年间鲁北地区地理地形的变迁》，《考古》1992年第11期。
④ 冯志毅：《试论陇西黄土区古文化、古民族及早期经济开发》，《西北民族学院学报（哲学社会科学版）》1983年第2期。
⑤ 胡健、刘小鸿、纪岚：《试析查海遗址的原始农业》，《农业考古》1995年第3期。
⑥ 吴玉贤：《从考古发现谈宁波沿海地区原始居民的海上交通》，《史前研究》1983年第1期。
⑦ 吴汝祚：《中国沿海史前文化和海上交通》，《东南文化》1993年第2期。

的对照等。中国考古学建立之初，这方面就受到关心，加上马克思主义史学理论的引进，又触发了相当多的论争，当然这些研究也都注意到了考古学的成果。另外，古都、古地名和考古发现的对照、考释一向进行得很活跃，郑州商城、二里头、尸乡沟等遗址是否亳、隞、斟寻、桐宫以及小屯殷墟的争论等，一直是热门课题。

根据考古资料对文明起源的地理因素、文化传播与交流、民族迁徙等课题的研究也非常繁盛，论文数与都市（城市）问题的研究不相上下。相信即便并不关心这个课题的人也都在不同的场合看到过许多这方面的论文题目，反而没有必要在这里一一引证了。

不用说，正在陆续出版的《中国文物地图集》各分册更是毫无疑问的考古地理学重要成果。图幅之外，各图集所附的"文物单位简介"的文字解说部分更是重要的考古地理学研究资料。此前出版的《中国历史地图集》在编绘过程中也运用了大量的考古资料，第一集的前几幅图则更是纯粹的考古地理学成果。

写了上面这些，无非是想说明"考古地理学"的研究在中国不仅有，而且事实上是颇为活跃和很有成果的，虽然研究者未必都有很清楚的"考古地理学"的学科意识。这些研究之所以能够进行，是因为田野考古学的发展提供了大量的考古发现和原始资料。

本文的主题是"回顾与前瞻"，说到回顾，除了上面所回顾的成绩之外，笔者也想借此机会来看一下是否也有一些与考古地理学研究相关的不足或问题。具体而言，是指在使用田野考古资料时不时会发现的有关地理环境描写方面的问题。

事实上，我们看到的所有的田野考古调查或发掘报告（简报）都不会忘记介绍遗存（遗址、遗迹）所在的地理和环境方面的信息，这已经形成了某种规范，本来这是很有意义的。但问题在于，报告哪些内容以及怎样报告,换一句话说即应该捕捉哪些地理环境方面的信息,以及应该怎样处理和如何写入报告中,却并没有形成共识,当然更谈不上规范。因而我们所看到的各种报告中的这方面的描写可以说是形形色色、参差不一、相距甚远的。

不用说,有一些地理环境的报告是颇为全面和细致的。比如佟柱臣先生在《吉林的新石器时代文化》①一文中谈到吉林盆地新石器时代遗址的分布规律,"一般遗址高出盆地多不及 100 米","凡地形适宜,比高约 50 米上下的地方,均有发现(遗址)的可能","它证明了吉林新石器时代晚期人类的居住,已经由台地发展到了低地。它又证明了这一段松花江蛇曲以北的广阔冲积平原,自新石器时代已经生成与今日差不多的样子。这在吉林市附近地形的研究上,同样的提出了一个值得重视的问题"。另有遗址分布密度的观察和论述,"这与今日……等几个农村的分布密度所差无几"。上面的结论是否一定完全正确并不重要,重要的是观察的细致和交代的明确。这给使用该资料的人提供了很清晰的地理环境背景,借以进行地理学其他角度的考察或研究时,结论的准确度就会高许多。

有一份报告交代遗址周围环境为不高的岗地,并附带一句"坡底有泉水"②,这也是一个很好的例子。因为人的生活是离不开水的,但是史前聚落的水的来源却经常不能得到较确切的报告,在井被发明之前,人类的生活用水只能考虑地表水,换一句话说,那时的聚落(遗址)周围一定是有地表水源的,只是今天我们是否还能确定这一点,这对考察古人聚落位置选择是很有意义的。我们看到大量的遗址位于大小不同的河流边,可知古时至

---

① 佟柱臣:《吉林的新石器时代文化》,《考古通讯》1955 年第 2 期。
② 杨虎、朱延平:《内蒙古敖汉旗小山遗址》,《考古》1987 年第 6 期。

今，小的地貌环境没有大的变化，这一点本身就很有意义。但有些遗址的位置周围今天确实没有地表水，就难免要考虑到古人生活年代的地貌环境到今天是否发生了变化，抑或是否已经发明了水井。但如果只是因为没有报道，则难免影响对当时地貌环境判断的准确性。像现在这个例子，就有理由认为当时的地貌与今天可能没有大的变化。

台地、阶地、岗丘（还有"高地"）的概念说起来很明显各不相同，但实际上在各类调查或发掘报告（简报）中，有时是混用的，令人难以分辨。通常阶地最多的是表示（被理解）为河流两岸阶地，但有时报告中的阶地却有可能是指山地。如某份发掘报告称遗址在"村南阶地上"，看所附地图村南却并没有河流，倒是有山，因而怀疑可能是依山而言的"阶地"。有一份报告称河流沿岸时用"岸地"而不用"阶地"，笔者以为倒是不错的办法，可以避免混乱。至于台地，有时是指河岸阶地，有时又可能指各种不同地貌环境下的隆起高地。岗丘的说法有时可能指山地环境中的某片高地，有时可能是河流岸边的某高处，当然还指平原上的岗丘，特别是黄河泛滥区（须知这可以指史前时期的整个黄淮海平原）内即便汛期也不至于淹没的"岗丘"，不同的地貌背景下，"岗丘"的性质会很不一样。还有"高地"，有一份报告称遗址位于"村南高地上，三面环临颍河"，此处的"高地"是否与河流相关？相关的话就是通常所说的河岸"阶地"，无关的话就应理解为河流遇阻而绕行的构造性"高地"。当然这些很难归咎于报告编写者，因为本来这三个或四个概念并没有规范化，以致使用时发生混乱。当然，我们希望逐渐形成规范，在此之前，则希望学者编写报告时能够细致交代所有可能得到的环境信息，并且尽可能不厌其详。

不少调查发掘报告附有聚落遗址情况的"附表"，本来那是非常有用的原始资料,可以借此进行很多学科角度的考察,希望所有的报告都有这类附表才好。附表的作法可能很难要求统一,但同一份报告中出现的内容应该要求表达一致。笔者看到过一些颇为混乱的现象,如有一份附表中,长度单位"里""米""步"同时出现,则相关的资料就较难引用了。

有的遗址在分别发表的不同的报告中数据不同。如江苏某遗址的发掘信息分别发表在《考古》杂志不同年份的两期中,但所报道的面积数据却大不相同。前一次为"遗址范围东西长200、南北宽100余米",则应为2万平方米;后一次为"东西长约500、南北宽约450米,总面积约在20万平方米以上",同一遗址前后两次报告的面积相差有十倍之多。可以理解田野调查不可能每次都精确,但应该尽量接近准确,这一要求似乎不能算苛刻。在报道文化层时不时要用到两个术语,即深度和厚度,不用说这是两个概念,但看到过有些发掘报告中这两者相混(如"厚度1米深"的说法),只好说无从准确把握和进行比较、判断了。

通常调查发掘报告或简报都附有遗址位置的地图,本来这是非常重要的信息源,但有的简报所附地图没有比例尺,该类资料的引用价值也就降低了。有一份内蒙古的报告称某遗址距黄河不远,但因为附图上无比例尺,大致距离也无法判断。很可能该类报告在其他方面会有很好的见解,但有时很重要的信息却被疏漏了,颇为可惜。

山东某处遗址的所在为"南靠龙河,东南近崞山",从附图上看其实是隔河南望崞山,这就是有附图的好处了,因为背山面河和隔河望山是非常不同的两种聚落位置选择。另外,单纯称遗址位于河流"左岸"或"右岸"的介绍方式可能也应该改善,因为除了熟悉地形的本地人以外,这样的介绍意义不大。如果先介绍河流的流向，以此为背景，那么左右岸就有意义了，因为同类的遗址数量多的话，就有可能考察该时期该文化的聚落位置（选址）是否有规律可循了。比如东西向河流，就有可能考察聚落选址是以河阳为主，还是以河阴为主，南北流向的话又是怎样一种位置选择。有一份简报称某沿河聚落遗址"东西长，南北狭"，但河流流向却没有介绍（也未附地图），可以说颇为遗憾。因为据笔者多年来的观察，沿河聚落在绝大多数情况下是沿河狭长分布的，这个道理比较好理解，为了靠近水源，并且利用河流带来的种种方便，住房会很自然地尽量靠近河流。然而聚落共同体又可能有凝聚（向心）的要求，两者间如何保持平衡关系，该类聚落形状长宽间的比例是否也有规律可循等，就很值得研究。可以帮助作此种判断的资料不用说也是多多益善的。

我们不时可以看到这样的遗址位置报告，如"某车站附近""距某公社若干里""某县城某方向若干里""村西耕地上，面积若干平方米""某学校院内"等，其他就没有了。这些当然也是"地理"，但只是今天的人文地理，只好说这与考古学研究所关心、所需要的"地理环境"实在没有多少关系。

前面谈到的《中国文物地图集》各省分册，当然是考古地理学的成果，但遗憾的是也有一些不足。上面谈到的一些问题，在该图集的不同分册中也不同程度地存在着。有的没有介绍史前遗址文化面貌，有的分册的"文物单位简介"中甚至完全没有交代不少遗址所在的自然地理环境。

前面说过，几乎所有的调查发掘报告或简报都有对遗址（遗迹）的地理环境方面的描写或地图，但是为什么要提供这类地理环境信息？恐怕未必所有的报告者都有很明确的理解，或者说可能未必深思熟虑过。在田野考古调查、发掘过程中以及相关的文字报告中，地理性要素（现象）的捕捉和报道通常并不那么被重视，有时还会被无意疏忽，致使研究资料（特别指田野考古调查、发掘资料）的积累过程中有不少珍贵的地理性要素不知不觉被"遗失"的现象。这可能和通常认为考古学是"以物质史料为主要研究对象的学科"的定义有关。这个定义本身应该说是非常明确的，没有什么问题，问题只是在"物质史料"怎么理解、包含了哪些内涵。遗物和遗迹并非架空的，有其存在和形成的背景，该背景即是当时的地理空间（广义的地理空间包括地理学所涉及的全部内涵）。而这个地理空间自古至今是流动着的、变化着的（因时因地程度大小不一），考察当时的和今天所见的地理空间之间是怎样一种关系，以此推测古时人类的居住地理环境以及为此地理环境所制约的人类行为，或由考古所见的人类行为反推古地理、古环境，正是考古学题内应有之义，也恰恰是报道地理环境的最大意义所在。如果有了这样的理解和认识，则在田野考古的实践中和编写相关报告时，具体到本文所关心的与古遗存（遗址、遗迹）相关的地理环境描写时，上述可能是无意的疏忽或遗漏的情况，就有可能减少或不再发生。

中国考古学在整个20世纪中起步、发展，到20世纪末，其成就是举世瞩目的。包括本文所谈的考古地理学，事实上我们可以认为它已经起步了，并且有所成就。考古地理学的研究最重视的是所使用的考古学资料（主要是调查或发掘的报告、简报）中与地理学相关的内容，本次会议的视野之一是"前瞻"，这里也想就考古地理学与考古学之间的关系，主要是考古发掘报告（或简报）中的地理环境描写，作一点"前瞻"或者说一点不成熟的建议，以供田野考古工作者（报告编写者）参考。

最主要的建议是，表述遗存（遗迹、遗址）所在的地理环境应着重于自然地理而非（今天的）人文地理，具体而言即地形地貌的报告越全面越详尽越好。除了山地、平原、丘陵、沙漠、盆地、河流、海岸等大环境的地形地貌之外,遗址所在的小范围地貌某种程度上更有意义,更便于观察当时聚落选址的倾向以及古今的对比,比如水源距离、山地的阳坡抑或阴坡、水阴抑或水阳,今天为沙漠地貌的话,则更能引起对聚落使用当初具体地貌环境以及古今对照的关心。平原上的史前聚落位于岗丘的较多,比如黄淮海平原上的史前聚落遗址,并且随着年代的推移逐渐向低海拔地区伸展。但进入有史期以来,黄河泛滥仍然经常发生,其泛滥淤积状况与人类活动之间的关系如何,史前的岗丘聚落所在地以及今天的所见就是很重要的参考对象。另外聚落(遗址)所在的地理环境不同程度地影响到聚落的规模、存续年限和内部结构,反过来看,聚落(遗址)的规模和内部结构也反映了聚落存在当时的地理环境。

至于如何全面捕捉和报道自然地理环境方面的信息,当然最理想的是田野考古工作者都能有过地貌地形学的训练(有的大学的考古学专业可能已经设置了相关的课程),在暂时还做不到这点时,则希望在报告编写时对所见环境的描写越细致越好,这样可以帮助使用资料者作出正确判断。我们经常看到对出土器物的描绘非常精细,同样,有关环境的描写也希望能够精细直至不厌其详才好。理论上,田野考古工作应该一切都"考",发表的资料应该最大限度地报告全部"所见",这里请允许笔者强调,这也应该包括最大限度地报告全部"地理环境所见"。于报告者而言,如果自己的"所见"在发表以后有了更广泛的、包括未必事先预测过的"用途",应该是一件很欣慰的事。

人文地理的各种信息当然也很有价值,比如偃师尸乡沟商城遗址的地名本身就是一条历史人文地理学的史料。《汉志》中有"尸乡,殷汤所都"的记载,附近的杏园村南有伊尹墓、田横墓,高庄村地面隆起,被称为"亳地",另有汤王冢、汤王庙等,都是非常有意义的人文地理信息。这些地名（史迹）本身的真伪与尸乡沟商城终归于商代何都的"命运"相关。但说到底，这些人文地理的信息正因为都不是"今天"的，才显现出其考古学上的意义，当然其意义主要也是在"有史"或接近"有史"时代。至于与史前遗存（遗址、遗迹）相关的人文地理要素，最重要的应该是对与遗存相关的各类信息的精确和全面的报道，如面积、文化层厚度、遗址内部结构（房屋、墓葬、窑地等建筑物以及相互位置关系，即所谓空间结构）、产业结构（农、牧、采集、手工业）等，这些就是当时最重要的人文地理要素了。至于今天的耕地、农作物种类等人文地理内容的报道，也未必完全没有意义（可作古今对比），但今天的某镇、某公路、某学校、某医院等人文地理信息只好说于考古学以及相关的任何学科的研究而言实在没有多少作用。

21世纪的考古学所面临的视野将越来越开阔，特别是田野考古工作者所面对的遗存（遗址、遗迹），可以期待的发现和收获，将越来越不只限于至今为止考古学家自身所关心的范围，和其他学科的关联将越来越多，包括和地理学之间的关系也将越来越紧密。另外，有关遗址和遗迹的报告方法，包括调查和发掘报告的形式，与考古学相关的地图（集）的编绘方法等，是否也会与今天熟见了的有所不同，有所变化和发展呢？

这个问题或许可以借一点它山之石来谈，即是否可以看一看世界上其他国家的考古工作，以及他们的考古发掘或调查报告、相关的文物地图是怎么写、怎么编的，有些什么新的发展。笔者在这里想介绍一套比较新的日本出版的"遗迹地图"（文物地图集）和配套的"调查报告书"，其构成即便在日本也很新，似乎可以借来作参考。

新版《大垣市遗迹地图》①类似《中国文物地图集》的某省分册,当然覆盖范围小得多。大垣市位于日本中部岐阜县,面积78万平方千米,人口15万。境内共有各年代遗迹138处,分别表示在40幅1/5 000比例的遗迹分布图上,另有3幅1/25 000比例的地形分类图、堀田分布图②和条理遗构分布图③,以及遗迹地名表、地图解说。略后完成的与地图集配套的《大垣市遗迹详细分布调查报告书——解说编》④可以类比为《中国文物地图集》各分册所附的"文物单位简介",当然细得多,是名副其实的一本"详细解说编"。该书不单是文字"解说",还有与文字解说相配的主要遗迹地图18幅,另有卫星照片(宇宙所见大垣)、航空照片(埋没的微地形,如旧河道等)、古地图(1813年和另一幅年代不详的作品),各章还附有相当数量的各类图、表,最后是"事业经过"的说明——一句话,不厌其详。全书共分如下六章:

第一章"地域详细图编"是上述遗迹地图(集)的"各地区代表性成果"的详细解说,另附有18份比例尺为1/10 000的主要遗迹(区域)地图,每幅图后有地形环境和主要遗迹(文物单位)介绍,最后附专用术语解说和参考文献;

第二章"自然地理学调查"为地质、地形、环境复原、灾害情况的详细调查报告;

第三章"历史地理学调查"和第四章"人文地理学调查"严格而言都属历史人文地理学的范畴,前者是偏重于古地图、古地名等文献史料与遗迹相关的调查报告,后者则是偏重于农田以及相

---

① 大垣市教育委员会文化部编:《大垣市遗迹地图》,大垣市教育委员会文化部1994年版。
② 江户时代的一种造田法,略似中国江南水乡的圩田。
③ 条理制为大化改新(646)以后形成的土地区划法,影响深远,直至今天的村落、道路亦可见其痕迹。
④ 《大垣市遗迹详细分布调查报告——解说篇》,1997年3月。

关设施等遗迹与文献相结合的调查报告;

第五章"考古学调查"则是古坟、古遗址、古建筑、出土古器物等"考古学"相关的调查报告;

第六章"调查之展望"为专家座谈会记录。

该套文物地图(集)和解说书从1988年开始准备至1997年全部完成,费时10年,形成这样一套细而又细的地图集和大报告(《解说篇》为大16开,共224页),按日本的速度,也实在算得上旷日持久了。该套书是笔者迄今为止所看到的聚焦一个不大的地域范围的最为详尽、精细的遗迹地图和调查报告。难免要想到《中国文物地图集》以及所附的"文物单位简介"的解说,当然可以说各有千秋,地域范围规模相差很大,也不一定完全可以类比。但不得不承认,今天中国还看不到有这样一套如此全面精细的文物地图集和调查报告。除了《中国文物地图集》以外,各地都在编的地方志中也可见到附有一些与文物考古相关的地图,坦率地说是粗糙的多、精细的少。当然,这里可能有经济和技术条件问题,如一些具体调查工作可能还无法做,但在目前可能的范围内,精细周密的考察和最详尽的文字报告,是我们今天略作努力就可以做得到的,而且是有可能和国际同行竞争的。再放长眼光向21世纪"前瞻",今天的《中国文物地图集》是以省(市、自治区)为单位的,以中国庞大的文物考古资源,将来如果以县为单位都编写一套的话,那就是几千册的规模,而且精细程度不但应该远超过今天的《中国文物地图集》,远超过国外今天已经达到的水平,更应该达到当时的世界最先进水平,以无愧于中国文物大国的庞大资源。展望21世纪中国考古学和考古地理学的发展,完全有可能将此项"前景"纳入视野中来,并使之成为现实。

回顾20世纪的中国考古学,无疑成就辉煌。作为分支学科的考古地理学,也完全有理由认为它不仅已经起步,而且成就颇丰。希望该学科在 21 世纪里不仅获得形式上的"认定",而且能获得自觉的良性的发展,以推动考古学这门大学科的更大发展,并使其有益于整个学术的繁荣。

(说明:本文所引用文字全有所据,当然目的只是想引起考古工作者的注意并希望得到改善,绝无故意挑某些报告或作者文字毛病的意思。为避免此类误解,故而所引文字一部分未标出资料来源。)

(原刊发于《中国考古学跨世纪的回顾与前瞻——1999 年西陵国际学术研讨会文集》,科学出版社 2000 年版)

论长江流域早期都市

一

有关中国早期都市问题的探讨,很长时间以来一直是以黄河流域为中心而展开的。除了文献记载方面主要以涉及黄河流域的为多、为主的原因以外,另一个重要原因应该是黄河流域有相当数量与早期都市相关的引人瞩目的考古发现。20世纪以来,黄河流域的考古工作获得了巨大的发展,发现了相当数量规模较大或者围有城墙的遗址,这些遗址足以引起其是否属于早期都市的关心,有关的讨论一直没有间断过,并且可以认为已有相当的广度和深度。笔者自己也一直对这个问题保持着关心并参与了讨论。[1] 相对而言,长江流域很长时间以来与这个课题的研究似乎关系不大,原因当然是上面提到的文献和考古两个方面,看起来都少有长江流域的发现。但近十几年来,长江流域的考古工作有了长足的进展,陆续发现(确认)了一批相当于中原仰韶时期至夏、商时期的规模较大或围有城墙的遗址,有的年代更早至新石器时代的早期。这些城址也都引起了对其是否都市的关心和讨

---

[1] 参见拙著《黄河流域聚落论稿——从史前聚落到早期都市》(知识出版社1999年版)。

论。根据1999年底公开发表的材料,这些遗址共有16处:(1)宝墩(四川新津)、(2)鱼凫村(四川温江)、(3)古城(四川郫县)、(4)芒城(四川都江堰)、(5)双河(四川崇州)、(6)紫竹(四川崇州)、(7)走马岭(湖北石首)、(8)马家垸(湖北荆门)、(9)阴湘城(湖北江陵)、(10)石家河(湖北天门)、(11)鸡鸣城(湖北公安)、(12)八十垱(湖南澧县)、(13)城头山(湖南澧县)、(14)门板湾(湖北应城)、(15)盘龙城(湖北黄陂)、(16)良渚(浙江余杭)。其中只有盘龙城是20世纪70年代发现的。

上述遗址的共同特点或共同的引人注目之处是全部围有城墙。长期以来,在不少研究者的笔下,有无城墙是判断都市的重要标志,甚至唯一标志。在史前史或上古史的研究领域中,流行过很长时间的一个模式是城墙、城市(都市)、文明、国家还有阶级等概念之间几乎是被画了等号的,即便是今天,仍有不少人尊奉着这个模式。在笔者看来,这个模式恐怕是意义不大的。当然笔者的关心并不在上述若干概念之间的关系上,笔者主要关心的是地理学意义上的早期都市的形成这个问题,同时认为这个问题主要应该从聚落功能的角度来进行考察,才有可能得到比较符合事实的结论。有必要在这里强调的是,笔者并不认为城墙的有无在判断都市时具有如何重要的意义。简单而言,如果城墙的主要功能是防御的话,那么它就和都市(城市)也罢、阶级分化也罢、国家和文明的出现也罢全无关系,因为人类在最原始的聚落产生的同时就有防御的需要,包括防御野兽以及防御其他人类集团。至于防御设施的形式,比如壕沟和围墙,本质上实在是没有什么不同的。然而在探讨早期都市问题时,史前聚落中经常可以看到的壕沟却是基本上被无视的。事实上,城墙不过只是壕沟的延长,有时不过只是壕沟的副产品,关于这一点,本文后面要论到的湖南澧县八十垱城址和湖北应城门板湾城址是两个很好的例证。另外,笔者想反复强调的是,是否都市的判断主要应该是一个地理学意义上的问题,判断的方法应该是地理学的方法。笔者不否认城墙(围墙)可以作为考察是否都市时的一个参照指标,理由主要是城墙(围墙)的建造需要大量的劳动力,以及有可能由此导致专业分工,并引出聚落功能的多样化,而逐渐向地理学意义上的都市定义接近。当然,笔者不完全否认这和(特别牢固的)防御的需要以及社会的发展分化都有关系,但城墙(围墙)这一指示物本身的意义在多数情况下是被过度强调了。但因为不少研究者都非常重视城墙(围墙)的有无,甚至有以此为判断都市(城市)的唯一标准的,因而笔者也就姑且将所有带有城墙(围墙)的史前聚落遗址全部纳入了考察视野。本文即是以长江流域这一批围有城墙的遗址为对象,然而却是以笔者所理解的地理学意义上的都市定义,即主要从聚落功能的角度,对该批遗址所进行的是否都市的分析和考察。

在正式展开本文之前,有必要对本文的考察方法作一个简单的交代。首先是对本文所使用的"都市"一词的定义有必要作一个界定。当然,都市的定义问题涉及面颇广,这里不便也没有必要全面展开,笔者曾就该题目做过专门的探讨[1],这里仅将结论表述如下。都市的定义为:非季节性定居人口占居民的绝大多数,并具有两种以上非季节性聚落机能,包括一种以上中地机能的人群聚落。与上述定义相关,在都市和村落之间,还有一个似都(城)聚落的概念,其定义为:"机能单一的非季节性产业聚落,或者虽然有两种非季节性产业机能,但并无中地机能的聚落。"[2]另外,还有一个人口估算的方法问题,也有必要作简单的解释。

---

[1] 王妙发、郁越祖:《关于"都市(城市)"概念的地理学定义考察》,载《历史地理》第10辑,上海人民出版社1992年版。本书亦收录此文。
[2] 王妙发:《略论似城聚落》,《地理科学》1992年第1期。本书亦收录此文。

考察对象聚落凡有明确居住区范围的,按平均每平方米 0.025 人～0.034 人估算;无明确居住区范围的,按平均每平方米 0.008 人～0.01 人估算。达到和超过 15 万平方米时,将面积数据缩减 1/4 以后再与上述"指数"相乘,为该聚落可能的人口数,亦根据有无明确居住区范围分为两类。该种估算方法的形成也是有过一个过程的,此处不便展开。① 当然,本文的研究对象主要是有城墙的聚落,亦即视作有明确的居住区范围从而进行考察。关于人口表示单位,不足 1 000 人时以 10 为单位,超过 1 000 人时以 100 为单位。有必要申明,这一方法并不精确,笔者并不认为这已经是非常理想的方法,是否相对准确也不是随便可以保证的,而且不同地域实际情况肯定也不完全相同,不过是在没有更好的新方法之前姑且一用的方法。有关这个问题,留待此后有机会再作仔细的分析探索。

二

近十几年来长江流域与都市相关的考古发现有如下各处,此处拟边介绍相关材料,边作是否都市的分析、判断。

1. 宝墩②

宝墩城址位于四川省成都市新津区西北约 5 千米的龙马乡宝墩村,地处川西平原西南边缘,与西南低山丘陵接壤。遗址所

---

① 该方法最早在拙著《黄河流域的史前聚落》(载《历史地理》第 6 辑)一文中使用。
② 江章华、张擎、王毅等:《四川新津县宝墩遗址 1996 年发掘简报》,《考古》1998 年第 1 期;《成都平原发现一批史前城址》,《中国文物报》1996 年 8 月 18 日;《成都史前城址发掘又获重大成果》,《中国文物报》1997 年 1 月 19 日;成都市文物考古工作队、四川联合大学考古教研室、新津县文物所:《四川新津县宝墩遗址调查与试掘》,《考古》1997 年第 1 期;李明斌:《试论宝墩文化》,"中国考古学跨世纪的回顾与前瞻"国际学术研讨会论文,1999 年 6 月,未刊稿。

在地海拔472米～474米,地势平坦。西南500米有铁西河,城址与河流基本平行。东北距西河约4千米。遗址区地面见有明显的土垣,土垣围成方形,方向316度,系人工夯筑。为相当于中原地区龙山时代的宝墩文化遗存。

关于该城址的规模以及遗迹、遗物情况,数次报道略有不同。据《中国文物报》1996年8月18日,城址残存最高处约5米,西北至东南向。城址方位北偏西44度,布局不甚规整,东北城垣交角约80度,西北城垣交角约120度。地面不见明显城门迹象,城垣范围约25万平方米。北城垣东端存城垣高4米,顶宽8.8米,底宽31.3米。城建在台地上,台地高周围3米。另据李明斌未刊稿,遗址长1100米,宽600米,面积66万平方米。城垣宽30米,高4米,堆筑或以棍板等工具夯筑(坡状或水平堆积),平地起筑,夯筑方法较为原始。城墙内出土大量陶片和少量石斧。

据《中国文物报》1997年1月19日,遗址南北1000米,东西600米,面积60万平方米。坡状堆筑,未发现环壕。据《考古》1997年第1期,土垣为长方形,北-东长500米,西存270米,残高5米。1995年初步确定遗址面积50万平方米,城址面积25万平方米。有卵石遗迹,性质不明,另有房址。夯筑城墙大部分直接建在生土上,墙脚宽29.3米～31.1米,有水平及斜面夯筑两种方式。遗物有陶器及石斧、石锛、石凿、石矛等,是"早于三星堆文化的一种新的早期文化"(宝墩文化),被认为是"三星堆文明的基础""蜀文化的渊源"。另综合各类报道,与聚落形态及功能相关的资料还有如下一些:有卵石铺垫遗迹4处,性质(用途)不明。出土物以陶器为主,另有生产工具,以石器、石刀等为主,武器有斧、锛类;发现有文化层、房址及灰坑,"F5(房屋)推测为礼仪性建筑";城墙建于高出当时周围地面约3米的台地边缘,构筑方法为坡状堆筑,未发现环壕;城墙在遗址中是较晚时期修建的,应该理解为是在该遗址原始聚落基础上发展起来的;城址年代与三星堆一期较为接近(三星堆一期的^{14}C测定数据为距今4070—4700年);这样时代早、面积大、又保存有夯土城墙的古遗址在四川地区尚属首次发现等。

人口估算 60万或66万,50万平方米应该是遗址范围,而城垣范围为25万平方米看来是正确的,视其为明确的居住区范围,则可能的人口数为4700人~6300人。

聚落机能推测 据报告者称,出土物颇为丰富,但遗物发表的不是很多,以陶器为主,另有生产工具,以石器、石刀等为主。武器也是通常的斧锛类,装饰品也颇为普通,并无特别引人注目之处,没有可以推测聚落具有多种机能的相关资料,看起来并没有很明显的非季节性机能。"古城F5推测为礼仪性建筑"一语为颇为重要的信息,如与颇具规模的城垣结合起来看,则有可能该聚落具有某种非季节性的礼仪中心的机能。虽然这一点还难以完全证明,但可能性应该说是颇大的。如果此点能够成立,则可以认为该聚落起码为似都聚落。夯筑城墙在遗址中是较晚时期修建的,"是在该遗址原始聚落基础上发展起来的"一语颇为重要,亦即可以从该聚落看到,有一个从最普通的(农业?)聚落到现在所见颇具规模的城垣的聚落(或许与都市相关?)的"发展过程"。结合该城的规模和上述推测的人口数,如果今后有新的指示非季节性机能的遗迹、遗物(比如手工业作坊遗址,同类遗址如鱼凫村据称就有相关的发现,见后文引李明斌所论)发现的话,则该地被判断为早期都市的可能性是较大的。就目前的材料而言尚难以判断。存疑。

2. 鱼凫村[①]

鱼凫村古城位于四川省成都市温江区北约 5 千米。该城址的有关情况不同的报道亦有若干出入。据《中国文物报》1996 年 8 月 18 日,城址海拔 556 米,西南 1.6 千米处是江安河,西南城垣与江安河平行,长 430 米。西城垣残存分别长 170 米、150 米、70 米,东南垣残存 90 米、100 米、280 米。城垣斜坡夯筑,现存最高 2 米,宽 12 米～30 米,有古河道流经城内。城址面积 30 余万平方米。

据《中国文物报》1997 年 1 月 19 日,城呈不规则多边形,西北-东南向,南垣在地面保存较完整,长约 600 米,东垣 440 米,西垣 370 米,东北垣 280 米,面积 32 万平方米。另据李明斌未刊稿,城垣斜坡夯筑或堆筑,墙体顶宽 18 米～19 米,底宽 28 米～29 米,现存高度 3.7 米。墙建于台地边缘,墙下有小卵石层,推测为墙基。城北有东-西向、宽约 20 米的低洼地带,应为古河道,与城址关系不详。遗物有陶器和石器,石器以小型为主。城址的年代相当于龙山文化时期。

人口估算　城址面积数字略有不同,但相差不太大,取发表略晚的 32 万平方米的数据,且全部视为居住区,则可能的人口数为 6 000 人～8 100 人。

聚落功能推测　规模颇大,具有多种聚落功能的可能性是有的。只是从上述报道看,遗物并没有特别引人注目之处。据李明斌文称,此城很可能有手工业作坊遗址,但没有与礼仪祭祀相关

[①] 蒋成、李明斌、黄伟:《四川省温江县鱼凫村遗址调查与试掘》,《文物》1998 年第 12 期;《成都平原发现一批史前城址》,《中国文物报》1996 年 8 月 18 日;《成都史前城址发掘又获重大成果》,《中国文物报》1997 年 1 月 19 日;李明斌:《试论宝墩文化》,"中国考古学跨世纪的回顾与前瞻"国际学术研讨会论文,1999 年 6 月,未刊稿。

的明确报道,因此如上述宝墩一样,该地起码应该是一个似都聚落。如果在今后的发掘中有新的非季节性机能遗迹、遗物(比如礼仪中心机能等)发现的话,则该地被判断为早期都市的可能性也是相当大的。但目前的材料还实在太少,和上面的宝墩一样,是否都市尚难以判断。存疑。

3. 郫县古城①

郫县古城位于四川省成都市郫都区北约 9 千米,800 米外为锦水河。该城址的规模及有关情况亦有不同的报告。据《中国文物报》1996 年 8 月 18 日,城址为长方形,方向偏西 60 度(300 度),长 600 米,宽 450 米,面积 27 万平方米。城墙残存最高 3 米,宽 30 米,有卵石叠压。据《中国文物报》1997 年 1 月 19 日,城垣长 650 米,宽 500 米,面积 32.5 万平方米。有龙山时代的"古城遗存"。发现的堆积厚达 80 厘米,有灰坑 9 个,房址 2 座。房屋地面起建,木骨泥墙经火烘烤,与宝墩遗址发现的相同。据李明斌未刊稿,城墙长方形,长 650 米,宽 550 米,面积 32 万平方米。为坡状堆筑,可分两个时期。房址有大、小两类。大房位于城址中部,东西向与城垣方向一致,房内有 5 个排列有序的卵石堆积,周围有圆竹护壁,护壁上抹泥,形成卵石台。城垣现存地表部分宽 10 米~30 米,高 2 米~4 米。城址的文化年代"相当于龙山时代"。

人口估算 面积有 27 万平方米、32.5 万平方米、32 万平方米三个数据,取中间值且发表较晚的 32 万平方米,且全部视为居住区,则可能的人口数和上述鱼凫村城址相同,为 6 000 人~

---

① 《成都平原发现一批史前城址》,《中国文物报》1996 年 8 月 18 日;《成都史前城址发掘又获重大成果》,《中国文物报》1997 年 1 月 19 日;蒋成、颜劲松:《四川省郫县古城遗址调查与试掘》,《文物》1999 年第 1 期;李明斌:《试论宝墩文化》,"中国考古学跨世纪的回顾与前瞻"国际学术研讨会论文,1999 年 6 月,未刊稿。

8 100人。

聚落机能推测 城垣规模够大,推测人口数也不少,照理很可能是具有多种功能的综合型聚落(都市)。但凭目前所能掌握的材料,大房子及排列有序的卵石堆积、圆竹护壁抹泥的卵石台等,都是任何该时期的聚落都有可能发现的,并无特别引人注目之处。很难看到聚落有多种功能的证据,也没有很明显的非季节性机能。因而推测该地为早期都市的可能性虽然很大,但目前材料所限,还不能断言。存疑。

4. 芒城[①]

芒城城址位于四川省都江堰市南约12千米青城乡芒城村,东约1.4千米有泊江河。城为不规则长方形,方向北偏东约10度,分内外城垣。外圈南北360米,东西340米,面积约12万平方米;内圈南北290米,东西270米,面积约7.8万平方米。内垣残宽8米~13米,残高1米~2.2米。内外城间距15米~20米。城墙系人工夯筑,夯层不规整,类似堆筑。城内发现房址,木骨泥墙构造。文化堆积最厚处约60厘米。发掘者暂时命名该城遗存为"芒城遗存",相当于中原的龙山时期。石器、陶器种类较少,制法以手制加慢轮修整为主。《中国文物报》1996年8月18日谈到四川这一批城址时,有"这些城均建在台地上,城址方向大体与河流平行,布局不甚规则,反映出一定的原始性"一语,当然也应该包括芒城在内。

人口估算 内外两圈城垣的构造比较特别,目前还很难判断内外城间距的15米~20米范围的主要功能,估计主要是防御目的(后文双河城的报道则直接称"内外圈之间壕沟")。当然,将内

---

① 《成都平原发现一批史前城址》,《中国文物报》1996年8月18日;《成都史前城址发掘又获重大成果》,《中国文物报》1997年1月19日;李明斌:《试论宝墩文化》,"中国考古学跨世纪的回顾与前瞻"国际学术研讨会论文,1999年6月,未刊稿。

城面积全视作居住区应该没有问题,为7.8万平方米,可能的人口数为1900人～2600人。

聚落功能推测 从城墙夯筑技术、陶器制作技术以及聚落布局不规则等方面来看,该聚落都是比较原始的,居民数也不多。但内外两圈城垣的构造比较独特,从所在环境看,推测主要目的应是防洪水,也可能有我们目前还不知道的其他特殊需要(军事需要?)。只是目前还很难看出聚落是否有多种非季节性的功能,顶多有可能是具某种独特(单独)功能的似都聚落(如军事驻屯地?)。虽然暂时不作结论,但其为都市的可能性应该很小。

5. 双河①

双河城址位于四川省崇州市。该城址的相关情况各不同的报告也有出入。据李明斌文,现存城址呈长方形。分内外垣。东垣内圈长约450米,(墙)宽20米～30米,残高3米～5米。北垣、南垣内圈残长约200米,(墙)宽15米～30米,残高2米～3米。各垣外圈保存均较差,内外圈之间壕沟宽12米～15米。遗址面积约10万平方米。有房址,面积超过60平方米,由14个柱洞(内有卵石柱)构成,平面大致呈十字形,没有发现墙基槽。据《中国文物报》1997年1月19日,城址面积约15万平方米,正南北方向,有内外两圈,东垣内圈长450米,内外间距约15米。东北和东南拐角明显。该城文化年代为宝墩文化或"龙山时代前后"。遗物以陶器为主。

人口估算 有两个面积数据。如按10万平方米估算,可能的人口数为2500人～3400人;如按15万平方米估算,则可能的人口数为2800人～3800人。同上述芒城城址一样有内外两圈

---

① 《成都史前城址发掘又获重大成果》,《中国文物报》1997年1月19日;李明斌:《试论宝墩文化》,"中国考古学跨世纪的回顾与前瞻"国际学术研讨会论文,1999年6月,未刊稿。

城垣,但此处明确以"内外圈之间壕沟"一语表达,因而很明显不必考虑内外城垣之间的人口居住数。

聚落功能推测 出土物所见并无特别之处,不过是通常的农业聚落。比较特别之处是有内外两圈城垣,其间为"壕沟",很明显应是用于防御,而且很可能主要是防洪。当然不排除有其他超过我们通常想象的防御(如军事)需要,则军人(是否专业?)的数量就应该比较可观。和上述芒城一样,不排除有可能是具某种独特(单独)功能的似都聚落(如军事驻屯地?),即此地作为似都聚落的可能性是有的。这以外,还很难看出聚落是否具有多种非季节性的功能。虽然其规模(面积)较芒城略大些,但判断其为都市的可能性也不大。

6. 紫竹[①]

紫竹城址位于四川省崇州市。该城址尚未正式发掘,相关的调查报告亦未正式发表。[②] 现根据李明斌《试论宝墩文化》一文的内容报告如下:平面方形,分内外垣。现存边长 400 米,宽 5 米~25 米,高 1 米~2 米,内外垣间距 10 米~15 米,面积不小于 20 万平方米。陶片与宝墩文化相近,亦即龙山文化时期。

人口估算 似应理解为外垣面积不小于 20 万平方米,但内外两重城垣的功能还不好断定。用两个方法来估算人口:一是视整个外垣所围为遗址范围而非明确居住区范围,则可能的人口数为 1 200 人~1 500 人;二是假设内外城垣皆为正方形,内外垣间距取中间值 12.5 米,则内城垣面积约为 17.8 万平方米,应该全部视作居住区,可能的人口数为 4 400 人~6 000 人。

---

① 李明斌:《试论宝墩文化》,"中国考古学跨世纪的回顾与前瞻"国际学术研讨会论文,1999 年 6 月,未刊稿。
② 紫竹城址已于本文初次发表后的 2000 年 3 月经中国社会科学院考古研究所与成都市文物考古研究所联合发掘。

聚落功能推测 这又是一个有内外两重城垣的例子,规模较前面两处大。比较引人注目之处是两圈城垣之间的距离上述几处城垣都比较接近,还不好说是否有某种规律可循。如前面两处一样,两圈城垣的主要功能应该是防御,问题是主要为防洪还是防敌。如果是后者,则说明军事防御的需要超乎寻常,专业军人的数量应该比较可观,则此地应该有一个军事聚落的功能,也就是说此地作为一个似都聚落的可能性是很大的。但可借以判断的材料还太少,如果此后的发掘又有新的非季节性聚落机能被证明的话,则此地被认定为都市的可能性也是有的,甚至是很大的。目前当然还不好判断。存疑。

7. 走马岭[①]

走马岭古城位于湖北省石首市焦山河乡走马岭,城西南不远为大湖。城址平面呈不规则椭圆形,东西长,南北短。垣上有数处缺口,其中有的可能为城门。夯筑,平地起建。城垣两边有的保存着圆形土台。垣最高处(残存?)距城内地面约 5 米,距城外地面 7 米~8 米。有明显护城河遗迹。城内房屋主要在东北侧,城内积水可顺地势从西南门直接排入湖中。城内西南部最高,有一组包括几个长方形夯土台基的台基群,可能是大型建筑区。根据陶器等出土物判断,其年代不晚于屈家岭文化时期。该城址的面积数据也略有出入,据《考古》1998 年第 4 期,为 8 万平方米,而张绪球《屈家岭文化古城的发现和初步研究》一文则没有面积数据,仅报告了"周长 1200 米",且视作圆形,则面积约为 11 万平方米。

人口估算 面积数据有两个,按 8 万平方米的话,则可能的

---

① 陈官涛:《湖北石首市走马岭新石器时代遗址发掘简报》,《考古》1998 年第 4 期;张绪球:《屈家岭文化古城的发现和初步研究》,《考古》1994 年第 7 期。

人口数为 2 000 人～2 700 人；按 11 万平方米的话，则为 2 700 人～3 700 人。

聚落功能推测 圆形土台、房屋主要集中在东北侧，以及城内积水可顺地势从西南门直接排入湖中等，可能是城垣内部布局有序、建城之初即有规划的反映。西南部最高处（可能是）大型建筑区可能反映某种高踞在上的权力，则与此相关的人群以及设施也可能已构成独立的聚落功能。该城址虽然规模不很大，但可能已经有了比较丰富的聚落机能。已是都市的可能性是有的，但目前还只是推测，不能作为结论。存疑。

8. 马家垸[①]

马家垸城址位于湖北省荆门市刘集乡显灵村。地处长江中游、江汉平原西北，属荆山山脉的丘陵岗地向平原的过渡地带。城垣在比较平坦的岗地上，高出周围地面 2 米～3 米，平面呈南北梯形，保存基本完整。该城址也有一些略为不同的报告，分别摘录如下。据张绪球文，东垣、西垣长 600 米，南垣长 400 米，北垣较短，面积 20 万平方米。南城垣宽 32 米，坡度外陡内缓，城垣上有若干处高台，可能为防御性建筑。南、北、西、东各有缺口，可能是城门，西门可能为水门。四周有护城河，西护城河借古河道，其他护城河为人工开凿。城内北侧有一片台基。整个城内除新石器时代陶器和石器外，未发现任何其他时代的遗物，年代不会晚于屈家岭文化（距今 5 000—4 000 年）。据湖北省荆门市博物馆的调查报告，城垣长约 640 米，宽 300 米～400 米，总面积约 24 万平方米。土筑，夯层清楚。南垣底宽 35 米，北垣底宽 30 米，东

[①] 张绪球：《屈家岭文化古城的发现和初步研究》，《考古》1994 年第 7 期；湖北省荆门市博物馆：《荆门马家垸屈家岭文化城址调查》，《文物》1997 年第 7 期；[日] 冈村秀典、张绪球：《湖北阴湘城遗址研究：1995 年中日联合考古发掘报告》，《东方学报》1997 年第 69 期。

垣底宽 30 米,西垣底宽 35 米。城垣内筑护坡,一般宽 5 米,城垣外坡陡直。外有护城河,除南、北局部损毁外,其余基本保存完好。护城河似为人工河道与自然河道相结合而成,河宽 30 米~50 米,河床距地表 4 米~6 米。城垣东、南、西、北各辟一城门。其中西城垣及东城垣各设一水门。南城门现存遗迹宽约 6 米。城内一河道自西北城门曲经城内至东南城门流出。遗物有石器和陶制生产生活器具。"为目前长江流域保存较为完整的新石器时代古城址之一"。上述报告除面积数据略有不同外,其他方面可谓大同小异。

人口估算　若将两个数据皆视为明确居住区范围,则按 20 万平方米的话,估算人口为 3 700 人~5 100 人,按 24 万平方米的话,则为 4 500 人~6 100 人。

聚落功能推测　有若干处可能为防御性建筑的高台,可能有水门,护城河借古河道和人工开凿相结合,从这些聚落布局方面看,可能有颇为全面的规划。再考虑到颇为庞大的规模和较多的人口,该城作为具有多种非季节性功能的聚落即都市的可能性是比较大的。当然离断定还有距离。今后很有必要重点关心该城发掘方面的进展。

9. 阴湘城[①]

阴湘城遗址位于湖北省荆州市区西北约 25 千米。地形为岗地与湖泊、河流交错地带。整体地势为东高西低,东望荆山余脉八岭山及枣林岗丘地,西为湖泊洼地,濒临沮漳河。四周地势低

[①] 杨明洪:《江陵阴湘城的调查与探索》,《江汉考古》1986 年第 1 期;张绪球:《屈家岭文化古城址的发现和初步研究》,《考古》1994 年第 7 期;[日]冈村秀典、张绪球:《湖北阴湘城遗址研究:1995 年中日联合考古发掘报告》,《东方学报》1997 年第 69 期;荆州博物馆、福冈教育委员会:《湖北荆州市阴湘城遗址东城墙发掘简报》,《考古》1997 年第 5 期。

洼,平均海拔约为38米,遗址区地势则相对较高,平均海拔41米～42米。遗址西北有余家湖,湖东连接有古河道。遗址以南200米处即为荆江大堤。该城址年代为屈家岭文化至石家河文化时期。《江陵县志》卷二十三记载此城在清代尚"垣址宛然",但"不知建于何代。冈阜方平,土人以城名之"。该城的相关调查发掘报告数据亦有些出入。据《江汉考古》1986年第1期的报告,土垣城墙已平,面积12万平方米。有龙山文化及屈家岭文化遗物(陶器、石器)。据张绪球文,城址为长方形,东西500米,南北240米(面积应为12万平方米——笔者)。圆角,四面有缺口,可能为城门。北面缺口最低,与湖相通,当为水门。城址高出周围地面4米～5米,地下部分保存完好。护城河宽约20米。年代属屈家岭文化一期。荆州博物馆、福冈教育委员会的《湖北荆州市阴湘城遗址东城墙发掘简报》较详细:遗址平面略呈圆角方形,东、西、南三面城垣保存完好,南垣与东垣转角处略外凸,遗址北侧被湖水冲毁,北垣已无存。现存城址东西长约580米,南北残宽约350米(面积约为20.3万平方米——笔者),城垣全长约1900米,东西两面城垣宽高,南垣较为窄矮。城垣最高点与最低点高差6.5米。城垣宽10米～25米,东城垣基脚最宽处为46米,高出城内附近地面1米～2米,高出城外城壕5米～6米。城壕宽30米～40米。城内东部地势较高,地形平整,有大量的红烧土堆积,似为房屋遗迹较为集中处,文化堆积厚度在3米以上,遗存丰富。城址中部为一条南北向宽约50米的低洼地,遗物分布较为稀疏,可能是城址中部的一条古河道。经钻探推测可能存在较为丰富的原始稻作遗迹。城内西部地势趋高,文化遗存丰富,堆积厚2米以上,可能存在房址等遗迹。该城大致布局是东、西部可能属居住区,中部低洼处可能是稻作农业区,西部偏南文化堆积较为稀疏,可能为墓葬区。文化堆积下层大溪文化层厚在

2米以上,中层为屈家岭文化及石家河文化层,厚1米~1.5米,上层为商周文化遗存。该聚落从大溪文化至西周时期沿用,到东周时逐渐废弃。城址"使用的时期可能是屈家岭文化晚期至石家河文化时期"。属城址同时期遗物有石器、陶器等。城墙可分两期,第一期城墙建造在生土之上,横断面为梯形,墙体高8米,顶面宽约6.5米,底宽约30米,城内侧有护坡,与城墙顶部的高差约为3米。护坡与墙体的土质、土色差别明显,应是在墙体建成后再堆筑而成。城墙为层层堆垒,经夯打但夯层不明显。墙体上部坡度较为陡急。墙体表面用纯净黄黏土加固,似经夯实。第一期城墙的时代下限为屈家岭文化时期。第二期城墙加宽加高,基脚宽约45米,年代为夏、商及西周时期。此后又有多次修整。据冈村秀典、张绪球《湖北阴湘城遗址研究》一文则为"城墙东西580米,南北推定约500米,城内面积约17万平方米"。

人口估算 城址面积有12万平方米、20.3万平方米及17万平方米这样三个数据,则人口估算分别应为3 000人~4 000人、3 800人~5 100人和3 100人~4 300人。

聚落功能推测 低洼处可能有专用水门,地势高处似为房屋较为集中处,文化堆积厚度3米以上,遗存丰富,可知使用年限很长。城址中部可能是古河道或稻作遗迹。可推测的大致布局是东、西部为居住区,中部低洼为稻作农业区,西部偏南为墓葬区。当然,这样的聚落布局本身并不令人意外,新石器时代的聚落类似例子很多。较为令人注目的一是颇大规模的城垣,且上述各不同机能的布局皆在城垣范围之内(如同为新石器时代年代相近的仰韶文化时期的西安半坡和临潼姜寨聚落遗址墓葬区就都在环壕之外);另一是颇为明确的城垣之内的稻作区。这里又有两种可能,一是城垣之内的稻作为该城居民的主要产业,则该城应为纯农业聚落;另一可能是城垣之内的稻作仅为该城居民所从事的各种不同产业之一种。如果今后有办法证明其他若干种产业(聚落机能)的话,该聚落被认为是都市的可能性就很大。上面这两点目前的材料还都不够充分。只是即便是多种机能俱全的都市,其城墙范围之内有农田也并不令人意外,战国时代齐国都城临淄的城墙范围之内推测就有规模不小的农田。① 从种种迹象看,该聚落作为具有多种功能的都市的可能性是很大的,只是暂时还不好下结论。

10. 石家河②

石家河城址位于湖北省天门市石河镇,地处江汉平原中南部,石家河的东河和西河都由北向南流过遗址。城址坐落在两条大垄之间,聚落北部三面垄岗环绕,地形起伏崎岖,东南部较开阔。城垣近长方形,城垣外至今存环形壕沟(或称护城河)。城垣最高处距城内地面约5米,距城外地面7米~8米。西墙中南段及南墙西段保存较好,地表所见墙体宽约30米,保留高度4米左右。城内的地势为东北高,西南低。城内有大片房屋遗迹、墓地。房屋建筑主要发现于东北侧。房屋有长方形分间式,也有单间,有的已用土坯,为至今发现的中国最早的土坯。城址建于屈家岭文化时期,距今5 000—4 000年。繁盛期为石家河文化早中期。遗物有陶器、石器等,遗迹有瓮棺、灰坑、柱洞等,为屈家岭文化时期。有的陶钵上扣碗,应有某种意义。该城址的规模等数据也有

---

① 群力:《临淄齐国故城勘探纪要》,《文物》1972年第5期。
② 石河考古队:《湖北省石河遗址群1987年发掘简报》,《文物》1990年第8期;孟华平、李文森、胡文春:《湖北天门市邓家湾遗址1992年发掘简报》,《文物》1994年第4期;北京大学考古系、湖北省文物考古研究所石家河考古队等:《石家河遗址群调查报告》,《南方民族考古》1993年第1期;张绪球:《屈家岭古城的发现和初步研究》,《考古》1994年第7期;张绪球:《长江中游新石器时代文化概论》,湖北科技出版社1992年版;卢可可:《中国史前城址的区域与类型研究》,《中国历史地理论丛》1998年第3期;[日]冈村秀典、张绪球:《湖北阴湘城遗址研究:1995年中日联合考古发掘报告》,《东方学报》1997年第69期。

一些不同的报告。据《文物》1994年第4期,城垣为不规则方形,南北长1 200米,东西宽1 000米,面积当为120万平方米。据张绪球文,则为城垣长4 000米,面积约100万平方米。据卢可可文,城垣外环形壕沟周长4 800米,墙宽80米～100米,壕底与垣顶高差6米左右,环形壕沟圈住的面积达180万平方米。

人口估算 城址面积有120万平方米、100万平方米和180万平方米这样三个数据。其中180万平方米应为城垣外壕所围面积,因墙体非常宽(80米～100米)。而另两个面积数据(120万和100万平方米)当应视作明确居住区范围,则可能的人口数估算为22 000人～30 000人,或18 000人～25 000人。

聚落功能推测 该城址规模巨大,人口数估算有可能达3万人。特别是城墙墙体宽厚,即便是最小的数据也有30米,如果上面所引"墙宽80米～100米"的数据无误的话,则建造时用工是惊人的。不能排除已有专业的建筑施工组织。有关聚落布局的材料还比较少,仅有"房屋建筑主要发现于东北侧"一语,但至少说明城内各部分的机能很可能是有区别分工的,当已存在着一定的规划。颇难想象此地仅是一个单一功能的季节性产业(如农业)聚落。但是目前反映聚落机能的相关证据材料还太少,目前也只能说这里是一个地理学意义上多种功能俱全的都市的可能性很大,尚不能证明,对今后的发掘进展有必要特别关注。

11. 鸡鸣城[①]

鸡鸣城位于湖北省荆州市公安县,地处江汉平原和洞庭湖平原两大地理单元之间的衔接地带。这一带比较大型的河流都是历史上长江干堤决口而形成的,并直接或间接注入洞庭湖。出于防洪目的,当地河流两岸及城镇居民点的周围营建了为数众多的

---

① 贾汉清:《湖北公安鸡鸣城遗址的调查》,《文物》1998年第6期。

防洪堤和排水渠，堤内的安全地带称为"垸"，鸡鸣城就位于泥水河北堤和松滋西河西堤所围成的合顺大垸南部一个狭小的平原上，东北不远处为低矮的缓丘，南距泥水河约 2 千米。城址呈不规则椭圆形，略为东北-西南走向，东南和西南角有明显的转折。南北最大距离约 500 米，东西约 40 米，面积约 15 万平方米。城垣大都保存较好，仅东北部缺失。城垣周长约 1 100 米，顶宽约 15 米，底宽约 30 米，一般高出城内外 2 米～3 米，西北部城垣更高出城垣其他部位 1 米左右。城垣外面为护城河，除东部痕迹不明显外，其他部位基本连成一体，周长约 1 300 米，宽 20 米～30 米，深 1 米～2 米。城门不详。东段偏上部可见明显人工堆筑痕迹，至少有 7 层之多。城址中部有一块高出周围约 1 米的台地，面积约 4 万平方米。台地上遗物丰富，文化层堆积厚约 2 米。遗物以陶器为主，年代为屈家岭文化时期。在鸡鸣城中部发现有大面积的红烧土堆积，应是居住区，表明当时居民已不必受一年一度的洪水所困扰。

人口估算 面积约 15 万平方米，可能的人口数为 2 800 人～3 800 人。

聚落功能推测 该城址规模颇大，报道也比较全面，出土物丰富，但以陶器为主。中部有约 4 万平方米的高台地，且文化堆积厚，同时中部又有大面积估计为居住区的红烧土堆积等，应是该聚落布局有序且有分工的体现。但仅以目前所能知道的材料，还颇难看出农业以外的更多的聚落机能，尽管有城墙、有护城河，除了体现了几乎所有的聚落都会有的防御和保护功能以外，未必就表示为其他聚落功能的增加，更不能视为非季节性产业功能。当然不排除今后有新的体现其他聚落机能的发现，但到目前为止，视其为地理学意义上的都市的可能性是很小的。

12. 八十垱[①]

八十垱城址位于湘西北澧水下游的冲积平原——澧阳平原东北部的湖南澧县梦溪乡五福村八十垱村。海拔高约30米,周围地势开阔平坦,北去3千米为平原北部边缘的红土岗地,外围原有一条小河。主要堆积属新石器早期彭头山文化,距今七八千年。遗址当时所处的自然环境应是一处河旁小高地,高地的外坡为古河岸。古河宽约100米,常年水位距岸坡最高点3.5米～4.5米。古河由遗址的东北角进入,从西部和南部绕过,尔后东流进入湖沼区。遗址东面是开阔地,向东略微倾斜,再东则是湖沼。大约从距今7500年开始,遗址周围的地貌出现了重大变化。距今7000年前后遗址被淤土全部埋没,文化堆积大多位于现地表以下1米～4.5米(应理解为洪水泛滥——笔者)。遗址可分为早、中、晚三期。早期范围最大,超过3万平方米;晚期最小,不足3万平方米;中期的面积介于早晚之间,环壕与围墙为此期,是遗址最兴旺发达的时期。环壕与围墙北面可能与古河道连通,东、南、西三面形成封闭的居住与日常活动圈。南北最长约200米,东西最宽约160米,总面积约3万平方米。最早开凿的是东部与南部的壕沟,后来不断将疏浚拓展壕沟的土堆筑在沟内侧,逐步形成了与沟并行的围墙。壕沟上宽约4米,下宽和深约2米。围墙底宽约5米,顶宽约2米,高1米～2米。西墙有豁口,由内向外用河卵石铺成阶梯状。壕沟与围墙的作用估计与防护和排水有关。壕沟与围墙范围内发现许多建筑遗址,主要分布在西北高地上和东北部。有四种形式,即半地穴式、地面式、干栏式、台基式。地面式的数量较多,大多作长方形或方形。西部约200平方米的范围内见有大小不等的柱洞600余个,应为干栏式

[①] 裴安平:《澧县八十垱遗址出土大量珍贵文物》,《中国文物报》1998年2月8日。

建筑遗留。台基式建筑只发现一座，形制特殊，似海星状，其绝非用于日常居住。墓葬共发现百余座，大多分布在居住区周围，个别的在遗址外侧的壕沟内。遗址西北古河道中的黑色淤泥完好如初地保存了一大批有机质遗物。包括数以万计的稻谷与稻米。出土的动物骨骼反映了狩猎与捕鱼在当时的经济生活中占一定位置。家畜骨骼有牛、猪、鸡等。出土的竹木器种类较多，以农具为主。木牌与竹牌上有的钻有小孔，排列似有规律，估计其用于记事或占卜。另芦席、麻绳、藤索等编织物，精细程度可与现在当地村民的同类物品相媲美。在黑色淤土中发现稻谷和稻米，已收集近1.5万粒，是世界上已发现的稻谷、稻米最早的遗存之一，且数量惊人，超过国内各地点已收集数量的总和。有的出土时新鲜如初，可见近1厘米长的芒。专家认为应定名为"八十垱古稻"。

人口估算 环壕与围墙所围面积约3万平方米，可能的人口数估算为750人～1000人。

聚落功能推测 该城址出土物丰富，报道也比较全面，然而却是更全面地告诉了我们，尽管有城墙、有护城河，然而除了体现了几乎所有的聚落都会有的防御和保护功能以外，并没有增加其他聚落功能，更不能视为非季节性产业功能，因而此处只能理解为一个史前的农业聚落。笔者以为，该城址的报告中最有意义的是开凿环壕时，不断将疏浚拓展壕沟的土堆筑在沟内侧，逐步形成了与壕沟并行的围墙这一点。这正是笔者想强调的城墙和壕沟的功能的一致，以及城墙不过只是壕沟的延长，有时不过只是壕沟的副产品这一点最好的证明。这里明确告诉我们，"城墙"的形成不过是取壕沟土堆筑而成的自然过程，并没有那么明确的目的性以及"划时代"的意义。笔者所接触过的相当数量的与史前聚落相关的资料中，第一次看到有这么明确的两者间关系的报告。说起来这个事实非常容易理解，然而难以理解的是，有相当多的研究者对"城(墙)"以及城(墙)本身所具有的"划时代"的意义等给予了过多的关心和热情,却(几乎是全然)无视了功能完全相同的壕沟。换一句话,笔者想说的是,特别被强调的城(墙)本身所具有的"划时代"的意义等其实恐怕是没有什么意义的。

13. 城头山[①]

城头山城址位于湖南澧县车溪乡南岳村,洞庭湖西北岸澧阳平原中心地区,与江汉平原连成一片的呈喇叭形的扇形地带。城址坐落在平原中部徐家岗南端的东头。徐家岗平均海拔高45.4米,高出河床2米多。岗地西北高、东南低,但南端城址所在为高1米的土丘。城垣外形略呈圆形,保存较好,数里之外即可见城垣。有关该城址的情况,《文物》1993年第12期的报告比较详细完整,摘要如下:

(1)城墙:筑城之前地势较高,下有大溪文化及屈家岭文化早期堆积。城内有屈家岭、石家河、东周(楚)文化堆积。城垣外形基本上呈圆形,外圆直径325米(面积应为8万余平方米——笔者),城墙厚度不清,四角似乎较四门的城墙厚一些,残存最高5米。外墙坡度大,约为50度,内墙坡度15度。西南墙基断面呈梯形,底边存28米,估计(原)达31米,墙基高3米。

(2)护城河:由自然河道及人工河道相结合而成,今存西南至北门一段,长460米,宽35米,深4米,宽窄规整,河岸甚陡。北、东、南护城河尚有遗迹。护城河内岸直接在城墙脚下,城墙根坡度很陡,保存较完好。北墙外墙坡度85度,与护城河之间似乎

---

① 单先进、曹传松、何介均:《澧县城头山屈家岭文化城址调查与试掘》,《文物》1993年第12期;张绪球:《屈家岭文化古城的发现和初步研究》,《考古》1994年第7期;蒋迎春:《考古学家在京论证确认:城头山为中国已知时代最早古城址》,《中国文物报》1997年8月10日;《城头山古城考古又获新成果》,《中国文物报》1999年3月3日;[日]冈村秀典、张绪球:《湖北阴湘城遗址研究:1995年中日联合考古发掘报告》,《东方学报》1997年第69期。

无沿墙根的道路可通。根据报告,护城河"具有集城市供水、护城、航运为一体的功能,为水乡泽国的建筑典型"。

(3) 城门:有东、西、南、北四门(缺口),未筑在正方位。东城门残宽19米,进深11米,有宽5米的卵石路由城外向城内以斜坡形式向上延伸,可能兼有排水功能。南门存宽20米,进深15米。北门存宽32米,可能是水门,则门内应为内港。

(4) 城内台基遗址:城西南区有夯土台基,呈凹字形,坐西向东,东西宽30米,南北长60米。上有屈家岭文化和石家河文化陶片。城址内发现的遗物以陶制生活用品为主,时代为屈家岭文化中期,距今约4800年。报告者认为(至1993年发表时为止)"是迄今我国发现的时代最早的城址之一",但"仅作了小面积的试掘,对整个城址的平面布局、城内城外的手工作坊、居民址、中心建筑、墓地等都需要继续探明"。城墙内坡上层为石家河文化。

这以外还有不少相关的报告,取上面报告没有提到的以及有所不同的摘录如下:

张绪球文称,城墙直径为310多米(面积应为7.5万平方米——笔者),夯土筑成,城墙底宽20米。东门正中发现有河卵石铺垫的道路,宽5米。北门则为城内外相通的水路。城内地面平均高于城外,中心地又高于四门,则积水可从四门排入护城河。西南部最高,有夯土台基,可能是大型建筑区。城共经四次筑造,年代最早为大溪文化早期,距今6000年前后,由此认为其是"中国最早城址"。大溪文化三期或四期及屈家岭文化早期和中期时又有三次筑造,城墙被加宽、加高。城建在汤家岗文化的水稻遗迹之上。该文称此城"规模巨大"。

《中国文物报》1999年3月3日的报道也称,该城为"国内迄今为止最早的史前古城"。始建年代在大溪文化早期,并在大体与城墙建造年代相同的阶段发现有祭坛。祭坛由黄色土堆筑而成,略呈椭圆形,长径25米,短径已知部分为10米,已知最大高度1米。祭坛主体部分围绕一座墓展开。祭坛东北方向有两个深坑,内部叠放大量陶器,"这是迄今为止国内发现的年代最早的大型祭坛"。另外还发现了一批祭祀坑,祭祀活动主要集中在南边,祭坛可分为东西两组。关于该城址"年代最早"这一点,已经过专家正式论证确认。① 专家们认为该城的发现与发掘"对研究中国城市的起源、稻作农业起源与发展及史前的聚落形态等重大学术课题具有重要意义"。同时,城垣经过四次筑造,序列及加工工艺清楚,且保存相当完好,堪称中国南方地区古城址考古中的一次难得的发现。时代早于古城的水稻田的发现亦属十分难得,与江苏吴县草鞋山遗址发现的水稻田遗迹同为目前世界上发现的时代最早的水稻田,对研究稻作农业的起源与发展意义重大。专家们同时指出,澧县一带史前遗址数量多,系列完整,通过对城头山及其周围一些古遗址的发掘和研究,有希望解决从旧石器向新石器时代的过渡等重大学术课题。

人口估算 该城垣所围面积目前所知有两个,大体相近,为7.5万平方米和8万平方米,都视作明确的居住区,则可能的人口数为1800人～2500人或2000人～2700人。

聚落功能推测 张绪球文称此城"规模巨大"略不确,8万平方米左右的面积在已知的长江流域的城址中并不算很大,但是体现聚落多种功能的材料倒是不少。作为稻作农业起源的重要遗址这点与本文关系不大,但作为中国已知时代最早的古城址这点意义很大(其实上面的八十垱城址年代更早——笔者)。虽然规模不很大,但如上文所提到的,该城经过四次筑造,序列及加工工

---

① 见《考古学家在京论证确认:城头山为中国已知时代最早古城址》,《中国文物报》1997年8月10日。

艺清楚，城内河卵石铺垫道路，城内外水路相通，城内地面高于城外，中心地又高于四门以便积水从四门排出城外，以及城西南部有夯土台基或大型建筑区等，都充分证明该城在建造之初就有颇为完整的布局上的设计规划。上面的引文中已谈到护城河"具有集城市供水、护城、航运为一体的功能"，已经直截了当地称此地为都市（城市）了。当然，其他报告者也谈到了整个城址的平面布局、城内城外的手工作坊、居民址、中心建筑、墓地等方面的情况，还是了解得很不够的，但作为一个具有多种非季节性功能的都市已有一些证据或端倪。因而该城址被认定为早期都市的可能性是颇大的，只是目前还不好下结论。另外，颇为重要的是，如果该遗址虽然规模并不很大，但仍有可能被认定为都市的话，那么其对整个长江流域其他类似的城址作为早期都市的可能性也有影响。上面提到的不少城址因为材料不足而"存疑"，而实际上有不少规模较城头山大许多，亦即事实上真正的都市或许是很不少的，也不排除已经形成了都市群。如果随着今后的发掘和研究的进展能够证明这一点的话，则不仅于长江流域，于整个中国最早期都市出现、形成过程的研究都无疑具有重大意义。

14. 门板湾[①]

门板湾城址位于湖北省应城市西南 3 千米的星光村。遗址所处的地理位置属大洪山余脉东延至江汉平原的连接地带，其东、南、北三面以古河道为界，西临岗城，南北最大长度 1600 米，东西宽度不等。城址位于整个遗址的中心地带，平面近方形，其南北最大长度 550 米，东西最大宽度 400 米，总面积约 20 万平方米。西垣留存最高，距地表高度 3 米～5 米，南垣保存较低，距地

[①] 陈树祥、李桃元：《应城门板湾遗址发掘获重要成果》，《中国文物报》1999 年 4 月 4 日。

表仅1米~1.8米。城内东北部、西北部各保存有一个面积较大的高台。城垣外有壕沟,西壕沟现存长度为260米,最深处距地表3.5米。在壕沟之外还发现了点状分布并环卫城址的许多老屋台,如许家大湾、上湾和下湾、门板湾老台、王湾老台等几个从属的台子。城垣土压着房子,紧连着旁边的壕沟。西城垣横截面为梯形,上窄下宽,上部残存宽度为13.5米~14.7米,底部宽近40米,现存西垣上部高出壕沟开口处5.25米~6米,高出城内地面3.5米。城墙外坡陡峻,内坡稍缓,在西垣的中段有一个40米宽的豁口,推测为西城门。城垣筑土可能来自开挖壕沟的浮土,基本修筑方法是一层黄土夹一层淤泥,但厚薄不均,厚者达40多厘米,薄层仅3厘米~5厘米。城墙中出土了一批屈家岭文化的遗物。壕沟截面为梯形,口宽底窄,口宽59米。壕沟底层堆积出土物皆为屈家岭文化的遗物。在西城垣之下发现大型的长方形房子,房子坐南朝北,东西长16.2米,南北最宽处5.5米,总面积83平方米。房内分为四开间,中间两间较大,两侧稍小。共有房门六扇。砌筑墙体采用条侧结合的砌法。这种建筑方法在我国延续数千年,当地至今仍可见到。房址最高处达2.1米,是迄今为止我国发现的年代最早、留存最高和保存最好的土垣建筑。居住面坚硬平整,北部清理出用烧土筑成的规整的散水遗迹。房子北面还发现与房子平行的残墙,推测可能是廊。另外东边还发现围墙的遗迹,北边也还有建筑连接,估计为建筑群。

人口估算 城址面积约20万平方米,全部视作明确居住区范围的话,则可能的人口数为3 700人~5 100人。

聚落功能推测 相关的判断材料不多。根据报告,聚落内有面积较大的高台,城垣壕沟外点状分布并环卫城址的许多从属台子,总面积83平方米、四开间、六扇房门的大型房子,采用较先进的条侧结合的墙体砌筑法、烧土筑成的规整散水遗迹,还可能有走廊,以及相连的建筑群,这些都可以说明该城址的规模颇大,也可以认为是多种聚落功能的表现。很难想象这里仅是一个单一农业机能的聚落,认其为地理学意义上的都市的可能性应该是很大的。当然,目前仍只能停留在推测阶段,有待新的表现多种聚落功能的发现来证明。

15. 盘龙城①

盘龙城城址位于近邻长江北岸的湖北省武汉市黄陂区的叶店村,一个深入盘龙湖的小半岛上。这是不多的商代城址中的一座,远离商王朝统治的中心地区,但其文化面貌与中原地区同时期的聚落完全一样。它被认为是商王朝的一个方国,执行着商王朝对这一地区统治的职能。② 关于盘龙城的绝对年代,尚无 ^{14}C 数据,相对年代约与郑州商城相同,为商代前期。盘龙城整个聚落遗址是由一座城及城外东西约 1 100 米、南北约 1 000 米的丘陵地带上断断续续分布的众多的遗迹组成的,总面积达 110 万平方米。城址大致位于当时整个聚落的中心,面积约 7.5 万平方米。城垣外有宽约 10 米的壕沟,东北高地上有密集的大型建筑群,为宫殿区。东北隅的高地并不完全是自然地形,而是填洼去高,平整以后再堆筑起来的巨型夯土台基,在其基础上发现有很大规模的宫殿遗迹,城墙所围的被认为是一座宫城。城址之内及整个聚落范围内出土了大量青铜器及炼埚(将军盔)、铜渣等冶炼遗迹,说明虽然铜器风格同黄河流域一样,但这些铜器是在本地制造的。此外还出土了不少玉器,完全属装饰品,当然还有大量

---

① 北京大学考古专业、湖北省博物馆盘龙城发掘队:《盘龙城 1974 年度田野考古纪要》,《文物》1976 年第 2 期。
② 北京大学历史系考古教研室商周组编著:《商周考古》,文物出版社 1979 年版,第 62 页。

的生活用陶器。

人口估算 城址(宫城)面积约 7.5 万平方米,应视作明确居住区范围,则可能的人口数为 1900 人～2500 人。但该聚落很难仅以城址为单独考察对象,应以整个盘龙城聚落面积 110 万平方米来考虑,按非(无)明确居住区范围计算,估计约有人口 6500 人～8200 人。

聚落功能推测 该城址颇有特殊之处。宫城说如确能成立的话,则居民构成同一般城址可能又有所不同。但目前还只是推测,不好断言。城址内外出土文物相当丰富,尤其引人注目的是大量的青铜器,包括一部分礼器及数量众多的刀、凿、斧、锯等手工业生产工具。玉器主要为装饰物,石器种类以斧、锛、铲、刀、勺等手工业生产工具及生活用具为多,不像一般农业聚落以农业生产用的镰、铲为多(铜器中也不见农业生产工具,如镰、铲等)。因而,尽管城址(宫城)面积并不很大,但遗址(聚落)总面积达 110 万平方米。人口总数量不少,且有大量(绝大多数?)从事非季节性以及与维系"方国"统治有关的各种职业的人口。该聚落肯定具备了两种以上的非农业职能,而且具有中地机能(行政中心、手工业……),该聚落(并非只是城址)已可以肯定是一个地理学意义上的都市了。

16. 良渚[①]

良渚遗址位于浙江省杭州市余杭区莫角山,1936 年即已发现,为良渚文化的代表性遗址。但城址的发现则是在 20 世纪 80 年代,考古学家注意到在介于良渚遗址群与遗址北侧西天目山余

[①] 蒋卫东:《余杭良渚遗址群内的良渚文化古城》,《中国文物报》1999 年 1 月 13 日;《良渚文化考古获重大突破,余杭莫角山清理大型建筑基址》,《中国文物报》1993 年 10 月 10 日;赵晔:《余杭莫角山良渚文化遗址》,载《中国考古学年鉴 1994》,文物出版社 1997 年版。

脉大遮山丘陵之间,有一条横亘数千米的垄状土垣,外有宽 20 米的壕沟。考查后断定"无疑是古代封闭式土筑城墙的一部分",于是"一座迄今唯一可以确定的良渚文化古城便初露端倪"。土垣顶宽约 30 米,底宽约 50 米。已发现的垄状土墩很可能是整座良渚文化古城南侧城垣的一段。该段城垣依地势而曲折变化,西侧仍有较多保留的规则土垣。城垣以外堆筑有众多高土台,被认为与军事需要相关。城垣面积约 10 平方千米,从其规模以及城内遗址的规格来看,"无疑是同时代最大最繁华的一座",并认为"这与良渚文化早中期盛极一时的景况也相适应",并想象当年"可见巍峨的城垣、层层繁盛的屋宇"。整个良渚遗址群范围达 33.8 平方千米,至少包含有两种不同形态和等级的聚落类型,即西部的城和东部的村落。东面的遗址中还有瑶山祭坛,7 号墓和 12 号墓的规格丝毫不逊色于被认为是"王陵"代表的反山遗址 12 号墓和 20 号墓。这个现象似乎说明良渚时期已经出现了在城郊设坛祭祀神祇的现象。报告者认为,"主持此种祭礼的大祭司跟'王'地位接近","这也充分体现了良渚社会的巫政特色"。城址范围内发现的良渚晚期堆积较少,且规格明显逊色于早中期。各种迹象都反映出良渚文化中晚期以莫角山为中心的这座良渚古城明显衰落,原因尚难断言。据《中国考古学年鉴 1994》的报道,良渚遗址群中心部莫角山遗址位于高地上,东西 670 米,南北 450 米,高 10 余米,面积 30 万平方米。有大型建筑物的柱洞土坯,"是当时社会最高支配者的居住地"。此处的 30 万平方米和上述面积约 10 平方千米的城垣之间的关系,就像大范围的城垣之内有一片"中心部分"。两者间的关系不太好理解,这于聚落布局的考察方面是一个值得注意的比较独特的现象。

人口估算 该城址的规模是惊人的,约 100 万平方米(10 平方千米),无疑是目前所知所有的史前城址中规模最大的。根据本文前面一直使用的估算方法，如果视此城墙所围全为明确居住区范围的话，推测可能的人口数有 187 000～255 000 之多。如果虽为城墙所围，但不把上述范围视为明确居住区的话，则可能的人口数为 60 000～75 000。当然，由于规模（面积）过于庞大，城址范围之内可能有的聚落功能反而不易推测，很可能有许多超出我们想象的地方，比方说城址内有农田甚至大片农田的可能性就不能排除。如果确实是的话，除了上面的非明确居住区范围的方法之外，人口估算的方法有重新考虑的必要。笔者思及于此，或许会以此引出关于史前聚落人口估算的新的方法来。但在这之前，暂时还只能延用或停留在至今为止的方法。

聚落功能推测 首先要强调的是，该城址规模庞大，城址之外的整个良渚遗址群范围更达 33.8 平方千米。虽然作为"王都"这一点没有文献可以证明，但只要能够接受良渚文化时期已经有"王"了的话，就无法排除此地即是王都所在，最起码也应该可以接受"是当时社会最高支配者的居住地"[①]。除了规模庞大，为"同时代最大最繁华"之外，还有与军事需要相关的高土台堆筑，尚属想象的当年"巍峨的城垣、层层繁盛的屋宇"所体现的"良渚文化早中期盛极一时的景况"，以及西部的城和东部村落的整个遗址内不同形态和等级的聚落类型，遗址范围中的瑶山祭坛，规格丝毫不逊色于被认为是"王陵"的 7 号墓和 12 号墓，城郊设坛祭祀神祇的现象，等等，这些都已经证明了该聚落的多种非季节性机能。"良渚社会的巫政特色"一语虽然还不好详解其具体内涵，但作为一种非季节性的聚落功能，也应该完全没有问题。总之，此地作为一个具有多种聚落功能、完整的地理学意义上的都市，应该已经完全没有问题。

---

① 赵晔：《余杭莫角山良渚文化遗址》，载《中国考古学年鉴 1994》，第 191—192 页。

三

上面是根据近十几年以来所发表的长江流域带有城墙的史前遗址的资料所作的有关都市的分析，共 16 个地点。以笔者的地理学意义上的聚落功能分析的方法，认定无疑已经是都市的仅有其中的 2 处，即盘龙城和良渚城址；断定不可能是都市的也是 1 处，即八十垱城址。其余 13 处都因判断材料不足而未敢作是否都市的认定。其中又分两类，一类是虽然证明材料还不够，但随着发掘的进展和新材料的发现，被判断为都市的可能性是有的或可能性很大的，共有 10 处，即宝墩、鱼凫村、郫县古城、紫竹、走马岭、马家垸、阴湘城、石家河、城头山、门板湾；另有 3 处虽然不绝对排除被判定为早期都市的可能性，但可能性很小，即芒城、双河、鸡鸣城。笔者想强调的是，上述"认定"是颇为谨慎的，被"认定"的虽然仅有 3 处，却是比较有把握的。被排除在"都市"概念之外或存疑的数量上更多，反过来说，被认定了的可以认为可信度是很高的。

前面也已经提到过，从根本上说，笔者并不太重视"城墙"本身。文中的八十垱城址开凿环壕时，不断将疏浚拓展壕沟的土堆筑在沟的内侧，逐步形成了与壕沟并行的围墙，而门板湾城址的"城垣筑土可能来自开挖壕沟的浮土"的报告，则明确告诉我们"城墙"的形成不过是取壕沟土堆筑的自然过程，即没有那么明确的目的性以及"划时代"的意义。事实上，上述是否都市的认定标准中并不包括"有无城墙"的内容在内。当然，上面的工作并非完全没有问题，较大的问题是各城址可借以判断聚落机能的材料普遍过少，可借以互相比较的材料也太少。另外，坦率地说，人口估算是笔者最没有自信的地方，前面也提到过，这里的方法是姑且一用,只能算是没有办法时的办法。对于良渚那样极其庞大的遗址,应该如何看待其居民的构成及其居住方式等,都是全新的课题,与此相关的人口估算方法等,也还是远远没有解决的问题。

上述长江流域的早期城址有如下一些特点:

1. 除了青铜时代的盘龙城城址以外,年代上普遍比较早。比如黄河流域已经发现的最早的城址是属于仰韶文化晚期(距今约5000年)的郑州西山①和属于大汶口文化(距今6000—4500年)的滕州西康留②,其他的就都是属于龙山文化中晚期以及更晚的了。而上面介绍的长江流域最早的城址为属于新石器时代早期的彭头山文化(距今7000—8000年)的八十垱城址。另外,城头山城址始建于大溪文化早期(距今6000余年)。其他与黄河流域仰韶文化和大汶口文化大体年代相近的屈家岭文化的城址数量也比黄河流域多,有六处(走马岭、马家垸、阴湘城、石家河、鸡鸣城、门板湾)。当然,盘龙城已经进入青铜时代,年代偏晚,被认定为都市可能比较容易被接受。颇为重要的是,年代很早的城头山城址在本文中被认为是都市的可能性很大。如果该遗址虽然规模并不很大,但仍有可能被认定为都市的话,则整个长江流域其他类似的城址虽然因材料不足而暂时"存疑",但其中不少实际上规模较城头山大许多,并且随着相关的判断资料的发现和增加,最终可能会有不少被认定为真正的早期都市,甚至不排除在屈家岭文化时期或许已经形成了都市群。若然,则不仅对于长江流域,对于整个中国最早期都市出现、形成过程的研究,都无疑将具有重大意义。

---

① 《新石器时代考古获重大发现,郑州西山仰韶时代晚期遗址面世》,《中国文物报》1995年9月10日;杨肇清:《试论郑州西山仰韶文化晚期古城址的性质》,《华夏考古》1997年第1期。
② 李鲁滕、孙开玉:《山东滕州市西康留遗址调查、发掘简报》,《考古》1995年第3期。

2. 规模普遍较大。黄河流域目前已知的史前城址数量为 44 处[①],其中超过 10 万平方米的有城子崖岳石文化(17.55 万平方米)、郑州商城(317 万平方米)、偃师商城(190 万平方米)、丁公(10 余万平方米)、教场铺(39.6 万平方米)、景阳岗(35 万平方米)、城子崖龙山文化[②](20 万平方米)、田旺(15 万平方米,一说 20 万平方米)、孟庄(16 万平方米)、丹土(33 万平方米)、西康留(20 万平方米)、两城镇(两城镇城址范围尚无数据,遗址范围为 100 万~200 万平方米,估计城址应超过 10 万平方米),共 12 处,比例为 27%。而上述长江流域遗址共 16 处,除了芒城、八十垱和城头山这三处以及比较特别的盘龙城以外,全部超过 10 万平方米(其中走马岭有 8 万和 11 万平方米两个数据),比例为 74%。更有良渚城址这样城垣所围规模达 1 000 万平方米的巨大都市。

3. 城垣的构造上有一些本地独特的地方。比如芒城、双河、紫竹这三个城址均为内外双层城垣,而且内外城垣间隔距离比较一致,在 10 米~30 米范围之内。就笔者所知,在其他地区还没有看到过同样的两层墙体的例子。另外,该类城址三处集中在不大的地理空间范围内,应该理解为并非整个长江流域的特点,而是四川盆地这一小区域内的特色。如果在江汉平原或洞庭湖流域的话,则不排除有可能是为防洪水。但在四川盆地,这样的两圈城垣的主要功能似乎只能推测为军事防御,说明防御的需要超乎寻常,或许专业军人的数量比较可观。当然,这些还都只是推测,只有耐心等待新的发现或新的解释。另外,石家河城址的城

---

① 参见拙著《黄河流域聚落论稿——从史前聚落到早期都市》(知识出版社 1999 年版)第五章及第十章。第五章中 10 处,第十章中 35 处,其中盘龙城属长江流域,二里头和殷墟无城墙,另应加上已知有城墙的山西东下冯和垣曲商城,共 44 处。
② 城子崖有两座城墙叠压,上层岳石文化 17.55 万平方米,下层龙山文化 20 万平方米。

墙宽达 80 米～100 米，也是非常惊人和独特的。很难推测究竟是出于什么原因有必要建这样厚的城墙，恐怕也很难简单地回答为军事防御需要。另外，盘龙城以宫城为中心的聚落结构也是颇有特色的，尤其城内外其实是一个聚落的整体。这个例子给了我们一个很有意义的启发，虽然同类的遗址较少，今后在考察其他遗址（城址）时，尤其是在考察聚落面积与人口之间的关系时，可能会引出一些新的思考方法来。

宝墩城址的夯筑城墙是在该遗址发展到较晚时期才修建的，即是在该遗址原始聚落基础上发展起来的，亦即可以看到同聚落从最普通的（农业？）聚落，到城垣出现并颇具规模的一个"发展过程"。各地发现过一些前后不同文化（历史）时期在同一地点长久反复经营的现象，如山东城子崖城址，龙山文化时期、岳石文化时期以及周代都在同一地点筑城，但如宝墩这样可以看到城垣在某地"从无到有"的过程的例子是不多的。

（原刊发于《面向新世纪的中国历史地理学——2000 年国际中国历史地理学术讨论会论文集》，齐鲁书社 2001 年版）

理想的考古报告

——不厌其详的"全信息报告"

什么是真正"理想的考古报告"？按笔者的理解，应该是所谓的全信息报告，即全面报告考古发掘过程中的全部"所见"（不知是否可以称"全息报告"）。写完这句话感到立刻需要补充的是，真正理想的"全息报告"事实上又几乎是不可能存在的。因为调查和发掘方法、考察和研究手段、报告编写程序等方面无不受种种客观、主观条件以及时代的制约，而且不同专业方向的读者出于不同的需要，希望从报告中得到的信息也并不一样。从根本上来说，考古报告不大可能满足所有读者的所有需要，也就是说，理想和现实之间其实非常遥远，几乎永远不可能一致。我想是否可以在这样一个认识的前提之下，再来要求考古报告的编写在可能的条件下最大限度地提供比较全面的信息呢？

笔者曾经在《考古地理学研究之回顾与前瞻》一文中谈到过从笔者的研究角度所看到的考古报告中存在的问题，比如对遗址所在的自然地理环境，包括有可能获得的古今变化的轨迹缺乏重视，普遍交代得过于简单或者被无意疏忽，致使不少珍贵的（特别是过去的）地理性要素在不知不觉中被"佚失"。有不少交代地理环境的内容仅停留在于"考古"而言意义并不大的现代人文地理上。另外，还有台地、岗丘、阶地、高地等用语（概念）的不统一、不规范，长度、厚度及面积单位的不统一、不规范，遗址无位置地图或者有地图而无比例尺等问题。当然,还有一些是属于明显失误的,如某遗址前后两次报告面积相差十倍之多。另外,许倬云先生也指出过"遗址往往不见标高"等。当然,问题并不局限于笔者所见,其他方面的问题其实也已经引起了不少注意,并已经有了一些很精到的见解和建议了,这里不再一一列举。这些问题大概可以从两个角度来看:一是报告的编写程序以及用语等方面确实需要规范化;二是某种形式上的规范又似乎是有的,比如对器物的大量而又精细的描述普遍占据了发掘报告的大量篇幅。器物并非不重要,但相对而言,其他各类现象的报道(包括推测)就显得比较薄弱甚至非常薄弱。考古学本身以及与其相关的各学科都在发展和变化着,阅读和使用考古报告的读者所涉及的专业范围其实越来越广泛了,希望从考古报告中得到的信息也越来越多样化了,因而对考古报告提出的要求也在发生变化,现存的报告却没有能够及时对此作出回应。

通常考古学被定义为"以物质史料为主要研究对象"的学科,这个定义本身没有什么问题。问题在于"物质史料"怎么理解,它包含了哪些内涵。遗迹和遗物有其存在的时间和空间背景,而这个背景是流动着的、变化着的。这种变化可能以比较明确的物质形式表现(比如化石),也可能并不那么明显(比如地貌的变迁)。田野考古工作者的任务其实非常"繁重",理论上,我们甚至可以说考古学本身似乎并没有限定的"目标",即具体寻找什么,反过来说凡属"古"的,应该一切都"考",包括那些并不那么显著的现象。报告编写则应该将全部所见(包括见解)发表出来,越全面越详细越完整越好,而不限定任何对象和目标。笔者自知这么要求可能有点"过分",甚至太苛刻了,因而说这只是一种理想状态,但我们可以建议田野工作者(报告编写者)尽最大的可能向这个理想状态接近,包括尽可能同其他多种学科进行合作研究。

事实上，我们看到的至今为止的发掘报告其实也并不只是停留在描绘、研究所获得的物质对象（遗物、遗迹）上，研究手段以及涉及的学科其实也一直在扩大和变化。比如对于所处地理环境的交代也从来是不可或缺的（虽然重视度、详细度普遍不够），另外还需要与民族学、生物学、医学史、音乐史相关的研究，人骨、人种的研究和最近开始引入的 DNA 分析，地层所含花粉孢子的分析，^{14}C 和热释光测定，青铜器成分、产地研究等。这些都不同程度地说明田野工作和报告编写在客观上是接近或倾向于"一切都考"的。但这里的问题在于，上述的这些被"扩大"了领域的研究往往并不是发掘者和报告编写者的直接工作，一般都是以考古报告的附录的形式出现的。换一个角度说，报告编写者的关心仍只在他自己的"专业"领域之内，在笔者看来缺憾也就在于此。因为除了上面那些可以由其他专家"代劳"的工作以外，最大量的各类其他信息的捕捉和提供还得依靠调查和发掘现场的人。但是，究竟应该捕捉哪些信息呢？这也确实是一个难题，就笔者自己所关心的可以说出一些，简单而言，是希望有关地理环境能以自然地理为主，并以变化的眼光来观察和描写，希望描述精细直至不厌其详才好，但一出我的专业方向便也难以发言了。即便纯考古专业内部对现存的报告编写也有种种不满，而且并非都那么容易解决，现在又被要求提供其他相关学科也关心的信息，不同学科还有各不相同的要求和期望，田野工作者（报告编写者）所受过的专业训练也不可能涵盖太多学科，这确实有点令他们为难，事实上不可能面面俱到。这里只好说笔者看到了这类问题，写在这里提供给相关的实际工作者以参考，以扩大视野，并希望在今后的工作中能有所注意，包括希望大学考古专业教育能注意尽可能地扩大学科涵盖面。总之是希望能将每一次发掘的全部成果（所见）都最大限度地发表出来、保留下来。

随着各学科的交叉发展，今天的考古资源将来还可能会有许许多多我们今天难以预测的用途。于报告者而言，自己的"所见"在发表以后有了更广泛的、包括未必事先预测过的"用途"，应该是一件很欣慰的事。如果说至今为止的报告的编写者未必都有这样自觉的意识的话，那么在本学科以及大量交叉学科的共同发展中，相信这个意识应该会越来越强烈，编写者也会越来越自觉。

　　已经有文章谈到了随着大规模的经济建设以及相当规模的、难以彻底阻止的盗掘，到21世纪的后半期我们有可能无古可考。今天既然已经可以预见到、意识到这一点，那么今天的考古资源就更加弥足珍贵，更应该得到最大限度的全面报告。

（原刊发于《中国文物报》2001年9月7日）

试论中国最早的一批都市

一、前言

本文拟探讨目前所知中国最早期的一批都市的问题。

行文之初,首先要回答的是:何谓都市(通常称城市)?这个问题的答案可谓众说纷纭,涉及面颇广,这里不便也没有必要全面展开。笔者曾就该题目作过专门的探讨,包括建议以"都市"取代"城市"的说法。这里仅将结论表述如下——

都市(城市)指非季节性的定居人口占居民的绝大多数,并具有两种以上非季节性机能,其中包括一种中地机能的人群聚落。[①]

所谓中地机能,是指并非仅服务于本聚落的、对周围包括远地聚落有影响力的聚落机能。

应该承认,要完整、清晰地表述"都市"的定义是困难的,笔者并不认为上述定义已是应该被普遍接受的理想定义,只是认为比较接近实际,并且可以作为一种具有实用意义的判断方法而运用于研究中。笔者想强调的是,都市,从根本上说应该是一个地理学的概念,都市的界定,应该从人口构成和聚落机能分析的角度

[①] 王妙发、郁越祖:《关于"都市(城市)"概念的地理学定义考察》,载《历史地理》第10辑。本书亦收录此文。

来进行考察,才有可能得到比较符合事实的结论。

长期以来,在不少研究者的笔下,有无城墙是判断都市的重要标志,甚至惟一标志。在史前史或上古史研究领域中,流行过很长时间的一个模式是:城墙、城市(都市)、文明、国家还有阶级等概念之间几乎是被画了等号的,即便在今天,仍有不少人尊奉着这个模式。笔者并不认为城墙的有无在判断都市时具有如何重要的意义。简单而言,如果城墙的主要功能是防御的话,那么它就和都市(城市)也罢,阶级分化也罢,国家和文明的出现也罢全无关系,因为人类在最原始的聚落产生的同时就有防御的需要,包括防御野兽以及防御其他人类集团。至于防御设施的形式,比如壕沟和围墙,本质上实在是没有什么不同的。然而在探讨早期都市问题时,史前聚落中经常可以看到的壕沟却是基本上被无视的。事实上,城墙不过只是壕沟的延长,有时不过只是壕沟的副产品这一点,湖南澧县八十垱和湖北应城门板湾城址是两个很好的例证。① 当然,笔者并不否认城墙(围墙)可以作为考察都市时的一个重要参照指标,理由主要是城墙(围墙)的建造需要大量的劳动力,以及有可能由此引导专业分工,并由此推动聚落机能的多样化,而逐渐向地理学意义上的都市定义靠近。事实上,本文探讨的对象绝大多数也是带有城墙的,但这并非笔者选择研究对象的出发点,而是因为史前聚落中具有相当规模的多带有城墙。当然,带有城墙、但并没有被列为本文考察对象的聚落数量更多。

有关本文的考察方法还有一些是需要交代的。

关于人口估算的方法,考察对象聚落凡有明确居住区范围的,按平均每平方米 0.025 人～0.034 人估算;无明确居住区范

---

① 裴安平:《澧县八十垱遗址出土大量珍贵文物》,《中国文物报》1998 年 2 月 8 日;陈树祥、李桃元:《应城门板湾遗址发掘获重要成果》,《中国文物报》1999 年 4 月 4 日。

围的,按平均每平方米 0.008 人～0.01 人估算。聚落达到和超过 15 万平方米时,将面积数据缩减 1/4 以后,再与上述"指数"相乘,为该聚落可能的人口数,亦根据有无明确居住区范围分为两类。该种估算方法的形成也是有过一个过程的,此处不便展开。① 当然,有城墙所围的聚落是作为有明确居住区范围来考察的。而关于人口表示单位,不足 1 000 人时以 10 为单位,超过 1 000 人时以 100 为单位。有必要申明,这个方法并不精确,笔者并不认为这已经是非常理想的方法,是否相对准确也不是随便可以保证的,而且不同地域的实际情况肯定也不完全相同,不过是在没有更好的新方法之前姑且一用的方法。有关这个问题,留待此后有机会将再作仔细分析探索。

根据目前所能掌握的资料,公开发表了的中国带有城墙的史前城址有 150 余处,包括新石器时代的和青铜时代的。主要分布在三个大区域,即黄河中下游流域、长江流域(上、中、下游皆有分布,以中游为多)以及内蒙古高原的南部(又集中在中南部的岱海地区与东南部和辽宁西部接壤地区)。限于篇幅,本文只将这些城址中有可能被判断为都市的部分,以及虽无城墙但也有可能被判断为都市的部分聚落(如二里头和殷墟)作为考察对象。

笔者以前述的都市定义和考察方法将上述对象分成四个类型:
(1) 已可认定为都市;
(2) 尚难确认,但材料充足后被认定为都市的可能性很大;
(3) 存疑且被认定为都市的可能性较小;
(4) 从通常的季节性产业机能看不可能是都市。

本文主要探讨第一类,也简单介绍第二类。未列入本文者即

---

① 该方法最早在拙作《黄河流域的史前聚落》一文中使用(载《历史地理》第 6 辑,上海人民出版社 1988 年版)。

为第三、第四类。

本文所据资料为至今为止公开发表的报告和论文。这些资料和数据,除了一些非常明确的发现和发掘以外,有一部分可能未必都是很精确的,特别是尚在调查过程中的一些报告以及仅发现了残存部分的报告。但笔者同时也想强调,即便数据未必全部精确,笔者的考察方法也未必理想和成熟,但总体而言我们还是能够得到大体符合事实的认识的。

二、中国最早期都市考察

本节第一部分为以笔者的上述方法认定的中国最早的一批都市,共 11 处,限于篇幅,只是较为简单地介绍认定依据(聚落机能考察过程)。第二部分为因资料所限目前尚难断定,但作为早期都市的可能性非常大的一批聚落,共 13 处,篇幅所限,判断过程全部略去,仅交代推测人口。

(一) 已认定的第一批都市(见表1)

表 1　中国最早一批都市

名称	所在地	遗址规模（平方米）	城墙范围（平方米）	平面形状	文化年代	资料出处·备注
景阳岗	山东阳谷		35 万	椭圆形	龙山	《文物报》1995 年 1 月 22 日、《华夏考古》1995 年第 4 期、《考古》1997 年第 5 期
教场铺	山东茌平		39 万/33 万	圆角横长方形	龙山	《文物报》1995 年 1 月 22 日、《华夏考古》1995 年第 4 期

续 表

名称	所在地	遗址规模（平方米）	城墙范围（平方米）	平面形状	文化年代	资料出处·备注
丹土	山东五莲		33万	不规则椭圆形	龙山	《考古》1997年第4期
二里头	河南偃师	375万			二里头	《考古》1974年第4期
郑州商城	河南郑州	2500万	317万	略呈正方形	早商	《文物》1977年第1期、《文物资料丛刊》第1辑
偃师商城	河南偃师		190万	略作长方形	商	《考古》1984年第6期、《考古》1984年第10期
殷墟	河南安阳	2400万			商	《报告1》、《发掘》、《考古》1961年第2期、《考古》1976年第4期
垣曲商城	山西垣曲		13万	略呈梯形	早商	《垣曲商城》、《考古》1985年第10期、《文物》1997年第10与12期
洹北商城	河南安阳		400万	方形	商	《文物报》2000年2月20日
盘龙城	湖北黄陂	总面积110万	约7.5万	不规则	商	《文物》1976年第2期
良渚	浙江余杭	3380万	约1000万		良渚	《文物报》1993年10月10日与1999年1月13日、《东南文化》1994年第5期、《中国考古学年鉴1994》

资料来源：《中国文物报》(简称《文物报》,具体期数见表格)；梁思永：《梁思永考古论文集》,科学出版社1959年版；《殷墟发掘报告第一期》(简称《报告1》),国立中央研究院历史语言研究所1929年版；胡厚宣：《殷墟发掘》(简称《发掘》),学习生活出版社1955年版；中国历史博物馆考古部、山西省考古研究所、垣曲博物馆：《垣曲商城》,科学出版社1996年版。

1. 阳谷景阳岗[①]

景阳岗城位于山东省聊城市阳谷县东南，黄河北岸，年代为龙山文化中期以前至晚期。城址平面呈扁椭圆形（一说圆角长方形），面积达 35 万平方米。城内有大小两座大型夯筑台址，大台面积约 9 万平方米，小台面积超过 1 万平方米，上有祭坑，坑内出土牛骨架，推测为祭祀遗迹。出土物中陶器有灰、黑、褐、红、白五种颜色。

人口估算　6 500 人～8 900 人。

聚落机能推测　从遗物、遗迹看，除了通常的生活用品外，还有大型宫室建筑及祭祀建筑，已经可以肯定该聚落并非只用于居住及应付日常生活、生产，已不是单纯的农业聚落，也已经不是单独机能的聚落［地理学术语称似都（似城）聚落］。大规模的宫室及祭祀所"服务"的人群不会只限于本聚落的居民，行政或祭祀（宗教）的中地机能虽然材料还嫌不足，但已经可以判断为有，则非季节性功能已有两种且具有中地性。报告者称，这一带共发现有八座龙山时期城址，可分南北两组，而南组即是以景阳岗为中心的（见《中国文物报》1995 年 1 月 22 日），更可能是中心地聚落。因此基本可以推断该聚落已经是地理学意义上的都市。

2. 茌平教场铺[②]

教场铺城位于山东茌平县南，龙山遗存范围东西约 1 100 米，

---

① 山东省考古所聊城地区文研室：《鲁西发现两组八座龙山文化城址》，《中国文物报》1995 年 1 月 22 日；张学海：《鲁西两组龙山文化城址的发现及对几个古史问题的思考》，《华夏考古》1995 年第 4 期；李繁玲、孙淮生、吴铭新：《山东阳谷县景阳岗龙山文化城址调查与试掘》，《考古》1997 年第 5 期。

② 山东省考古所聊城地区文研室：《鲁西发现两组八座龙山文化城址》，《中国文物报》1995 年 1 月 22 日；张学海：《鲁西两组龙山文化城址的发现及对几个古史问题的思考》，《华夏考古》1995 年第 4 期；李繁玲、孙淮生、吴铭新：《山东阳谷县景阳岗龙山文化城址调查与试掘》，《考古》1997 年第 5 期。

南北约 360 米,面积为 396 000 平方米。此处"龙山遗存范围"一语不是太明确,似乎同城址面积是两个概念。但另有报告称,城址面积约为 33 万平方米,"如加上城垣宽度面积达 40 万平方米"①,则应该理解为和"龙山遗存范围"是同一概念。城址平面呈圆角横长方形,未见城壕。城内有大、小两座大型夯土台址。小台 1.6 万平方米,大台 14 万(一说 10 万)平方米。

人口估算 按城址所围 33 万平方米算,则可能的人口数为 8 200 人~11 200 人。

聚落机能推测 大规模的夯土台基最起码也有 10 万平方米,很可能是宫殿或祭祀类遗址,这已经较普通的小聚落的面积都大了。已有论者指出,鲁西有两组龙山时期的城址聚落群,各有一个中心聚落,南组三城以景阳岗为中心,北组五城以教场铺为中心。② 这个说法虽带有推测成分,不能作为结论,但就目前的材料而言,这个推测完全可以成立。今后附近即便再有新的同时期聚落发现,超过现在这个规模的可能性也应该说不大,因此教场铺为聚落群中心的可能性非常大。以此推测正确为前提来考察该聚落机能,如果大、小夯土台基是宫殿或祭祀遗址,则其意义不会仅局限于本聚落,如果是王之类行政首脑居住地的话,则就是一个行政中心。与此相关,它还可能是宗教(祭祀)中心,如果是这样的话,居民中就应该有相当一部分人的职业与上述两个中心机能相关,以及还可能需要专业的保卫人员(军队?),这些都是所谓非季节性职业,为维持这些人员的生活,则很可能这里还应该有相应的手工业以及运输业(比如粮食就可能需要运进)。

---

① 张学海:《鲁西两组龙山文化城址的发现及对几个古史问题的思考》,《华夏考古》1995 年第 4 期。

② 张学海:《鲁西两组龙山文化城址的发现及对几个古史问题的思考》,《华夏考古》1995 年第 4 期。

是否有交换(商业)、以何种方式进行以及专业程度怎样这些问题,当然因材料不足目前还都很难讨论,但也不能完全排除这样的可能性。用一句话概括,居民中从事非季节性职业的人非常可能占大多数,而聚落机能很可能(很明显?)超过了两种甚至更多,中地机能也应该已不止一个。虽然已发表的发掘资料还不多,但无疑是一个需要加以严密关心的遗址。换一句话说,虽然材料不很充足,但该聚落大体已经可以认为是地理学意义上的都市了。

3. **五莲丹土**[①]

丹土城址在鲁东五莲县丹土村周围,年代为龙山文化时期。城址面积33万平方米,为不规则椭圆形。城内有手工业作坊区。报告者称,"丹土"名源自遗址东北部成片分布的红烧土,"若不是长期烧窑或者是冶炼,很难想象有如此丰富的烧土遗迹","石器的成品和半成品石材和附近白石山石质相同说明是石器加工场所。过去此地出过玉器,20世纪50年代以来陆续发现有玉钺、玉璧、玉戚等玉质礼器,代表了龙山文化制玉的最高水平","说明该遗址兼具宗教祭祀场所的机能,当然也不排除存在玉器加工作坊的可能性"。

人口估算 6 100 人~8 400 人。

聚落机能推测 上面所引的有不少就是聚落机能的分析和推测。有手工业是肯定的,而且很可能是专业性且颇具规模的。业种有陶器(长期烧窑或冶炼)、石器(加工场所),可能也有专业玉器作坊,甚至可能能够制造最高水平的玉器,则"具宗教祭祀场所的机能"的说法也就可以成立了。不管怎么说,其非季节性聚

[①] 山东省考古所聊城地区文研室:《鲁西发现两组八座龙山文化城址》,《中国文物报》1995年1月22日;张学海:《鲁西两组龙山文化城址的发现及对几个古史问题的思考》,《华夏考古》1995年第4期;李繁玲、孙淮生、吴铭新:《山东阳谷县景阳岗龙山文化城址调查与试掘》,《考古》1997年第5期。

落机能已经达到了三种当无问题,即便其他机能暂时还不能确定,也已经不影响判断该聚落为地理学意义上的真正的都市了。

4. 二里头①

二里头遗址位于河南偃师县西南。该聚落遗址面积极大,东西约 2.5 千米,南北约 1.5 千米,总面积达 375 万平方米,文化层厚达 4 米,使用年限相当长。在整个遗址的中部,有一片大型的夯土台基,约 1 万多平方米,是一座规模很大的宫殿遗址。中部为高起的殿堂基座,面积 900 平方米。整个基址基本上已具备了我国宫殿建筑的形制和规模,可称壮观。这样的一座大规模宫殿,绝不会是孤零零地突兀地立在那儿,而没有其他附属的设施的,还应有数量可观的相关人群的工作、居住场所。可以想象,在 375 万平方米的总面积上,当时的二里头一定是房屋宫室鳞次栉比、人群熙熙攘攘的大聚落。事实上,在整个二里头遗址范围内还发现了相当数量的房基、窑穴、灰坑、水井、窑址、冶铜遗址、陶制下水管道等丰富的遗存。

人口估算　二里头的人口可能达 22 500 人～28 000 人。

聚落机能推测　正如发掘者(报告者)所认为的那样,"二里头遗址已具有古代早期都邑的规模,而不是一般的自然村落",报告者认为它很有可能就是商灭夏以后的第一个都城"汤都西亳"。笔者以为,虽然具体定为文献记载中的哪个王都还为时过早,但二里头是早商或夏末时候的一座王都应该是没有问题的,那么该地起码已有了一个非农业的行政中心职能,再加上应为专业性的手工业作坊,二里头聚落的非农业机能已超过两项,并具有中地机能,不用说作为王都肯定应该还有专业的管理及守卫人群等其他机能,因而该聚落应可认定为都市。有必要补充的是,至今二

---

① 《河南偃师二里头早商宫殿遗址发掘简报》,《考古》1974 年第 4 期。

里头还没有公开发表过有关城墙的资料,但这并不影响判断该遗址是一座地理学意义上的都市。

5. 郑州商城[①]

郑州商城的位置在今天郑州市区的东部,为二里岗下层文化,即商代早期的城址。夯土城墙周长6960米,平面略呈长方形,总面积317万平方米,包括四周大量的附属小型聚落及设施,整个聚落范围为25平方千米,规模巨大。不过,如此巨大、遗迹遗物又如此丰富的一座城址,可着力论述的东西却似乎不多。城墙的规模,夯筑技术的进步,城内发现的许多夯土台基(极可能为宫殿遗址)、房屋、灰层、壕沟等遗迹,城外散布四处的铸铜业作坊、制陶业作坊、制骨作坊等遗址,还有杜岭后街出土的被认为"其为王室重器大体可定"的两件大方鼎[②]等,种种迹象说明,郑州商城作为一个集多种机能于一身、已经相当发达了的都市,应该是用不着多作论证了的。曾有文章谈到,郑州商城并不是"真正意义上的城市",因为它"没有商业"[③],只好说,这是单以某一项指示物(如单以城墙,此处是单以商业)为判别都市标准的做法如何片面的又一证明。

人口估算 城墙之内估算为59 000人~80 000人,25平方千米的聚落总范围的人口则较难估算,因房屋等遗迹较为分散,若按聚落总面积减1/4估算,则整个郑州商城内外有可能共聚集了15万~18万人。这个数字是否合理? 在没有其他更好的估算方法之前,仅作参考。

[①] 河南省博物馆、郑州市博物馆:《郑州商代城址试掘简报》,《文物》1977年第1期;河南省博物馆、郑州市博物馆:《郑州商代城址发掘报告》,载《文物资料丛刊》第一辑,文物出版社1977年版。

[②] 北京大学历史系考古教研室商周组:《商周考古》,文物出版社1979年版,第60页。

[③] 郑昌淦:《关于中国古代城市兴起和发展概况》,《教学与研究》1962年第2期。

聚落机能推测　郑州商城作为王都已无问题,但其为商代哪一代王之都却至今纷议不休。不过该问题与本文宗旨无关,省略不论。

6. 偃师商城[①]

偃师商城也叫尸乡沟商城,地处河南偃师城西,洛河北岸。全城深埋于地下,保存尚好。整体略作长方形,面积约 190 万平方米。城内目前已发现了四处大型夯土建筑群或建筑基址,其中Ⅰ号建筑群规模大,并有夯土围墙,位于全城的中心部分,据估计很可能是当时的宫殿区。虽然出土物及发现遗迹并不很多,但如此规模且布局规整的遗址,如发掘者所说,"迄今只有郑州商城和安阳殷墟可以相比,可以肯定地认为,这不是一般的聚落,也非方国小城,而是一代王都"。据文献记载以及当地的传说和实物史料,此处也不排除为商汤所都之"西亳"的可能性。

人口估算　按 190 万平方米城址范围计,此处当时的人口可能有 35 000 人～48 000 人。

聚落机能推测　因为材料尚有所限,目前还无证据说尸乡沟商城具有两种以上非季节性职能。只是作为商代早期的王都之一应该是没有问题的,而且已有行政中地职能。若要判断该地是否有除此以外的非季节性职能,需等待该城的全面剥落及考古报告发表,不过,众多的人口不可能全是从事农业(季节性职业)的,因而笔者有理由认为,城内无疑还会有独立的手工业机能,当然还应该有王都所可能有的其他种种机能。因此,虽然严谨而言还只能停留在推测,但该城应可以被视为名副其实的都市。

---

① 段鹏琦、杜玉生、肖鸿雁:《偃师商城的初步勘探和发掘》,《考古》1984 年第 6 期;赵芝荃、徐殿魁:《1983 年秋季河南偃师商城发掘简报》,《考古》1984 年第 10 期。

7. 殷墟①

不用说,河南安阳小屯的殷墟是极有名的地方,一般认为其为商代最晚的都城,这应该不成问题,但有是盘庚所迁还是武丁所迁之争,并有人怀疑其并非王都。② 殷墟发掘规模庞大,出土物极为丰富,于相关各学科的研究而言意义巨大。有一个现象是需要先提出来特别说明一下的,即殷墟至今没有发现城墙,但这并不影响其被列入"城址",应将其看作聚落机能较完善的都市来论述。整个殷墟范围以洹河南小屯的宫殿区为中心,跨洹河南北两岸,东西5千米～6千米,南北4千米～5千米,都分布有遗址和墓地。其布局大致为王宫在洹河南,王陵在洹河北,宫殿区内房基排列整齐,窖穴密布,有许多纵横的"水沟"环绕着王宫区和王陵区。有许多分散的居民点以及规模很大的手工业作坊遗址,王宫区内也有铸铜和制骨手工业遗迹。在甲组宫殿之间的YE181方窖内曾发现有444把有使用痕迹的石镰,说明王室有可能还直接控制着部分农业劳动者。除此以外,绝大部分遗迹和遗物以及甲骨文所反映的都是祭祀、战争、贵族生活、各类手工业、政治统治等内容,就聚落职能而言,非农业的职能无疑远超过了两种。前面说过,至今没有发现殷墟的城墙,但在宫殿区以西200米左右处有一条巨大的壕沟,由西南蜿蜒向东北,宽7米～21米,深5米～10米,据推测,这应该是机能与城墙相同的防御设施。

---

① 《殷墟发掘报告第一期》,国立中央研究院历史语言研究所1929年版;胡厚宣:《殷墟发掘》,学习生活出版社1955年版;安志敏、江秉信、陈志达:《1958—1959年殷墟发掘简报》,《考古》1961年第2期;《1975年安阳殷墟的新发现》,《考古》1976年第4期。

② 秦文生:《殷墟非殷都考》,《郑州大学学报(哲学社会科学版)》1985年第1期;杨锡璋:《安阳殷墟西北冈大墓的分期及有关问题》,《中原文物》1981年第3期。

人口估算 整个殷墟的范围估计在 24 平方千米以上,估计人口可能有 140 000～180 000。数字是否有可能偏高? 仅供参考。

聚落机能推测 殷墟是一个机能较为丰富齐全的都市已不需更多证明,尽管它没有城墙。

8. 垣曲商城①

垣曲商城位于山西省运城市垣曲县中条山脉的小盆地内,允河和亳清河会合后注入黄河处的台地上,南临黄河。为二里岗下层文化城址。城墙平面略呈梯形,总面积 13 万平方米。夯土(或版筑)墙体底宽 5 米～9.5 米,北墙基础部分宽达 15.75 米,东墙基础部分也宽达 11 米。西城墙和南城墙分里外两重。西墙外侧发现有宽 6 米～8 米的壕沟。城内布局规整,中部以东为宫殿区,有大型夯筑台基 6 处。其中 2 号台基在宫殿区北部,东西长方形,面积 1 万平方米。5 号台基在宫殿区西南部,面积 200 平方米。城内东南部为居民区,房屋、灰坑、墓葬等分布密集。城南部发现窑址,很可能为陶器集中制作场所。遗物中还发现了大量卜骨以及青铜爵,但未见鼎等被视为皇室重宝的大型铜器。鉴于二重城墙以及三面临河的聚落选址,它被认为是军事防御性质很强的聚落,推测为商王朝设在黄河北岸的防御据点或者是商王朝的"方国",并被推测很可能是"亘国"的国都"亘方"。报告者称"是继郑州商城和偃师商城的发现之后的又一重要发现"。

人口估算 推定人口数为 3 200～4 400。

聚落机能推测 发掘者(报告者)称,该城址军事色彩非常强烈,应为商代具特别性质的城市,故至少认为属似都聚落性质的

---

① 张岱海、徐殿魁:《山西垣曲古文化遗址的调查》,《考古》1985 年第 10 期;中国历史博物馆考古部、山西省考古研究所、垣曲博物馆:《垣曲商城》,科学出版社 1996 年版。

军事聚落已无问题。另外，通常的居民区之外有宫殿区，更有专门的集中制陶场等，是否为都城（行政机能）虽然还不能确认，但作为一个具多种非季节性机能的中心聚落应大体没有问题。因而可以认为其已是地理学意义上的都市。

9. 洹北商城①

洹北商城是1999年末在安阳殷墟保护区内的洹河北岸发现的，年代较殷墟略早。城墙平面略呈方形，各边长2000米左右，总面积超过400万平方米，是较郑州商城更大的极大规模的城址。据称城内遗迹极其丰富，但发掘范围尚小。发现有建筑遗迹及大量陶器，尚未发现铜器。不用说这里应该是一个重要的商代王都，特别是和殷墟间的关系非常引人注目。当然，由于尚未有规模性的发掘，所知还很有限，暂时还不能全面检讨。

人口估算　城墙所围超过400万平方米，估算城内居民应有75 000人～102 000人。

聚落机能推测　和郑州商城一样，洹北商城无疑是商王朝的某一个都城，是盘庚之殷还是仲丁之隞（隞）抑或是汤都亳当然还难有结论。就聚落机能而言，虽然目前借以判断的材料还不够，但作为商代的一个王都，可以列举的非季节性聚落机能当然有许多，如行政机能、祭祀机能、军事机能、相当的产业机能等，且每一个单独的机能均应为中地机能，因而说洹北商城是一个具多种机能的地理学意义上的综合性都市应该没有问题。虽然这个"判断工作"并不是笔者完成的。

10. 盘龙城②

盘龙城城址位于湖北省武汉市黄陂区，位于长江北岸的一个

---

① 唐际根、刘忠伏：《安阳殷墟保护区外缘发现大型商代城址》，《中国文物报》2000年2月20日。
② 《盘龙城一九七四年度田野考古纪要》，《文物》1976年第2期。

深入盘龙湖的小半岛上。这是不多的远离商王朝统治的中心地区的商代前期城址，年代约与郑州商城相同。其文化面貌与中原地区同时期的完全一样，它被认为是商王朝的一个方国，执行着商王朝对这一地区的统治职能。① 盘龙城整个聚落布局是由一座城及城外东西约1 100米、南北约1 000米的丘陵地带上断续分布的众多遗迹组成的，总面积达110万平方米。城址大致位于当时整个聚落的中心，面积75 400平方米。城垣外有宽约10米的壕沟，东北高地上有密集的大型建筑群，为宫殿区。该东北隅的高地并非完全的自然地形，而是平整以后再堆筑起来的巨型夯土台基。基础上发现有很大规模的宫殿遗迹，城墙所围的被认为是一座宫城。城址之内及整个聚落范围内出土了大量青铜器及炼埚（将军盔）、铜渣等冶炼遗迹，说明虽然铜器风格同黄河流域一样，但这些铜器是在本地制造的。此外还出土了不少玉器装饰品，当然还有大量的生活用陶器。

人口估算 盘龙城的人口估算略有一些特殊之处，因其宫城之内的居民构成同一般聚落不同。仍按前面的算法，宫城约有人口1 900～2 500。整个盘龙城聚落为110万平方米，推算约有人口6 600～8 200。

聚落机能推测 盘龙城遗址内外出土文物相当丰富，尤其引人注目的是大量的青铜器，包括一部分礼器及数量众多的刀、凿、斧、锯等手工业生产工具。石器种类以斧、锛、铲、刀、勺等手工业生产工具及生活用具为多，不像一般农业聚落以农业生产用的镰、铲等为多。反过来，铜器中也不见农业生产工具如镰、铲等。因而，尽管全部面积并不很大（城垣所围及聚落总面积均为郑州商城的1/25），人口数量也不是很多，但全部人口的绝大多数应

---

① 北京大学历史系考古教研室商周组：《商周考古》，第62页。

该从事非农业的及与维系"方国"统治有关的职业,两种以上的非农业职能肯定是具备了的(行政中心、手工业……),已完全有理由认为该聚落是一个地理学意义上的都市。

11. 良渚①

良渚遗址位于浙江省杭州市余杭区莫角山,为良渚文化的代表性遗址。城址的发现是在20世纪80年代,遗址群与遗址北侧有一条横亘数千米的垄状土垣,外有宽20米的壕沟,考查后断定"无疑是古代封闭式土筑城墙的一部分",于是"一座迄今惟一可以确定的良渚文化古城便初露端倪"。土垣顶宽约30米,底宽约50米,城垣以外有众多高土台的堆筑,被认为与军事需要相关。城垣面积约10平方千米,从其规模以及城内遗址的规格来看,"无疑是同时代最大最繁华的一座",并被认为"这与良渚文化早中期盛极一时的景况也相适应",可以借以想象当年"可见巍峨的城垣、层层繁盛的屋宇"。整个良渚遗址群范围达33.8平方千米,至少包含两种不同形态和等级的聚落类型,即西部的城和东部的村落。东面的遗址中有瑶山祭坛,7号墓和12号墓的规格丝毫不逊色于被认为是"王陵"代表的反山遗址12号墓和20号墓。这个现象似乎说明良渚时期已经出现了在城郊设坛祭祀神祇的现象。报告者认为,"主持此种祭礼的大祭司跟'王'地位接近",并认为"这也充分体现了良渚社会的巫政特色"。城址范围内发现的良渚晚期堆积较少,且规格明显逊色于早中期。各种迹象都反映出良渚文化中晚期间以莫角山为中心的这座良渚古城明显衰落,什么原因尚难断言。据《中国考古学年鉴1994》的报

---

① 蒋卫东:《余杭良渚遗址群内的良渚文化古城》,《中国文物报》1999年1月13日;杨楠、赵晔:《余杭莫角山清理大型建筑基址》,《中国文物报》1993年10月10日;赵晔:《余杭莫角山良渚文化遗址》,载《中国考古学年鉴1994》,文物出版社1997年版。

道,良渚遗址群中心地区的莫角山遗址位于高地上,高10米余,面积30万平方米。有大型建筑物的柱洞土坯,"是当时社会最高支配者的居住地"。此处的中心地区30万平方米和上述城垣面积约10平方千米之间的关系,就像是大范围的城垣之内有这么一片"中心"。这两者间的关系不太好理解,于聚落布局的考察方面是一个值得注意的比较独特的现象。

人口估算 该城址的规模是惊人的,约1000万平方米(10平方千米),无疑是目前所知所有的史前城址中规模最大的。根据本文前面一直使用的估算方法,如果视此城墙所围全为明确居住区范围的话,推测可能的人口数有187000~255000之多。如果不将上述城墙所围区域全视为明确居住区范围的话,则可能的人口数为60000~75000。当然,由于规模(面积)过于庞大,城址范围之内可能有的聚落功能反而不易推测,很可能有许多超出我们想象的地方。比方说,城址内有农田甚至大片农田的可能性就不能排除。如果确实是的话,除了上面的非明确居住区范围的方法之外,人口估算的方法有重新考虑的必要。笔者思及于此,或许会以此引出关于史前聚落人口估算的新的方法来。但在这之前,暂时还只能延用或停留在现在的方法。

聚落机能推测 首先要强调的是,该城址规模庞大,城址之外的整个良渚遗址群范围更达33.8平方千米。虽然作为"王都"这一点没有文献可以证明,但只要能够接受良渚文化时期已经有"王"了的话,就无法排除此地即是王都所在的可能性,最起码也应该可以接受"是当时社会最高支配者的居住地"[①]。除了"同时代最大最繁华"的庞大规模之外,与军事需要相关的高土台堆筑,虽然属于想象的当年"巍峨的城垣、层层繁盛的屋宇"所体现的

---

① 见赵晔:《余杭莫角山良渚文化遗址》,载《中国考古学年鉴1994》。

"良渚文化早中期盛极一时的景况",以及西部的城和东部村落这样整个遗址内不同形态和等级的聚落类型,还有遗址范围中的瑶山祭坛,规格丝毫不逊色于"王陵"的 7 号墓和 12 号墓,城郊设坛祭祀神祇现象等,都已经证明了该聚落的多种非季节性机能。"良渚社会的巫政特色"一语虽然还不好详解其具体内涵,但作为一种非季节性的聚落功能,也应该完全没有问题。总之,此地是一个具有多种聚落功能的完整的地理学意义上的都市,应该已经完全没有问题。

(二) 被认定为都市可能性很大的聚落(见表 2)

表 2　早期都市可能性很大的遗址

名称	所在地	遗址规模 (平方米)	城墙范围 (平方米)	平面形状	文化年代	资料出处/备注
平粮台	河南淮阳	5 万余	共 34000 余	正方形	龙山晚	《文物》1983 年第 3 期
城子崖	山东章丘		20 万	近方形	龙山	《文物报》1990 年 7 月 26 日、《中原文物》1988 年第 4 期
田旺	山东淄博		15 万	圆角竖长方形	龙山	《考古》1993 年第 4 期、《山东》1995 年第 3 期
两城镇	山东日照	100 万～200 万			龙山	《考古》1997 年第 4 期
老虎山	内蒙古凉城		13 万	不规则三角形	龙山	《岱海 1》、《纪念》
宝墩	四川新津	66 万/ 60 万/ 50 万	25 万	方形	宝墩文化	《文物报》1996 年 8 月 18 日、1997 年 1 月 19 日;《考古》1997 年第 1 期

续　表

名称	所在地	遗址规模（平方米）	城墙范围（平方米）	平面形状	文化年代	资料出处/备注
城头山	湖南澧县		8万余	略呈圆形	大溪-屈家岭	《文物》1993年第12期；《文物报》1997年8月10日、1999年3月3日；《考古》1994年第7期
阴湘城	湖北荆州		12万/17万/20.3万		屈家岭一期	《江汉》1986年第1期、《考古》1994年第7期、《东方》第69册
门板湾	湖北应城		约20万	近方形	屈家岭文化	《文物报》1999年4月4日
马家垸	湖北荆门		20万/24万		不晚于屈家岭	《考古》1998年第4期、1994年第7期
石家河	湖北天门		120万/100万/180万	近长方形	屈家岭—石家河	《文物》1994年第4期、《考古》1994年第7期、《史地丛》1998年第3期
陶寺	山西襄汾		200万		龙山	《文物报》2002年2月8日
古城寨	河南新密		176 500	长方形	龙山晚期	《文物报》2000年5月21日

资料来源：内蒙古文物考古研究所编：《岱海考古（一）老虎山文化遗址发掘报告集》（简称《岱海1》），科学出版社 2000 年版；田广金：《内蒙古长城地带石城聚落址及相关诸问题》，载《纪念城子崖遗址发掘 60 周年国际学术讨论会文集》（简称《纪念》），齐鲁书社 1993 年版；《江汉考古》（简称《江汉》，具体期数见表）；日本《东方学报》（简称《东方》，具体期数见表）；《中国历史地理论丛》（简称《史地丛》，具体期数见表）。

下面这些聚落属第二类，即尚难断定但材料充足后被认定为都市的可能性很大，可以称为"准认定"者，共 13 处。篇幅所限，本文省略了聚落机能分析过程，此处仅附人口估算。

1. 平粮台 为 850 人～1 200 人。

2. 田旺村 有两个面积数字，若按 15 万平方米，则可能的人口数为 2 800～3 800；若按 20 万平方米，则为 3 700 人～5 100 人。

3. 两城镇 为 6 000 人～15 000 人。

4. 城子崖龙山城 为 4 600 人～6 200 人或 3 700 人～5 100 人。

5. 老虎山 为 3 200 人～4 400 人。

6. 宝墩 为 4 700 人～6 300 人。

7. 马家垸 为 3 700 人～5 100 人或 4 500 人～6 100 人。

8. 阴湘城 城址面积有 12 万平方米、20.3 万平方米及 17 万平方米这样三个数据，则人口估算分别应为 3 000～4 000、3 800～5 100 和 3 100～4 300。

9. 石家河 城址面积有 120 万平方米、100 万平方米和 180 万平方米这样三个数据。其中 180 万平方米应为城垣外壕所围面积，因墙体非常宽（80 米～100 米）。而另两个面积数据（120 万和 100 万平方米）当应视作明确居住区范围，则可能的人口数估算为 22 000 人～30 000 人或 18 000 人～25 000 人。

10. 城头山 有 7.5 万和 8 万平方米两个面积数据，则可能的人口数为 1 800～2 500 或 2 000～2 700。

11. 门板湾 为 3 700 人～5 100 人。

12. 古城寨 为 3 300 人～4 500 人。

13. 陶寺 为 37 500 人～51 000 人。

三、若干认识

上面是笔者所认定的中国最早的一批都市，以及虽然没有认定但认为可能性非常大的一批聚落。列为考察对象的其实是100多处,真正"认定"为都市的仅11处,加上可能性大("准认定")者共24处,也就是说被排除的更多。反之,或者有理由说"认定"是颇为谨慎的,可信度是高的。

在新石器时代的龙山时期,中国已经有了完整意义上的都市。在黄河流域,龙山时期被认定的都市有三处,加上"准认定"者,再加上大体同时代的良渚和宝墩这两处,大体可以认为龙山时期已经是都市的成熟期了。那么,在这之前应该有过一个发展时期,即应该有更早期、更原始的雏形都市(或应称似都/似城聚落),这是今后应予以注意的。

长江流域除良渚和盘龙城被认定为都市之外,中游的以屈家岭文化为主的"准认定"者有5处,相关资料充足以后被认定的可能性都是很大的。其中的城头山,最早的遗存属新石器时代早期的大溪文化,一旦可以认定为都市的话意义重大,有可能成为真正的最早期都市。加上略晚的屈家岭文化时期的,则长江流域最早出现都市的时间或许较黄河流域更早。

表1和表2中黄河流域的这些已认定或"准认定"都市,集中在豫东平原和山东泰沂山地周围这两片区域。关于豫东平原的这个现象可以作这样的解释:以平粮台为例,其所处的地理环境是一望无际的大平原上隆起的岗丘状高地,其余的如二里头、尸乡沟、郑州、殷墟都位于接近山麓地带的平原边缘。这个现象是笔者曾经指出过的,即平原地区的都市有不少是从岗丘聚落发展起来的,自前仰韶期经仰韶期、龙山期至后龙山期,聚落的分布是由太行山山麓逐渐向东,自高海拔逐渐向低海拔推移、发展的,早期都市在这个过程中产生、发展。其原因之一是史前时期黄河一直在整个黄淮大平原上漫流而没有固定河道,因而人类在到达这里居住时,聚落选址当然应该是洪水期间也不至于被淹没的岗

丘,才有可能留存下来被今人发现。①

山东地区的城址的平面形状极具本地特色,不规则椭圆形、圆角横长方形、扁椭圆形等是其他地方没有的。

有两个都市或准都市的聚落选址及形成(发展)过程比较独特。

盘龙城位于一片沿湖的丘陵地带,略呈半岛状伸入湖中。之所以选择这样的地方,并且又在丘陵带的至高点上修建"宫城",应该认为主要是出于安全的考虑,这和该都市作为行使商王朝统治职能的"方国",而四周又是不甚开化的土著的状况是相符的。

宝墩城址的夯筑城墙是在该遗址发展到较晚时期才修建的,即是在该遗址原始聚落基础上发展起来的,亦即可以看到同聚落从最普通的(农业?)聚落,发展到城垣出现并颇具规模,且极可能被视作最早期都市之一的发展过程。各地发现过一些前后不同文化(历史)时期在同一地点长久反复经营的现象,如山东城子崖城址,龙山文化时期、岳石文化时期以及周代都在同一地点筑城,但如宝墩这样的可以看到城垣在某地从无到有出现过程的例子是不多的。

近年来,有学者开始注意到早期都市相关的研究中聚落的中地机能现象,即考古学家开始主动运用地理学概念和方法,不用说这是一个很有意义的发展。

在山东地区,就有学者指出三类史前聚落中有两类具中地机能。"第一类:地区中心。面积在 100 万平方米以上,有城墙和大型建筑设施,文化堆积深厚,在这些地点往往发现有相应的高劳动含量的各种器物。"该类聚落举了两城镇为例(本文为"准认

---

① 见拙作《黄河流域的史前聚落》(载《历史地理》第 6 辑,上海人民出版社 1988 年版;本书亦收录此文)。另见中国科学院《中国自然地理》编辑委员会:《中国自然地理·历史自然地理》(科学出版社 1982 年版,第 40 页)。

定")。"第二类：本地中心。这类遗址的面积从几万到几十万平方米不等，一般有城墙，文化堆积也比较厚，见有高劳动量的遗物，并有生产这类产品的手工业作坊遗存。"属于该类聚落的例子中有丹土村（本文中为认定都市）。"第三类：一般聚落。遗址的面积一般在数千至几万平方米，文化堆积较薄，不见城墙和大型建筑遗存，也看不到玉器和蛋壳黑陶器等精美的遗物。"[1]

也有学者注意到了聚落间（主要指大聚落间）分布有序的现象。如"龙山时代城址已经普遍出现……大小和等级方面的差别……不排除有……城市级别的不同"，"（边线王、田旺、丁公、城子崖）四个龙山城址分布有序，相互间直线距离在50千米左右。每个城址控制的地盘在方圆百里上下，应代表一个古代方国"。[2]

另外如"位于鲁西聊城地区的两组八座龙山文化城址，各以一座大型城址为中心，周围由数座小城及众多普通遗址组成聚落群"，并指出北组五城——教场铺、大尉、乐平铺、尚庄、王集，以教场铺为中心，南组则以景阳岗为中心（该两个"中心"本文皆认定为早期都市）等。[3]

上述这些论述的具体结论正确与否并不太重要，重要的是这种分布有序的实际状态已经引起了考古学家的注意，并有一些运用地理学理论的非常敏锐的观察。如果所有的考古学家都能在田野工作中带着这一类问题以及运用这一类新的思考方法和观

---

[1] 蔡凤书、于海广、栾丰实等：《山东日照市两城地区的考古调查》，《考古》1997年第4期。

[2] 山东省考古研究所：《城子崖遗址又有重大发现，龙山岳石城址重见天日》，《中国文物报》1990年7月26日；栾丰实、方辉、许宏：《山东邹平丁公遗址第四、五次发掘简报》，《考古》1993年第4期。

[3] 山东省考古所聊城地区文研室：《鲁西发现两组八座龙山文化城址》，《中国文物报》1995年1月22日；张学海：《鲁西两组龙山文化城址的发现及对几个古史问题的思考》，《华夏考古》1995年第4期。

察方法的话,于史前聚落及早期都市研究而言应该会有一些新的收获。

本文并未展示笔者对本课题探索的全过程,仅是提供了大体的结论。有关早期都市的问题涉及相当广的方面,这篇短文当然也只能算是浅析和试论。如果能够提供给关心该课题者一点新的思考角度的话,则本文多少也算达成了一点抛砖的作用。

(原刊发于《庆祝张忠培先生七十岁论文集》,科学出版社2004年版)

中国史前城址分布与规模之研究

一、前言

本文的研究对象主要是带有城墙的史前聚落遗址（城址），同时也包括了少量目前尚未发现城墙但足以引起注目的较大规模的史前聚落遗址，如二里头遗址和殷墟遗址。为便于表述，本文将上述对象通称为城址。

根据目前所能掌握的资料，公开发表了的中国大陆的史前城址共有150余处，包括新石器时代的和青铜时代的。主要分布在三个大区域：（1）黄河流域，主要分布在中游和下游；（2）长江流域，上、中、下游皆有分布，以中游为多；（3）内蒙古高原南部，又集中在中南部的岱海地区和东南部与辽宁西部接壤地区。另外，青海高原也有零星分布。这些史前城址所在的环境有山地，有高原，有平原，包括长江中下游平原上的低海拔多水道地区。这些城址规模不一，大者达上千万平方米，小者仅数百平方米。本文拟就这些不同时期的城址，按不同区域，从分布和规模的角度进行探讨。

本文所据资料为至今为止公开发表过的报告和论文，不敢说完全没有疏漏，而且可以肯定还会有新的发现和新的报告，因而本文只能说是现阶段的认识。另外，这些资料和数据除了一些非常明确的发现和发掘以外,有相当一部分可以坦率地说未必都是很精确的,特别是尚在调查过程中的一些报告以及仅发现了残存部分的报告。但笔者同时也想强调,即便有一些未必精确之处,总体而言我们还是可以从这些资料中得到有关史前城址的基本正确的、符合事实的认识的。

二、史前城址分布区域及规模

(一) 黄河中游

黄河中游史前城址全部共 17 处。

整个史前时期城址在黄河中游区域的分布,主要集中在豫东平原上,少量在豫西及晋南山地,仅有 1 处在黄土高原上的陕西北部清涧县。即便为山地或高原上的城址,具体所在小环境亦皆为平原或谷地,普遍没有险峻山地形势的依托。遗址总规模的数据相对不多,其中最大为 2500 万平方米的郑州商城,殷墟略小一点,为 2400 万平方米。城址规模(城墙范围)数据较全,最大的为洹北商城,达 400 万平方米。

仰韶期城址仅郑州西山 1 处,规模不大,3.45 万平方米。

龙山期城址共 7 处,规模最大的为襄汾陶寺的 200 万平方米。其余的除古城寨 17.65 万平方米、孟庄 16 万平方米以外,都在 10 万平方米以下。可能是商代被认为已经进入历史时代的缘故,故而有关襄汾陶寺的报告称"为至今所知在黄河流域发现的最大的史前城址"[①]。

属于夏商时期的城址共 9 处。其中夏文化时期的仅二里头 1 处,遗址规模相当大,达 375 万平方米,但至今尚未看到发现城

---

① 见《中国文物报》2002 年 2 月 8 日。

墙的正式报告。

商代城址规模最大的为洹北商城,达400万平方米;其次为郑州商城,达317万平方米;再次为偃师商城的190万平方米。其他城墙的规模都不大,2处超过10万平方米(垣曲、东下冯),2处不足10万平方米。殷墟规模虽大,遗址范围达2400万平方米,但至今也没有发现城墙。和二里头遗址一样,没有发现不等于绝对不存在,何况这是两座如此重要的遗址。当然,紧靠着殷墟的洹河北岸已经发现了洹北商城,其和殷墟之间的关系令人瞩目,不排除两者是同一个大聚落(王都?)的不同功能部分,即殷墟也许是王都郊外王室专用的陵墓区和祭祀区。

本区域自新石器时代至商代,城墙的平面形状主要以方形或长方形为多,这可能是平原地区城墙平面形态逐渐规范成熟后的常态。而仰韶时期的郑州西山的"近圆形"平面,或许反而是早期城墙尚未成熟规范的体现。很明显,自仰韶期至龙山期再到夏商期,被发现的城墙的数量逐渐增多,规模也逐渐扩大。这应该可以看作一种正常的发展。但有一个特点是,城墙集中在龙山时期和商代,而夏文化(二里头文化)至今还没有发现城墙的正式报告。考虑到黄河流域,特别是中游的考古工作已经达到了相当的深度和广度,因而这不能不说是一个谜。可能的解释是,夏人(二里头文化)不擅长筑城,或者夏文化没有筑城的传统。(笔者最近通过河南当地的学者得知,在河南荥阳大师姑村已经发现了二里头文化的城墙,在二里头遗址也已经发现了宫城,如果这两个信息属实,则就是二里头文化城墙的零的突破,意义很大。)

另外一个特点是,自新石器时代至商代,这些城址的分布相对集中在黄河中游并且逐渐到达下游的山前平原地带及低海拔山地,黄土高原上整个史前时期仅有陕北的李家崖一处,而关中平原则全然没有发现,不用说这也是一个谜。这个谜目前可能还不能得到圆满的解释,结合其他区域,如黄河下游的城址分布现象以及历史时代早期夏、商、周这三个部族在黄河流域的消长,或许可以对这一现象作一些推测(见后文)。

(二) 黄河下游

黄河下游史前城址全部共 24 处。

所谓黄河下游的史前城址,其实主要集中在山东半岛的西部,以泰沂山地周围的山麓平原地带为主要分布地区。仅有藤花落一处在黄淮海平原已近沿海的江苏连云港,但非常靠近山东半岛,大体可以视作泰沂山麓地带的延伸地区。除西康留大汶口文化以及城子崖岳石文化各 1 处之外,其余的全部为龙山文化城址。属大汶口文化的西康留城址,遗址总面积 20 万平方米,城墙范围 3.5 万平方米,规模并不大。龙山文化的城址中,面积最大的为 39 万(一说 33 万)平方米的教场铺,10 万平方米以上的共 7 处(教场铺、景阳岗、丹土、城子崖龙山城、田旺、丁公、藤花落外城),其余的皆不足 10 万平方米,而且规模在 1 万~6 万平方米之间的,又以 2 万~4 万平方米上下的为最多,有 7 处,在 16 处有面积数据的龙山时期城址中占 44%,或许可以理解为是黄河下游龙山时期城址的代表性规模。藤花落龙山文化城址有内城和外城两重城墙,而且城外有环壕,这在该区域以及整个黄河流域的史前城址中是至今所知唯一一例。

有 5 处龙山文化城址没有面积数据。这其中有 2 处,报告者称"肯定是龙山城"(孟尝君、台子高),只是尚未发掘。另有 3 处,则据称发现了有城的相关线索。[①]

两城镇龙山遗址情况略特别,报告者称有城墙的可能性很

---

① 张学海:《试论山东地区的龙山文化城》,《文物》1996 年第 12 期。

大,但并未肯定。遗址规模很大,有 100 万～200 万平方米。如此规模的遗址,如果确有城墙的话,其城址应该也有相当大的规模,是一处应引起注意的遗址。岳石文化的城址仅 1 处,即城子崖岳石文化城,规模不小,有 17.55 万平方米。本区域史前城址的平面形状具有强烈的本地特色,除了较为常见的正方形或长方形以外,椭圆形以及圆角扁长方形等形状不少,这是在别的地方很少见到的。龙山时期的城址数量较多,更早期的(大汶口文化)以及后续文化时期(岳石文化)的城址很少,这一点是本区域与黄河中游区域的相同之处。但是很明显不同的是,与黄河中游商代城址数量多、规模大相比,本区域至今为止还没有发现商代城址。当然,通常的解释应该是商人的势力没有到达这一带,但在远离中原的长江中游发现有盘龙城那样的商文化城址(据点?"方国"?),陕北也有李家崖那样的商文化城址,因而在黄河下游如果也有类似发现的话,应该并不令人意外。

(三) 内蒙古中南部

内蒙古中南部史前城址全部 12 地点,共 14 处(威俊村由三个台地、三处城址组成)。

据报告,这些城址的年代大体相当于中原地区仰韶文化晚期(阿善三期)至龙山文化早期。

就地形而言,该区域是蒙古高原和黄土高原的接壤地区。城址所在环境的共同特点是位于海拔不高、相对高度也较低的山地,称为"山城"可能更恰当。

威俊村城址年代相对较早(相当于仰韶文化晚期的阿善三期文化)。该城址情况较独特,据报告,由三个台地组成,不好判断的是,原生的三个台地是当初即为三个小聚落(小城址),还是原来为同一个聚落(同一个城址),后来地形变化(如水土流失等)的原因令我们今天看起来是三处城址。如为后者，则今天残存面积就有3万平方米（按W1、W2、W3面积相加），当初的规模应该比较可观，但看来前者的可能性更大。因为据报告，这一带城址分布密集，每隔5千米左右便有一处，且往往成组分布，规模小，一般仅数千至一两万平方米，可能是军事防御性质的城址。①

城址面积最大的为老虎山，达13万平方米，面积最小的为莎木佳，4800平方米，但报告并未明确交代是城墙范围还是遗址范围，推测应是城墙范围。当然，"最小"的面积数据是3600平方米，但这是"东西排列的三个台地组成"的城址中的一部分，并非独立城址。总体看来，两个文化时期的城址规模都不大，数千至两三万平方米的居多，不足1万平方米的占相当比例。老虎山在此类城址中要算是大规模的了。这应该是此类"山城"本身的特点，事实上不可能出现平原地区那样的大规模城址。园子沟遗址并无石城墙，原报告者将此遗址和其他带有石墙的遗址作为相类似聚落构成的聚落群同时报告和讨论，是认为其险要的地势是"无须建围墙的原因"②。在笔者看来，这个视角是很有意义的。换句话说，就是有无城墙这件事并没有决定聚落性质的根本上的意义。

该区域的城址全是"山城"，所以平面形状不规则的较多。梯形、三角形、扇形（葫芦形）等都颇具本地山城特色。

报告者不止一次提到（推测）该类城址的军事防御性质，同样对内蒙古东南-辽西的类似城址也有类似的推测。这是一个颇有意味的问题，后文还将谈到。

---

① 田广金：《内蒙古长城地带石城聚落址及相关诸问题》，载张学海主编：《纪念城子崖遗址发掘60周年国际学术讨论会文集》，齐鲁书社1993年版。
② 田广金：《内蒙古长城地带石城聚落址及相关诸问题》，载张学海主编：《纪念城子崖遗址发掘60周年国际学术讨论会文集》。

(四) 内蒙东南部-辽宁西部

该地区根据资料来源可分为两部分来讨论。两部分共 78 处，全部为夏家店下层文化的城址。不排除两部分可能有重合的。本区域的城址集中分布在内蒙古东南部的阴河、英金河流域以及辽宁西部大凌河流域一带海拔不高的山上，有一部分山地势险峻。这一带已是蒙古高原向平原过渡的边缘地带。

第一部分为历年来被陆续报告的，共 10 处。这些是发表了相关情况以及有名称的城址，主要分布在辽宁西部的低海拔山地，仅有建平水泉 1 处位于平原，而且是夏家店下层文化城址中唯一建筑在平原上的。面积最大的为大甸子，有 6 万平方米，其次为平顶山的 4.95 万平方米，其他的都在 1 万～2 万平方米。总体看来规模都不大，然而小于 1 万平方米的也没有。和内蒙古中南部相比平均面积略大，但可能年代相距遥远不宜比较，则和本区域第二部分阴河流域同时代同类城址相比，也可以认为平均面积略大。规模最大的大甸子城墙外围有环壕，这在本区域该时期城址中是唯一一例，颇具特色，和第二部分的城墙间的壕沟应该也不是同类状况。不知道这和该城址规模相对较大是否有关。该城的平面形状也和其他城址不同，是颇为特别的椭圆形。

除了上述椭圆形之外，其他的平面形状有卵形、正方形、长方形以及不规则形，建平水泉城可能因为位于平原，故而是一个周正的正方形。

第二部分为 1998 年集中发表的、根据 20 世纪 90 年代的调查在阴河流域发现的 68 处夏家店下层文化的遗存（32 号遗址有 2 处）。这里面是否有和第一部分重合的，不好断定，起码遗址名有几处相重合（如西山根、城子山）。分布特点是集中在阴河及其支流两岸的台地或山岗上，断崖或陡坡边，地势险峻，经常是一面为断崖,两侧是阴河支流或冲沟形成的陡坡,背后为更高的山岭,且河流北岸的城址多选择在阳坡,南岸的则主要依地势,平均海拔高度为768米。①

报告者称,其中有城墙的为64处。由于遗址规模数据和城墙范围并无重复,估计指的是城墙范围,或者因为表达为遗址面积,或者因为并未明确表示为城墙,故而列入遗址规模内。另有16处无面积数据。

姑且将遗址规模资料也包含在内,有面积数据者共52处(包括32-2号遗址)。其中最大者85 640平方米(迟家营),其次为48 840平方米(砚台山)和40 530平方米(邹家营)。这以下是3万~4万平方米之间的,有4处(遗址9号、城子山、遗址50号、广府营子西南);超过2万平方米的也不多,仅3处(遗址16号、小敖包山、肖家沟);1万~2万平方米的亦只有8处;其余的就全部是不足1万平方米的了(34处),在有面积数据的52处中占65%,这其中还有不少仅数百平方米的。和同为夏家店下层文化的第一部分(辽宁西部)城址相比,除了面积最大的一处以外,总体而言这一带的山城规模都较小,甚至很小。有若干双重城墙甚至三重城墙的报告,城墙间间距不一,有的中间为壕沟(平房村东北)。三重城墙的城子山外城墙厚达6米,外侧并有马面。有关马面的报告另外还有若干处。报告者强调了这些城址的军事防御功能,这些多重城墙和马面,除了防御之外很难想象还会有其他功能,可见此处在构筑当初曾经有过非常强烈的军事防御上的需要。

不少城墙有马面构造似乎也是本地的一个特色,后代历史时

---

① 王惠德、薛志强、吉迪等:《阴河中下游石城的调查与研究》,《昭乌达蒙族师专学报》1998年第4期。

期城墙上的马面,其始祖不知是否就在这里。事实上,肯定还有尚未被发现的或者尚未被报告的城址。据徐光冀先生称,在辽宁西部及内蒙古东南部发现的同类石城墙遗址实际上超过了100处。[①] 相信相关资料全部发表之后,我们对该类城址的认识将进一步深化。

(五) 青海高原

根据《中国文物地图集·青海分册》的资料,青海高原有4处青铜时代卡约文化或唐汪文化的遗址是带有石城墙的,或许准确的说法应该是石围墙。这几处遗址基本没有引起注意,甚至没有被提到过。其原因除了确实资料本身太单薄以外,笔者以为也可能是因为在大量有关城墙(城址)的研究文章中,作者的意图主要都在"城"的背后,比如都市(城市)的出现、社会发展阶段、早期文明、国家起源等,而青海的这几座"城"很难令人将其与上述概念相联系,可能因而也就被忽视了。在笔者看来,"城墙"和上述都市、文明之类概念间并无必然联系,本质上城墙和壕沟是同类性质的,只是不同形式的防御工事而已,如果有所不同的话,不过是形式和技术的不同。因而,笔者以为如果以非常具体的史前城址(墙)为探讨对象的话,则青海的这几座有城墙的遗址应该也位列其中。

当然,这4处城址的资料确实非常简单,唯一齐全的面积数据不清楚是城墙范围还是遗址范围,有文化叠压的2处也不清楚和面积(范围)之间的关系。或许最有价值的信息就是在青海高原也有史前时代的城墙。理论上,在青海高原同类城墙应该还有,只是在《中国文物地图集·青海分册》中仅此4处,其他的报

---

① 据 http://www.kaogu.net.cn/(2002年11月24日)。

告或论文也没有相关的资料。

(六) 长江上游

长江上游史前城址集中在四川盆地,共7处。城址的文化年代分属新石器时代宝墩文化的(相当于中原龙山文化时代)6处和大体相当于商代的三星堆文化1处。

城址所在环境主要为平原,都靠近河流。城墙范围、面积数据等不很一致,有不同的报告。

新石器时代的城址中规模最大的为郫县古城的 32.5 万平方米,但该城址有 3 个面积数据,另两个分别为 32 万平方米和 27 万平方米。鱼凫村也有大体相同的 32 万和 30 余万平方米的 2 个数据。相对较小的为芒城,有内外两圈城墙,外圈 12 万平方米,内圈 7.8 万平方米。大体上这些城址的面积都超过了 10 万平方米,与其他区域同时代城址比相对比较大。

新石器时代城址一半(3 处)有内外双层城墙,内外城间距在 10 米～15 米之间。① 这个现象在内蒙古东南-辽西地区的夏家店下层文化山城也能见到,但不见于其他区域。空间和时间(年代)都相距甚远,很难说这两者之间会有什么传承关系。我们已经有理由认为内蒙古东南-辽西地区的城主要是出于军事防御目的建设的,那么本地区的双重城墙或许也是出于同样的目的。

城址的平面形状比较整齐,大体为长方形或正方形,应该是平原地区城址较通常的平面形状。但也有不规则形的,如芒城,据解释,其原因为"城址方向大体与河流平行,布局不甚规则,反

---

① 《成都平原发现一批史前城址》,《中国文物报》1996 年 8 月 18 日;《成都史前城址发掘又获重大成果》,《中国文物报》1997 年 1 月 19 日;李明斌:《试论宝墩文化》,"中国考古学跨世纪的回顾与前瞻"国际学术研讨会论文,1999 年 6 月,未刊稿。

映出一定原始性"①。

宝墩城址的夯筑城墙是在该遗址发展到较晚时期才修建的，是在该遗址原始聚落基础上发展起来的，亦即可以看到同聚落从最普通的（农业？）聚落，发展到城垣出现并颇具规模的一个"发展过程"。各地发现过一些前后不同文化（历史）时期在同一地点长久反复经营的现象，如山东城子崖城址，龙山文化时期、岳石文化时期以及周代都在同一地点筑城，但如宝墩这样可以看到城垣在某地"从无到有"出现过程的例子是不多的。年代相当于商代的三星堆城址规模不小，西城墙残存部分有 600 米长，假设以此为单边城墙的长度，并假设城为正方形，也应超过 36 万平方米，事实上可能更大。三星堆城墙还发现有一部分土砖，被认为是中国最早的砖砌城墙的例子。②

（七）长江中游

长江中游史前城址全部共 9 处。

文化年代分别为新石器时代的彭头山文化、大溪文化、屈家岭文化、石家河文化以及商文化（盘龙城）。分布环境全部为长江中游平原多水道地区。此地的城墙除了通常的军事性的防御功能之外，应该还有防灾，特别是防水灾的功能。新石器时代城址中规模最大的为石家河，数据虽然不一样，从 100 万平方米到 180 万平方米（环壕所圈范围），但这三个数据和其他城址比都是最大的，可以认为事实上该城址规模确实最大。该城从屈家岭文化时期开始使用，到石家河文化时期为繁盛期，上述规模应该可以理解为是繁盛期的，则可能的解释就是可以看到一个发展过

---

① 《成都平原发现一批史前城址》，《中国文物报》1996 年 8 月 18 日。
② 见中国考古学会编：《中国考古学年鉴 1993》，文物出版社 1995 年版。

程,即到新石器晚期的石家河文化时期,城址规模达到最大。当然,和其他城址比,面积的"跳跃"也非常明显。

新石器时代城址中规模最小的为八十垱,3 万平方米。如果按文化年代和面积排比,最早的八十垱 3 万平方米(彭头山文化),城头山 8 万平方米(大溪-屈家岭文化),走马岭 8 万平方米(屈家岭文化),阴湘城 12 万平方米(另有 17 万、20.3 万说,屈家岭文化),鸡鸣城 15 万平方米(屈家岭文化),门板湾 20 万平方米(屈家岭文化),马家垸 20 万平方米(另有 24 万说,"不晚于屈家岭文化"),石家河 100 万平方米(另有 120 万、180 万说,屈家岭-石家河文化)——仅就这个排比看,文化年代由早到晚,城址规模由小到大的"发展"的轨迹非常明显。石家河城墙的宽度(厚度)颇为引人瞩目,有不同数据,"如地表所见墙体宽约 30 米"[1],以及城墙"周长在 4 800 米左右,一般宽约在 80～100 米之间"[2]。即便是 30 米的宽度也是非常惊人的,如果这些数据没有错误的话,则建造时用工之庞大令人咋舌。至今还不能看到对此满意的解释,即那样厚的城墙为什么有必要? 当然,类似的例子在长江下游的良渚也能看到,良渚城墙"底宽约 50 米"[3]。

盘龙城是目前所知长江中游商文化城址的唯一的例子。其分布(位置所在)地远离中原(河南),但文化面貌与中原完全一致。这里被认为是商王朝的一个方国,执行着商王朝对这一地区统治的职能。[4] 如果这个推测不错,则同类城址在长江流域即便还会发现,数量也应该不会太多,因为远离中原的"方国"本身不

---

[1] 孟华平、李文森、胡文春:《湖北天门市邓家湾遗址 1992 年发掘简报》,《文物》1994 年第 4 期。
[2] 卢可可:《中国史前城址的区域与类型研究》,《中国历史地理论丛》1998 年第 3 期。
[3] 蒋卫东:《余杭良渚遗址群内的良渚文化古城》,《中国文物报》1999 年 1 月 13 日。
[4] 见北京大学历史系考古教研室商周组《商周考古》。

会很多。盘龙城城墙所围面积为 7.5 万平方米,被认为是一座宫城,城垣外有宽约 10 米的壕沟。整个聚落面积并不小,有 110 万平方米,位于深入湖中的小岛上,可能因此外城的构筑也就没有必要了。如果和中原地区同时期城址相比,不同之处是仅有宫城而无外城,而且平面形状不规则,而这种不规则却正是本区域的地方特色。自新石器时代至商代,本区域城址的平面形状呈各种状态,方形、圆形、椭圆形、不规则形皆有,可以认为这正是多水道地区的特色,受附近水道走向影响,不易形成一致的平面形状。不像黄河中游及长江上游(四川盆地)地面平整,故而比较一致,以方形为主。本区域有一个很明显的特点是,自新石器时代早期至商代,各年代各考古文化皆有城墙的发现。恐怕这不能仅以外部传入或交流来解释,应该可以理解成为本区域建城的传统源远流长。

　　本区域的史前城址全部有护城河(或称环壕)也是一个很明显的地方特色,有的还有专用的水门(如阴湘城)。有论者指出,这类护城河具有集供水、护城、航运为一体的功能。[①] 本区域本来是海拔比较低的水乡泽国,地下水位高,护城河或环壕的形成几乎可以说是取土筑墙的自然结果。比如八十垱的环壕与城墙间的关系的描述就很有代表性。据报告称,开凿环壕时不断将疏浚拓展壕沟的土堆筑在沟内侧,逐步形成了与壕沟并行的城墙(围墙)。[②] 很明显,这也应该是其他城墙和护城河形成关系的写照。八十垱的例子正说明笔者一直强调的城墙和壕沟的功能一致,以及城墙不过只是壕沟的延长,有时不过只是壕沟的副产品

---

① 单先进、曹传松、何介均:《澧县城头山屈家岭文化城址调查与试掘》,《文物》1993 年第 12 期。
② 裴安平:《澧县八十垱遗址出土大量珍贵文物》,《中国文物报》1998 年 2 月 8 日。

这一点的最好的证明。① 换一个角度看，城的出现，不过是一个非常自然的技术发展的结果，恐怕并没有不少论者所强调的，作为文明、国家、都市（城市）的标志那样了不得、几乎具有开天辟地性质的意义。

（八）长江下游

目前所知长江下游史前城址共有 2 处，即新石器时代晚期的良渚和青铜时代的佘城。

良渚城址位于杭嘉湖平原上的浙江余杭，规模庞大，"整个良渚遗址群范围达 33.8 平方千米"，仅城墙所围即有 10 平方千米（100 万平方米）。土垣顶宽约 30 米，底宽约 50 米，横亘达数千米，外有宽 20 米的壕沟，从其规模以及城内遗址的规格来看，"无疑是同时代最大最繁华的一座"。城垣外还有众多被认为与军事功能相关的高土台的堆筑。遗址群中心的莫角山遗址位于高地上，面积 30 万平方米，有大型建筑物的柱洞土坯，"是当时社会最高支配者的居住地"②。而且还有被认为是"王陵"的反山遗址 12 号墓和 20 号墓。报告者认为，良渚时期已经出现了在城郊设坛祭祀神祇的现象。用一句话概括，良渚城址规模极其庞大，作为"王都"这一点虽然无法证明，但如果能够接受良渚文化时期已经有"王"了的话，就无法排除此地即是王都所在了。

佘城城址位于长江边上的江苏江阴，为青铜时代的马桥文化或湖熟文化时期的城址，尚未确认。城址平面长方形，面积 30 万平方米。

---

① 王妙发、郁越祖：《关于"都市（城市）"概念的地理学定义考察》，载《历史地理》第 10 辑。本书亦收录此文。
② 赵晔：《余杭莫角山良渚文化遗址》，载《中国考古学年鉴 1994》。

三、若干讨论

上面是已经公开发表的中国史前城址，分 8 个区域，共 153 处（或 155 处）。其中有若干处并无城墙，有的是因其重要性（如二里头、殷墟），有的是因其与同类遗址（城址）没有任何其他区别，不过无墙或不必有墙（如内蒙古园子沟）的遗址中有些是尚待确认的，故一并列为考察对象。从这些城址材料中可以得到下面这样一些认识或者看到一些问题。

1. 在黄河流域，可以看到这样一些特点：仰韶文化时期以及大体同时期的大汶口时期城很少，各有一处。这或许比较好解释，即年代较早，城还处于发展初期或刚刚在出现阶段，因而数量少。但是西山和西康留城址的筑城技术已经比较成熟，也就是说，今后有可能发现比这年代更早的城址，数量也可能不会太少。

龙山文化时期城多起来了，但集中在今天的河南和山西南部以及山东泰沂山地周围这两大片区域。到二里头文化时期基本无城，最近可能有了发现，但也只是所谓零的突破，数量很少。

同样，黄河下游大体同时期的岳石文化城址也只发现一处。到商代城又多起来，但分布主要集中在河南和山西南部，这以外陕北有一处（李家崖），湖北有一处（盘龙城），关中没有，山东也没有。

商人（商代）的城规模庞大，可以认为已经是城的成熟期了，则此前应该有过一个发展阶段，反过来说就是传承过程。那么，商人的建城传统以及成熟的技术缘何而来？如果说缘自其所灭的夏人（夏代），恐怕难以成立，因为如果二里头文化为夏文化不错的话，则我们看到二里头文化基本没有城，因而商人的建城传统的源头，看来只能到更早的龙山文化或者更远的其他地域去找了。河南龙山文化和商文化之间的"传承",在年代上和地层学上都无法得到支持。"商人起源东方"的文献记载(传说)其实很早就引起了学者的注意。接下来的问题就是商人来自东方何处,以及是东方已知的考古文化的哪一支,抑或是不是我们还没有认识到的某一种新的其他的文化。如果仅就本文所关心的建城的传统来看,东方有山东龙山文化,东北方有夏家店下层文化,都是有城的,但商文化和这两种文化之间在年代上和地域上的空白目前还看不出有什么办法可以弥补。

  黄河流域的这些遗址所在的自然地理环境主要是平原和低海拔的山地。在黄河流域,类似自然条件的地域其实非常广大,则就有必要问:为什么集中在上述几个(两个?)区域?华北平原北部是因为黄河在进入历史时期以前长期漫流,所以不仅没有城,史前聚落在这一带发现的可能性本来也是比较小的,这个原因很清楚。但怎么解释其他地方呢?

  特别引人瞩目的是关中平原以及向北向西,自仰韶时期至夏商时期,迄今为止仅在陕北发现了李家崖一处属商文化的城址,此处远离商文化中心区域,该处城址是否也可以理解为如盘龙城那样的商王朝的统治据点或者方国所在?换一个角度看,恐怕只能这样理解,即在关中地区以及黄土高原以至于全黄河上游,整个新石器时代至夏商时代,本地的文化(本地的居民)都没有形成建城的传统,而且外来的影响似乎也不强烈。一直到周人以关中为根据地走上历史舞台,仍然是没有城的,例如沣西的发掘就没有发现城。

  这种不同文化有不同传统,或者称作各地区、各文化间发展的不平衡,可以解释二里头文化无城或少城的现象。而这种不平衡表现在城的有无上,在仰韶时代的晚期已经初现端倪,即目前所知年代较早的仰韶文化晚期一处(郑州西山)以及大体同时期的大汶口文化一处(滕州西康留)所在的黄河中游和黄河下游,正是此后龙山时期城址以及商代城址发现较多的地区。

2. 内蒙古中南部发现的城址和内蒙古东南部-辽宁西部发现的城址,在文化年代上以及空间上都相距很远,然而城址所在具体环境、城址构造和规模方面却有不少相类似的地方,应该如何理解?

先看内蒙古中南部。据报告,此类城址在该区域的分布相当密集,每隔5千米左右便有一处,且往往成组分布,并被认为都是军事防御性质的城址。[①] 这一带为蒙古高原和黄土高原的交接地带,离长城不远,大体是农业和畜牧业的交错地带。如果确实是军事防御性质的城址的话,就有一个防御对象的问题。仅仅是所有聚落都会有的通常的防御,还是具有本地特别意义的防御?考虑到历史时期该区域是农业文明和游牧文明长期交流、战争、彼此消长的舞台,以致军事防御性质的长城存在两千年之久,则现在我们在该区域看到"军事防御性质"的城址,是否可以理解为这个农业文明(部族?)和游牧文明(部族?)交流和冲突的现象在很早的史前时期就已经开始了?

再看内蒙古东南-辽西。该区域的史前城址前面谈到过,虽然和内蒙古中南部的城址在文化年代上以及空间上都相距很远,然而分布环境、城址构造和规模方面却有不少相类似的地方,特别是防御性质都被强调[②],因而同样有一个防御对象的问题。夏家店下层文化是以农耕为主的文化,这一带虽然没有后代可以引以为证的长城,但作为蒙古高原的边缘地带,认为这里也是农业

---

① 田广金:《内蒙古长城地带石城聚落址及相关诸问题》,载《纪念城子崖遗址发掘60周年国际学术讨论会文集》。
② 王惠德、薛志强、吉迪等:《阴河中下游石城的调查与研究》,《昭乌达蒙族师专学报》1998年第4期。

文明(部族?)和游牧文明(部族?)交流和交互消长的地区应该可以成立。那么,我们是否可以认为,上面提到的这两种文明(两类部族)的交流和冲突的现象也同样以这一带为舞台,在史前时期(夏家店文化时期)就已经在上演了,甚至开始得和内蒙中南部一样早? 只是我们还没有办法证明。

3. 在城垣的构造上,各地有一些独特和尚难解释的地方。

黄河下游(山东)的史前城址的平面形状具有强烈的本地特色,椭圆形以及圆角扁长方形等形状是在别的地方没有见到的。

四川盆地的一部分城址有内外双层城墙,内外城墙间距比较一致,在 10 米～30 米之间,而且集中在不大的地理空间范围内。如果在江汉平原或洞庭湖流域的话,则不排除建城有可能是为防洪水,但在四川盆地,这样的内外城墙的主要功能似乎只能推测为军事防御,说明当时防御的需要超乎寻常,不过这一点还有待证明。类似的情况在内蒙古东南-辽西的"山城"也能看到,虽然年代、文化面貌、空间距离、城址规模都相差很远,但二重(甚至三重)城墙这一点相同,而这里是被明确强调了军事防御的需要的。

长江中游石家河城址的城墙宽达 80 米～100 米,也是独特和令人惊讶的。很难推测究竟是什么原因使这样厚的城墙成为必要,防洪或者军事防御的需要都很难说是令人满意的解释。

4. 就目前所知的材料,长江流域的史前城址和黄河流域的相比,有以下特点。

年代上比较早。比方说,黄河流域已经发现的年代最早的城址是属于仰韶文化晚期的郑州西山和属于大汶口文化的滕州西康留,而长江流域年代最早的为属于新石器时代早期彭头山文化的八十垱,另外城头山城址的始建也早至大溪文化早期。

长江流域的早期城址数量相对较多。除了最早的八十垱和城头山之外,与黄河流域仰韶文化和大汶口文化大体年代相近的屈家岭文化的城址有6处（走马岭、马家垸、阴湘城、石家河、鸡鸣城、门板湾），而黄河流域仅有2处。

长江流域史前城址的规模也普遍较大。黄河流域中游与下游共41处城址，其中超过10万平方米的有16处，比例为39%。而长江流域上、中、下游共18处城址，除了芒城、八十垱和城头山这3处以及比较特别的盘龙城以外，全部超过10万平方米（其中走马岭有8万和11万平方米两个数据），比例为78%，更有良渚这样城垣所围规模达100万平方米的巨大城址。

（原刊发于《新世纪的考古：文化、区位、生态的多元互动》，紫禁城出版社2006年版）

海野一隆遗作《地图文化史上的〈广舆图〉》(书评)

一

地图史研究大家海野一隆(1921—2006)的遗作《地图文化史上的〈广舆图〉》，在作者谢世四年后的2010年3月，作为日本"东洋文库论丛"第七十三册出版了。

从英文书名看，似乎应该译为《中国地图文化史上的〈广舆图〉》。

此书本来是海野先生准备作为博士论文提交的。应该是在2006年年初，作者已经写完了一部分自序。序文从1961年其恩师室贺信夫(1907—1982)取得文学博士学位时，建议海野也应该准备博士论文开始写起，简单回顾了确定题目以及此后数十年的研究过程。此后他写道："本书作者海野今年(2006)虚岁86，数年前开始整理旧稿并增补了一部分新内容，希望余生中能完成此稿。现在大体可以颇为欣慰地说，这《广舆图》的研究工作算是完成了，或许还可以说是颇为完整(首尾一贯)的，应该可以付印了。"然而天事莫测，当年5月4日，海野先生走完了他的人生。在他倒在书斋前不能动时，身边没有任何人，是第二天地方政府定期孤老访问时发现的。

虽然作者自撰序文称"工作完成"，但是到"可以付印"，其实还有不少细节上的整理需要时间和精力,而这恰恰是 86 岁的老人所难以自如的地方。其实他也很清醒地意识到了,真正满意地"全部完稿"总有如山顶上的兀峰,更进一步和到达最高峰所需的精力可能是成倍的。或许是自知不逮,应该是在写上述序文差相前后,2006 年 2 月,他把文稿和相关资料全部托付给了自己的学生要木(藤田)佳美女士,包括自己没有完成的《广舆图》作者罗洪先的传记和《广舆图》研究史,也希望要木女士帮助完成。

这以后就是依靠要木佳美女士的辛勤工作,和东洋文库斯波义信理事长的推动,我们才能够看到眼前的这本 B5 版整 400 页、图版 112 幅的劳作。

二

全书分五章,另有序章,共六章。序章分两节。先考察中国方格地图的传统,认为西晋裴秀的制图六体理论和所制作的《禹贡地域图》,说明至少在公元 3 世纪中国已经出现了方格地图。此传统发展到明罗洪先的《广舆图》,则是在上千年的传承上加以发扬光大,保存了元代以来失传的地图,新创了抽象图例,更加以地图册(集)的形式,完成后即广受欢迎,下迄清代,更远及欧洲,曾经保持过长远的影响。

题为"《广舆图》之完成和诸版本"的一章集中讨论了《广舆图》的版本问题,认为罗振玉旧藏本(应为今辽宁博物馆藏本)应该是初版。海野考证了初版着手编绘的时间,推测是在嘉靖二十年(1541)前后,完成则应该在嘉靖三十二年(1553)左右,然后着力探讨了明清两代各版本间的异同。此章所论及的除了通常所知的各种版本之外,提到的日本内阁文库本似乎通常不大被注意。青山定雄曾推定此为初版原本,但海野根据"南直隶舆图"标题下有同笔迹的"今江南省"注记,认为应该是清顺治二年(1645)至康熙六年(1667)间的初稿摹写本,编绘过程中参考了嘉靖四十年版本。

题为"《广舆图》与朱思本《舆地图》之关系"的一章主要探讨两者间的传承关系,同时也很关注已经失传了的朱思本《舆地图》的原貌。此章分三节。第一节"方格之信赖"围绕朱思本方格表示问题以及罗洪先对其的全面"踏袭"(沿袭),指出虽然朱图(罗图沿袭)自称"每方百里",此为中国传统,但实际上并不严格,就罗洪先《广舆图》(沿袭朱图)看朱图,多半应该是"八分百里"。第二节"朱思本图之内容"着力于从《广舆图》探寻朱思本图原貌,对中国本土图、朝鲜图、安南图、朔漠图、东南-西南两海夷图、西域图都作了比较,探讨了其异同。海野特别比较了《广舆图》舆地总图与朱思本图的关系,指出舆地总图虽然沿袭了朱图的轮廓,但取舍颇多,特别是所含周边范围要较朱图广大许多。第三节集中探讨"黄河水源地方和朱思本图",有关黄河源的表示,他指出以都实探险成果为本的朱图很可能是最早的比较准确地表示了黄河源的地图。此节还特别讨论了颇受瞩目的朱图是否曾受到伊斯兰系地图影响的问题,结论是确实元代可以看到不少伊斯兰系地图的影响,然而就朱图而言,恰是非常保守的典型中国传统方格图,伊斯兰图系的影响几乎可以说完全没有,其原因很可能和朱思本的道士身份"倾向于排外"有关。

此章的"第一图"["据《广舆图》复原的朱思本图(轮廓)"]颇有特色,笔者确认了该图是海野先生自己根据《舆地图》复原绘制的。虽为"轮廓",但形象地再现了本已失传了的朱图的大致面貌,恐怕不仅是蛛丝马迹,起码可谓窥豹一斑,或者还可以说是看到了相当程度的朱图的庐山真面目,应当有非常高的可信度。

题为"作为地图册(集)的《广舆图》"一章探讨了《广舆图》作

为地图册的诸种功能,也分三节。第一节为"地图和文字说明",《广舆图》附有大量的说明文字,作者考证了此类说明文字的来源。罗洪先自作《跋九边图》,其中提到参考了14种图书,此节则着重考察了《广舆图》所用资料和《大明一统(图)志》的关系,结论是罗图源自《大明一统(图)志》的资料并不多,得自《皇明舆图》的却颇多,接近于断定"说《跋九边图》中提到的《大明一统(图)志》实为《皇明舆图》之误恐怕没有大错"。第二节"主题图之采用"探讨各"主题图",指出"二直十三省图"大体为嘉靖二十四年(1545)至嘉靖三十二年(1553)间的地名,但并不严格。"黄河图"共三幅,河口至三门峡两幅每方百里,三门峡以上一幅每方二百里,之所以不同,一是上游弯曲多、大,每方百里不易表示,另一是因"河患"意识,下游有必要表达得更详细。至于"海运图、漕运图"范围本来包含在各省图中,单独画出是要强调财政来源的重要性。第三节为"对边境、外夷的关注",指出边境图,特别是九边图之详尽和此前的朱思本图大相径庭,当然是因为有北方之患,"设险安不忘危,夷夏大防严在疆围"。此处更着力于考证编绘边境和外夷图时罗洪先所据资料,认为除了此前提到的罗洪先自述14种图书外,更采用了多种与此相关的文献。海野是日本人,当然注意到有关日本的地图以及文字记载,指出日本地图"(较此前)退化",但记载内容却更丰富了,比方说记有日本纪州的徐福祠。此章考订精详,广征博引,章后有注释103条。

"(中国)国内的反响"一章也分三节,分别探讨了模仿《广舆图》的各种地图册、文献所载《广舆图》系统的地图以及向单张地图的"回归"。此章是作者着力最大之章,辨析引用不厌其详,共有注释153条。

"模仿《广舆图》的各类地图集"一节述《广舆图》甫出即广受欢迎,嘉靖四十五年(1566)版霍冀序文谈到其特点有四,即"第一计里画方,第二类从辩谱,第三举凡系表,第四采文定义",指其山、水、界、路、府、州、县等共有 24 种记号,颇具特色,可谓精密。海野对下列诸种地图作了细考辨比。

(1) 万历二十三年(1595)汪缝预的《广舆考》:对内容稍加补订而已。

(2) 崇祯九年(1636)陈祖绶的《皇明职方地图》:不只是沿袭,不仅补入不少新图,文字说明更反映了新的变化,且增补了不少关联文献。

(3) 顾祖禹《读史方舆纪要》的附图《舆图要览》以及此后的《方舆全图总说》:基本沿袭罗洪先《广舆图》,且事实上退化了。

"文献所载《广舆图》系统地图"一节广为收罗,详尽举例,一一条陈辨析,明清两代共举例达 31 种,大部分都附有图版,文后更有附表。

第三节为"单张地图之回归"。地图集的好处是无疑的,但单张(大)地图也有它的不少优点,大体在万历年间,以《广舆图》为本的将各图拼接而成的大型单张图开始流行。较早的为《白均可图》,此后一一举例,特别是对"黄宗羲系统"18 种图作了详细比较,其中 13 种以图版插页附在书中,可以细致观摩。

题为"欧洲之反响"一章没有分节,为四个段落。第一段讲西洋最初的中国地图及其资料,第二段讲《广舆图》传至欧洲,第三段讲英国人和中国地图,第四段讲耶稣会传教士的中国地图编撰。14 幅图版皆为欧洲人所编绘的中国地图,直接、间接与《广舆图》相关。此章还有九个附表,从地名异同对比,到记载不同的或相近的户口比较,再到中国地图学西渐年表(大事记,自 1550 年到 1687 年)等,无深厚功力是无由沉究如此的。

第五章末有全书的"要约和结语",特别提到《广舆图》的砂模表示法对西方的影响,最后以"后世此(砂模表示)习惯在西方落地生根,为西方各国地图学界所采用。其源头,无疑就在《广舆图》了"一语为断。

三

海野先生对《广舆图》的研究始于1964年,《关于朱思本的舆地图》(朱思本の輿地図について)是第一篇相关论文。① 而他对中国地图学史开始感兴趣,则还是在京都大学求学时代。据海野自称,当时听小牧实繁(1898—1990)的"地理学史"课,是欧洲中心主义的,但也有几次特意强调"有必要回过来注重中国的地图学史"。海野自称当时颇受冲击,因为此前一直以为"地理学"只有西洋才有。② 这也从侧面反映了日本的脱亚入欧曾经达到过何种程度。

海野先生的研究成果,据《海野先生的研究业绩及其对地图学史的意义》(海野先生の研究業績とその地図学史的意義)③一文附录,自第205页至233页,洋洋洒洒有600篇(册)上下。其中大部头的有《日本的古地图》(日本の古地図)(创元社1969年版、1973年英文版)、《日本古地图大成》(日本古地図大成)(讲谈社1972年版)、《日本古地图大成 世界篇》(日本古地図大成 世界編)(讲谈社1975年版)(以上皆与人合编)等。

本文开始提到过,大体从1961年开始,海野先生有了以《广舆图》研究为博士论文的设想。虽然相关的研究一直在进行,断断续续的有相关论文付印,然而却一直到退休也没有提交博士论

---

① [日]海野一隆:《关于朱思本的舆地图》,《史林》1964年第3期。
② [日]海野一隆:《东西地图文化交涉史研究》,日本清文堂2003年版,第101页。
③ [日]久武哲也、鸣海邦匡、堤研二等:《海野先生的研究业绩及其对地图学史的意义》,《大阪大学大学院文学研究科纪要》2007年第47期。

文。现在我们或许有理由说,对自己的研究成果的问世,海野是有他自己的(大体的)规划的。如退休以后整理出版的大部头著作有:《东西地图文化交涉史研究》(清文堂 2003 年版,747 页)、《东洋地理学史研究　大陆篇》(清文堂 2004 年版,373 页)、《东洋地理学史研究　日本篇》(清文堂 2005 年版,663 页)等。

另外,其专著亦顾及了普及度,有《地图的文化史——世界与日本》(地図の文化史—世界と日本)(八坂书房 1996 年版,214 页。此书有香港中华书局繁体字版和新星出版社简体字版两种中文译本,王妙发译)、《地图的皱纹》(ちずのしわ)(雄松堂 1985 年版,338 页)等。

在 2004 年出版的论文集《东洋地理学史研究　大陆篇》中,有关《广舆图》研究的论文一篇也没有收进去。现在知道作者是有意的,是为将这些论文整理成博士论文准备的。

也就是说,单篇的持续不断在写,大部头的渐次进行,博士论文排在最后(也最重要)。

然而这个"计划"没有全遂作者本意,生前没有来得及提交学位论文,当然也没有看到著作的出版。而现在,因为要木(藤田)佳美女士的辛勤工作,我们终于看到了此书的全貌。

以《广舆图》为源流的各种各类地图,是中国最早的世界地图册,在中国流传(影响)长达三个半世纪,一直到 19 世纪末,中国民众和地方官僚还在用,可知其影响之深远,其"长寿"令人赞叹。

海野先生对《广舆图》所作的研究是全方位的,就《广舆图》的研究而言,称其为划时代的著作恐怕并非过言,当有长久的价值留给后世。看全书,用溯源探流、绵密考订、旁征博引、不厌其详、唯求精细、不计时日、厚积薄发等都可以形容,看他数十年的写作过程,或可称呕心沥血。所谓将士死疆场,学者终书房,说起来这原是学者的本分,我们看到的他,就是这样一直平淡地谨慎地守在他的岗位上，而且确实是倒在书房几米前的。

虽然作者生前没有看到成书令人遗憾，但颇感欣慰的是，他的学生要木（藤田）佳美女士完成了海野先生的遗愿，为此书的编辑和出版作出了极大的贡献。

或谓白璧微瑕，笔者披阅此书时也遇到一些不解之处。

考证《广舆图》版本时，海野共提到8个版本，即推测完成在嘉靖三十二年（1553）版、嘉靖三十七年（1558）版、嘉靖四十年（1561）增补本、嘉靖四十五年（1566）刊本、隆庆六年（1572）版、万历七年（1579）版、嘉庆四年（1799）版和日本内阁文库本［推测为清顺治二年（1645）至康熙六年（1667）间初稿摹写本］。

要木（藤田）佳美女士所编写的本书附录二之三"《广舆图》版本一览表"则共有9个版本，与上述海野第一章版本略有出入，除了初版年代可能考据角度不同外，没有日本内阁文库藏本，多嘉靖四十三年（1564）版和嘉庆三年（1798）版。

另外，曹婉如等编《中国古代地图集：明代》（文物出版社1995年版）中有任金城《〈广舆图〉在中国地图学史上的贡献及其影响》一文（见第73—78页），附表所载任金城考证的8个版本与海野的8个版本各有一处不同。任金城附表多嘉靖四十三年（1564）吴季源刻本，海野书中缺，但海野书中有日本内阁文库本，任金城附表缺。

海野书中没有提到上述任金城考证，是要木（藤田）佳美女士所编写的本书附录"《广舆图》研究文献目录"中提到的。海野不会没有看到过曹婉如等主编的《中国古代地图集：明代》，而且根据笔者的记忆，是同海野的谈话中涉及过此书，但本书第一章中没有提到。为什么？可能的解释或许是多年前的旧作还没有来得及修改。

本文开始谈到，海野86岁仍有申请博士学位的计划。1961

年,其恩师室贺信夫(1907—1982)取得文学博士学位时是54岁,建议海野(当年40岁)也应该准备博士论文。这里或许有必要简单解释一下日本的"文学博士""制度"——这里加了两处引号,是因为日本的"文学博士"中文应理解为"文科博士"或"文学院博士",举凡中文的文学、史学、哲学、美学全部归于其下;而"制度"加引号,是因为并没有成文字的"制度",而只是一个"顽强的惯习"。通常上述各专业的博士生修完课程就离校了,至于"何时"回来提交论文申请学位,就全看你此后的研究成果以及是否被认同了。因而中国学界经常会颇为不解地看到日本已经颇有成就了的教授、副教授还在申请(文学博士)学位。这个"制度"若干年前开始松动,原因可能是留学生多起来了。拿不到学位"空手回国",好像都有难以面对父老社稷的困惑。于是"有条件"授予学位的个案逐渐多起来了,即校方和留学生之间的"君子协定":拿到学位回国。换句话说,就是"请不要"留在日本寻找大学或研究机关的职位,只是这事情涉嫌侵犯人权,当然无法成文,但完全不是默契,而几乎是"明契"。可能日本学界也不得不"与时俱进",目前各大学逐渐开始接受"课程博士"学位申请,即博士课程修完后五年内提交论文,过了五年再申请就按"论文博士"的要求,即回到原来的"制度",对论文的审查要比"课程博士"严格很多。与此相应,现在会在不同的场合,比如申请经费填写表格时,出现"课程博士"或"论文博士"的选项了。

海野先生是非常老派的学者,老规矩老准则,在他看来,博士学位是对人生和学术的肯定,博士学位是战战兢兢地获取的。

(原刊发于《历史地理》第25辑,上海人民出版社2011年版)

论考古地理学

一、考古地理学之理论

考古地理学这个学科名称在历史地理学界和考古学界虽然已经不是太陌生了,但是说人们已经对其了解或熟悉可能还有距离。它作为历史地理学的一门分支学科是否已经可以成立?在中国的研究实践如何?这些正是本文准备探讨的。

1. 学科定义

有关考古地理学的学科定义,简单而言,即是以遗迹、遗物等实物史料为研究对象,探讨人类史上(史前及历史年代)的地理学现象的学科。

具体而言,考古地理学所关注的,应该与历史地理学所关注的相通,略不同的只是涉及的年代范围更广,特别是关注没有文献史料的"史前"时期,即自人类产生并与地理(自然环境)发生关联以来,直至"历史时期(文献时期)"的地理现象,也就是说,通常历史地理学所关注的问题,考古地理学也予以同样的关注,只是研究手段(资料对象)有所不同。考古地理学和考古学之间的关系则是有相通也有不同,相通之处为两者都以通过考古调查和发掘所获得的"实物史料"为研究对象,不同之处是考古地理学更关注"实物史料"所存在的"地理背景",即空间和环境要素。以遗物或遗迹等实物史料为研究对象,考察和了解人类适应地理(环境)的规律,了解这种适应方法因所处环境不同而产生的景观上、时间(年代)性和空间性(区域性)的不同特点等,是为考古地理学(的定义或特点)。当然,这种表述是否全面还可以继续探讨。

按日本考古地理学家小野忠熙的论述,与定义相关,该学科的特点可以更具体详细地表述如下,与考古学和地理学相通而又有所不同。

(1)考古地理学以实物史料(考古资料)为对象来考察人类史前及历史时代的地理现象。

(2)研究的时代范围应该是自人类出现、与环境发生关联以来,一直到整个历史时期。

(3)研究方法当然以地理学的研究方法为主,同时辅以考古学的研究方法。研究角度和出发点是地理学的,从地缘(环境)、空间(地域)以及空间流动性(地域变迁)等角度来进行研究,而同时考古学的以及第四纪学的研究方法也可以运用。有必要强调的是,考古学的研究方法有些本来就在某种程度上与地理学相通,特别是考古学也很关心空间特性(地域特征),比如遗址的分布及遗址间的相互关系。对于同样的课题,在有意识地加以考古地理学角度的考察时,则有可能把握得更加可靠和更为全面。

(4)和考古学一样,考古地理学的研究结论具有较强的"流动性",即每一个阶段的研究成果都有可能仅仅只是"阶段性的",都可能会因为新的发现而面临修正。

(5)在某种情况下,考古地理学有可能较考古学对实物史料具有更强的倚赖度。这么说的理由是,考古学将遗迹和遗物等实物史料作为"史实的载体"来处理,目的是通过遗迹和遗物得到"历史性的"真相。而考古地理学则将遗迹和遗物作为与地理空间以及与环境相关的"直接载体"(对象)来看待、作为"地理学证据"来处理,目的是探究人类史上"地理和环境性质"的真相。①

关于上述第五点,小野更强调考古学为达到目的还有其他手段,比如文献资料,而文献资料于考古地理学而言仅仅停留在参考阶段,只是作为研究过程中的辅助手段而很少被作为主要证据,强调就考古地理学而言,是舍实物史料即无其他手段了。笔者以为,小野此论点当然有一定道理,但可能被强调得较为极端,实际上应该会因为背景、课题的不同而表现为不同的情况。比如进入历史年代之后的相关研究,只要文献本身是可靠的话,那么就不能轻视,有时甚至是举足轻重的,尤其在像中国这样文献资源极其丰富的国家。如河南偃师尸乡沟商城遗址对于探索商代都城具有重要意义,无疑是考古地理学的重要研究对象。而该遗址的名称(地名)"尸乡沟"本身就包含着史料,并有某种程度的证据意义。《汉志》中有"尸乡,殷汤所都"的记载,附近的杏园村南有伊尹墓、田横墓,高庄村地面隆起,被称为"亳地",另有汤王冢、汤王庙等,都是非常有意义的历史人文地理信息。这些地名(史迹)和文献记载的真伪与尸乡沟商城终归于商代何都的"命运"相联系。这些文献记载虽然不能作为直接证据,但作为间接证据的意义无疑是不能轻视的。另外如历史上水系的研究,很可能文献资料和考古资料的作用在研究中可以平分秋色。可能小野观察和思考的范围基本没有离开他所在的日本,对文献可倚赖度看得过轻了些,这可能与日本历史文献可倚赖度较低有关。

2. 学科性质

先说结论,笔者以为考古地理学应该属于历史地理学的一个分支学科。

至于历史地理学本身的学科性质,曾经有过争论,现在大体

---

① [日]小野忠熙:《考古地理学的意义》,《考古学杂志》1966年第3期。

应该已经有共识了,即属于地理学、以历史性的资料研究历史上的地理学性质的问题的学科。

与上述定义相通甚至相似,考古地理学的学科性质,则是属于历史地理学、以考古性的资料研究考古年代或历史年代上的地理学性质的问题的学科。

中国历史地理学的学科开拓者之一先师谭季龙(其骧)先生曾经好多次谈到过,中国历史地理学作为一门完整意义上的学科,恐怕"还没有成立"。原因其实比较好理解,中国历史地理学是以传统的舆地之学为基础,结合现代地理学理论而逐渐形成的,但尚未发展之际即遇腰斩,这和20世纪50年代以后整个地理学本身无法健康发展相关。比如"人文地理学"这个概念无法在中国学术界存在即达几十年,当然"历史人文地理学"同样连概念本身也无法出现。事实上,20世纪80年代之后,谭先生就许多次呼吁开展历史人文地理学的研究,认为是历史地理学分支学科中最具发展潜力的学科之一,相信历史人文地理学的发展将促进历史地理学作为一门完整意义上的学科的建立。

自谭先生强调上述原因(理由)至今已经二十余年过去了。在笔者看来,今天的中国历史地理学作为一门学科,应该有理由说已经成立甚至可以认为已经颇为完整。历史自然地理学和历史人文地理学这两大领域的各个分支学科都已经获得了长足的进展,有些领域并有相当丰厚的研究成果,甚至已经有了一门逐渐成熟起来的本文正在讨论的分支学科——考古地理学。

特别需要强调的是,考古地理学当属历史地理学的一个分支学科,而不应该属于考古学,这点应该比较明确,没有问题。然而,比较理想的是研究者接受过考古学的专门训练,能比较熟练和准确地应用和处理考古资料。当然这并不是说没有接受过考古学专门训练的人无法工作,笔者在不同场合提议过,希望有相关学科的大学扩展课程范围,比如地理系开设考古学概论,而考古系则开设地理学概论的选修课,这对扩展学生的学术视野有非常大的正面意义。

前面提到过,中国历史地理学是20世纪前叶以传统的舆地之学为基础,结合现代地理学理论而逐渐形成的。将近一个世纪以来,中国历史地理学的成就令人瞩目,但前面已经提及,直到20世纪80年代,谭先生仍对中国历史地理学是否已经是一门完整的学科持谨慎的态度。但是就学科的属性而言,谭先生却也明确指出,虽然是由附属于传统史学的舆地之学发展而来,但其学科属性却无疑不应属历史学,而应归属于地理学。同样,考古地理学虽然大量使用考古学资料、考古学研究方法和研究成果,但其着眼的却是探讨(解决)地理学性质的课题,因而说学科属性不应属考古学,而应归属于地理学。

3. 学科史考察

"考古地理学"这个学科名称是引进的。据笔者所知,这一学科名称首先是日本学者从20世纪50年代开始使用起来的。其次使用较多的大概就是中国学者了。在国际地理学界,"archaeological geography"(考古地理学)这一学科名词被使用的频率并不高。笔者在着手写作现在这篇论文时,就曾在因特网上分别输入英文"archaeological geography"和汉字"考古地理学"进行检索,但收获不大。

英文有迪利普·查克拉巴尔蒂(D. Chakrabarti)所著《恒河平原的考古地理学:恒河中下游》(*Archaeological Geography of the Ganga Plain: The Lower and the Middle Ganga*)。[1] 另

---

[1] D. Chakrabarti, *Archaeological Geography of the Ganga Plain: The Lower and the Middle Ganga*, Sangam Books, 2001.

有一本乌尔夫·厄尔林森（Ulf Erlingsson）所著《一个地理学家眼中的亚特兰蒂斯》（*Atlantis from a Geographer's Perspective*）①，书名中并无考古地理学字样，但查到已有日文译本，书名为《亚特兰蒂斯没有沉没——用考古地理学解读传说》（アトランティスは沈まなかった—伝説を読み解く考古地理学）②，有"考古地理学"字样。英文相关的书名资料，笔者仅发现上述两册。

至于以汉字输入"考古地理学"，检索到的内容较英文为多，而日本比中国多，也出现得早。

日本方面最早的文献是 1963 年的《考古地理学·日本历史地理学研究会纪要 5》（古今书院出版），可能是冠以"考古地理学"名称的第一种文献。这以后考古地理学研究的单篇论文就逐渐多起来，并被日本学界普遍接受。但考古地理学的研究著作却不是很多，有必要提到的是这样几本：小野忠熙著有《日本考古地理学》（新科学社 1980 年版）以及《日本考古地理学研究》（大明堂 1986 年版）。藤冈谦二郎主编有五册一套《讲座考古地理学》，由学生社自 1982 年开始陆续出版，至 1989 年出全，计如下五册：《总论和研究方法》，1982 年出版；《上古都市》，1983 年出版；《历史都市》，1985 年出版；《村落和开发》，1985 年出版；《生产和流通》，1989 年出版。

这以后的相关出版物不多。不得不说，考古地理学在日本奠定基础之后，这二十多年以来，并没有特别令人瞩目的更新的发展。在中国，以考古地理学为书名的著作有高蒙河著《长江下游考古地理》（复旦大学出版社 2005 年版）。如果就自觉的考古地

---

① Ulf Erlingsson, *Atlantis from a Geographer's Perspective*, Lindorm Publishing, 2004.
② 山本史郎译，原书房 2005 年出版。

理学角度的研究著作而言,此前出版的笔者的《黄河流域聚落论稿》(知识出版社 1999 年版)应该也可以纳入。至于这方面的论文,自觉的和客观上可归属于考古地理学研究的应该还有很多,后面还要谈到。

有关该学科的理论探索,有必要进行简单的回顾。在"考古地理学"这一说法出现之前,早在 1941 年就曾出现过一个"考古地理志"(此处"志"为记录、文献的意思)的说法,提出者即为上面提到的那位藤冈谦二郎。① 当时所指的仅是不同于文献地志意义的、考古学资料所体现的"遗迹地志"的意思。这以后(20 世纪 50 年代),藤冈又将历史地理学分为广义的和狭义的两种,其中广义的历史地理学以时间和资料这两个方面进行分类,第一次正式提出了"考古地理学"这一学科概念,并强调考古地理学的学科特点在于其资料的性质。② 藤冈之外,对该课题持强烈关心的是小野忠熙,他也是考古地理学学科的创始者之一。他也尝试过对历史地理学进行全面分类,并有专文《考古地理学的意义》(考古地理学の意義),对"考古地理学"作过详细论述。③ 笔者认为小野此文于考古地理学而言具有经典意义,曾翻译并向中国历史地理学界进行了介绍。④ 在 20 世纪 60 年代(1962),日本历史地理学研究会举办过一次以实物史料为研究对象的专题讨论会,会上展开了应使用"遗迹地理学"还是"考古地理学"名称(表述)的争论,结论是使用考古地理学这一名称。会后出版的论文集即是上

---

① [日]藤冈谦二郎:《河内平原与大和盆地——考古地理志的叙述》,《立命馆大学论丛(历史地理学篇)》1941 年第 1 期。
② [日]藤冈谦二郎:《先史地理学》(新地理学讲座・历史地理学),朝仓书店 1953 年版;《先史与都市地域的研究》,柳原书店 1955 年版。
③ [日]小野忠熙:《考古地理学的意义》,《考古学杂志》1966 年第 3 期。
④ 见笔者译文《考古地理学之意义》(原作小野忠熙),载《历史地理》第 13 辑,上海人民出版社 1996 年版。本书亦收录此文。

面提到的《考古地理学·历史地理学纪要5》①。这是考古地理学这门学科被日本历史地理学界所接受、被承认,也是世界上赋予考古地理学以正式学术地位的开始。

上述过程看似偶然,其实可以认为是水到渠成的,其背景是第二次世界大战后日本考古学的发展。战后日本的史前考古学和有史(历史时代)考古学都有一系列重要发现,从而使考古学研究对象的年代上限和下限都不断扩大。考古学的这种快速发展,使各相关学科都开始注意到考古学(考古资料)和其自身领域的关系,当然对历史地理学的影响就更大、更直接,直至既存的学科概念、学科体系都被认为应该重新加以审视。比如在历史地理学(historic geography)框架下,出现了史前地理学(prehistoric geography)、原史地理学(protohistoric geography)、有史地理学(inhistoric geography)这样的分支学科名称。但是这样的分类被认为还不足以完整表达,于是专门以考古资料为研究对象的"考古地理学"(archaeological geography)的学科概念应运而生。应该说这比较客观地反映了学术发展的要求以及研究的趋势。

直至今天,"考古地理学"的学科概念在日本已经入地生根,已经有这样一些大学设有考古地理学讲座或研究专题:奈良女子大学、兵库教育大学、鸣门教育大学、滋贺县立大学等。另有大手前大学综合文化学部内的"考古·地理系",应该是被认为两者相近,故而归为同一"系"下。

笔者在这里特别想强调的是,上述所谓考古学在战后的"惊人发展",其实不只限于日本,世界各地包括中国的考古学在战后都有令人瞩目的成就,但是都没有形成"考古地理学"出现的契机。之所以首先在日本学界成为话题,笔者以为这可能和日本的

---

① 日本地理学会编:《考古地理学·历史地理学纪要5》,古今书院1962年版。

文献史料相对而言本来不够丰富，年代也不够久远有关系。因为文献史料可依存度较低，则一旦实物史料（考古资料）提供了这样的可能性，自然会引起不同寻常的注目，再加上日本学者的敏感和对概念完整、精确的追逐，这可能是"考古地理学"首先出现在日本的一个重要原因。

笔者最早接触到"考古地理学"这个概念是20世纪80年代，事属偶然，但颇受启发，认为完全可以"拿来"为我所用，于是向中国学界作了介绍，认为应该得到了预期的反应。到今天，笔者很欣喜地看到这门学科在中国不仅已经生根发芽，而且颇有成果，已经可以认为逐渐成熟，并以历史地理学的一个分支学科的面貌出现了。

二、考古地理学之研究实践

这里主要谈考古地理学在中国的研究实践。考古地理学的发源地在日本，也一直有持续的发展，比如上面提到过设有考古地理学讲座或研究专题的大学在增加，但同时也指出了近二十余年来发展并不令人瞩目。而在中国，或许可以认为倒是获得了长足的进展。

在中国，考古地理学作为一门分支学科的概念被正式引进也已经有了十多年的历史了①，于中国历史地理学界和考古学界而言，已经不是一个全新的概念了。至于该学科在中国的发展，可以从两个角度来观察，简单而言，一是"自觉"的，另一是"不自觉"的。所谓"自觉"，是有明确的考古地理学的意识，并为主动推进

---

① ［日］小野忠熙：《考古地理学之意义》，王妙发译，载《历史地理》第13辑。本书亦收录此文。

该学科发展而进行的相关研究,比较典型的例子是前面提到的高蒙河著《长江下游考古地理》以及一系列相关的论文。所谓"不自觉"是指研究者并无自觉意识,然而其工作符合考古地理学定义,即以考古资料为研究对象探讨人类史上涉及地理学性质的课题的研究,当然此类研究应该归入考古地理学的范畴。

本来考古学在其诞生之初就和地理学有不解之缘,特别是史前考古学经常使用的"某某文化"本身即包含着强烈的地理(地域)表述,因为有"某某文化"就一定有分布(地域)范围,其实即是一个文化地理的概念。事实上,自现代考古学来到中国,很快就有了用考古资料来考察地理学问题的研究,可以理解为实际上的考古地理学研究的开始。不少考古学家很认真地探讨过考古学和地理学之间的关系,当时可能并没有"建立新学科"的自觉意识,但"考古地理学"的概念出现在考古学界时,是比较容易获得认同的。

伴随着中国考古学的发展,出现了不少分别由考古学家、历史学家和地理学家从各自不同角度进行的、属于考古地理学领域的研究和相关成果。就以历史地理学界而言,比如史念海先生对整个石器时代的聚落现象所作的较宏观的研究[1],以及张修桂先生对马王堆等地出土汉代地图的一系列研究[2],就应该是颇为典型的考古地理学的研究。《中国历史地图集》在编绘过程中利用了大量的考古资料,第一集的前几幅图更是纯粹的考古地理学成

---

[1] 见史念海《河山集》。
[2] 张修桂:《马王堆汉墓出土地形图拼接复原中的若干问题》,《自然科学史研究》1984年第3期;《马王堆地形图绘制特点——岭南水系和若干县址研究》,载《历史地理》第5辑,上海人民出版社1987年版;《马王堆〈驻军图〉测绘精度及绘制特点研究》,《地理科学》1986年第4期;《马王堆驻军图主区范围辨析与论证》,载《历史地理研究》第1辑,复旦大学出版社1986年版;《当前考古所见最早的地图——天水〈放马滩地图〉研究》,载《历史地理》第10辑,上海人民出版社1992年版。

果。这以后,以各地文物考古工作者为主编绘的《中国文物地图集》(各省、直辖市、自治区分册),当然更应该是考古地理学的成果了。

下面是一个简单的归纳。若干年来,以考古资料为研究对象,探讨地理学问题即应被视为考古地理学研究的工作,其中较具代表性的大体应该有如下这些。

1. 有关考古学与地理学之间关系的理论及方法论探讨、文明起源的地理因素等的探讨。如杨纯渊的《考古学与历史地理学之关系》、王小盾等的《中国史前文明研究的地理学方法》、李先登的《试论中国古代文化起源与地理环境关系》、王恩涌的《文明起源的地理分析》,以及黄盛璋的《建立历史地理考古学与其新理论、方法、道路研究,消除重大误区、失误,作为创建"东学新学"的新内容与成果标志》一文,题目极长,是对地理学和考古学关系的全面论述。①

2. 以考古学资料探讨某一时代地理问题的。如李学勤的《殷代地理简论》、郑杰祥的《商代地理概论》等。②

3. 根据考古资料研究史前或历史时期的地域性经济开发问题的。如冯志毅的《试论陇西黄土区古文化、古民族及早期经济开发》、胡健等的《试析查海遗址的原始农业》、张驰的《长江中下

---

① 杨纯渊:《考古学与历史地理学之关系》,载《山西省考古学会论文集(二)》;王小盾、陶康华:《中国史前文明研究的地理学方法》,《上海师范大学学报(自然科学版)》1994 年第 3 期;李先登:《试论中国古代文化起源与地理环境关系》,载洛阳市第二文物工作队编:《河洛文明论文集》;王恩涌:《文明起源的地理分析》,《北京大学学报(哲学社会科学版)》1995 年第 2 期;黄盛璋:《建立历史地理考古学与其新理论、方法、道路研究,消除重大误区、失误,作为创建"东学新学"的新内容与成果标志》,载《亚洲文明》第四集,三秦出版社 2008 年版。
② 李学勤:《殷代地理简论》,科学出版社 1959 年版;郑杰祥:《商代地理概论》,中州古籍出版社 1994 年版。

游新石器时代的区域经济与聚落变迁》等。①

4. 根据考古资料研究史前或历史时期交通问题的。如吴玉贤的《从考古发现谈到宁波沿海地区原始居民的海上交通》、吴汝祚的《中国沿海史前文化的交往和海上交通》、巫新华的《吐鲁番唐代交通路线的考察与研究》等。②

5. 史前聚落(遗址)地理学方面的研究。如前面提到过的史念海先生对整个石器时代的聚落现象所作的研究、笔者本人的《黄河流域的史前聚落》和《黄河流域聚落论稿》、裴安平的《关于史前聚落群聚形态研究的几个问题》,还有一些很具体的对研究方法的探索,如燕生东的《关于判定聚落面积、等级问题的思考》等。其中包括考察史前聚落(即人群)和环境的关系的一批文章,颇有代表性的如韩茂莉的《史前时期西辽河流域聚落与环境研究》。此文从环境选择、高程、地貌等因素,(持续使用)时间与环境容量等角度,探讨了史前西辽河流域聚落的选址(如 400 米～600 米高程的林缘地带)、规模、持续使用时间、迁徙(与否)等问题,其结论对该地区的史前聚落研究而言可能具有某种标尺意义。③ 这一类研究也关注聚落地理学中的中心地理论在考古研

---

① 冯志毅:《试论陇西黄土区古文化、古民族及早期经济开发》,《西北民族学院学报》1983 年第 2 期;胡健、刘小鸿、纪岚:《试析查海遗址的原始农业》,《农业考古》1995 年第 3 期;张驰:《长江中下游新石器时代的区域经济与聚落变迁》,《古代文明研究通讯》2001 年第 11 期。
② 吴玉贤:《从考古发现谈到宁波沿海地区原始居民的海上交通》,《史前研究》1983 年第 1 期;吴汝祚:《中国沿海史前文化的交往和海上交通》,《东南文化》1993 年第 2 期;巫新华:《吐鲁番唐代交通路线的考察与研究》,青岛出版社 1999 年版。
③ 王妙发:《黄河流域的史前聚落》,载《历史地理》第 6 辑;《黄河流域聚落论稿》,知识出版社 1999 年;裴安平:《关于史前聚落群聚形态研究的几个问题》,《中国文物报》2008 年 3 月 28 日;燕生东:《关于判定聚落面积、等级问题的思考》,《中国文物报》2007 年 2 月 16 日;韩茂莉:《史前时期西辽河流域聚落与环境研究》,《考古学报》2010 年第 1 期。

究中的具体应用。典型例子是山东半岛发现了连串（组）龙山文化城址之后，引起了对聚落群、组、中心聚落等问题的关心，并促进了这方面研究的进展。①

6. 考古学中著名的区系理论本身即可被指为考古地理学，《苏秉琦与当代中国考古学》（宿白主编，科学出版社 2001 年版）一书较全面地收集了相关的讨论。介绍国外类似理论的则有秦岭的《从考古学角度谈古代中国的区域形成——由施坚雅的区系理论说起》②等。

7. 根据考古资料研究人地关系、族群分布、文化传播与交流、适应与变迁等问题的。如宋豫秦的《考古学与人地关系研究》、陈胜前的《燕山-长城南北地区史前文化的适应变迁》，后者的"适应"是指史前考古文化受制于环境（地理），"随环境格局的变化而变化"。类似的研究还有高江涛、庞小霞的《岳石文化时期海岱文化区人文地理格局演变探析》等。许永杰的《距今五千年前后文化迁徙现象初探》一文，视野宏观，角度独特，以整个黄河流域和长江流域为背景，主要"根据"各考古文化器物的分布演变（比如山东原生器物出现在陕西），进而考察各考古文化（即人群聚落）的迁徙现象，并试图从环境因素、文化因素、社会因素等角

---

① 相关论文很多，择要罗列如下。山东省文物考古研究所聊城地区文化局文物研究室：《鲁西发现二组八座龙山文化城址》，《中国文物报》1995 年 1 月 22 日；张学海：《鲁西两组龙山文化城址的发现及对几个古史问题的思考》，《华夏考古》1995 年第 4 期；张学海：《试论山东地区的龙山文化城》，《文物》1996 年第 12 期；张学海：《东土古国探索》，《华夏考古》1997 年第 1 期；逄振镐：《山东龙山文化城址的发现及其历史地位》，《山东社会科学》1995 年第 3 期；栾丰实：《海岱地区考古研究》，山东大学出版社 1997 年版；蔡凤书、于海广、栾丰实等：《山东日照市两城地区的考古调查》，《考古》1997 年第 4 期；隋裕仁：《黄河中下游龙山文化"城堡"初探》，《中原文物》1988 年第 4 期。

② 秦岭：《从考古学角度谈古代中国的区域形成——由施坚雅的区系理论说起》，《文物世界》2000 年第 2 期。

度探索原因。该文的研究视角和方法令人有耳目一新之感。①

8. 用考古资料研究古地貌、古地形、古环境以及变迁,即相当于考古地理学中自然地理学部分的研究相当多。宏观的如韩嘉谷的《天津地区成陆过程试探》《从考古学资料看天津平原发展的曲折历程》、谭其骧的《西汉以前的黄河下游河道》、徐其忠的《从古文化遗址分布看距今七千年—三千年前鲁北地区地理地形的变迁》、张之恒的《生态环境对史前文化的影响和中国史前文化的三个过渡地带》、靳桂云的《燕山南北长城地带中全新世气候环境的演化及影响》、刘志岩等的《苏北海岸线变迁的考古地理学研究》、王张华与陈杰的《全新世海侵对长江口沿海平原新石器遗址分布的影响》、李平日的《华南沿海地理环境变化对人类活动的影响》等。微观的如谭惠忠《云南保山老虎洞旧石器遗址古地理环境》、高星等的《水洞沟遗址沉积——地貌演化与古人类生存环境》等。理论及方法探讨的如李容全的《环境考古研究中地学调查纲要》等。②

---

① 宋豫秦:《考古学与人地关系研究》,《中原文物》2002 年第 6 期;陈胜前:《燕山-长城南北地区史前文化的适应变迁》,《考古学报》2011 年第 1 期;高江涛、庞小霞:《岳石文化时期海岱文化区人文地理格局演变探析》,《考古》2009 年第 11 期;许永杰:《距今五千年前后文化迁徙现象初探》,《考古学报》2010 年第 2 期。

② 韩嘉谷:《天津地区成陆过程试探》,载《中国考古学会第一次年会论文集》,文物出版社 1980 年版;《从考古学资料看天津平原发展的曲折历程》,载《中国考古学会第二次年会论文集》,文物出版社 1982 年版;谭其骧:《西汉以前的黄河下游河道》,载《历史地理》第 1 期,上海人民出版社 1981 年版;徐其忠:《从古文化遗址分布看距今七千年—三千年前鲁北地区地理地形的变迁》,《考古》1992 年第 11 期;张之恒:《生态环境对史前文化的影响和中国史前文化的三个过渡地带》,《考古与文物》2008 年第 2 期;靳桂云:《燕山南北长城地带中全新世气候环境的演化及影响》,《考古学报》2004 年第 4 期;刘志岩、孙林、高蒙河:《苏北海岸线变迁的考古地理学研究》,《南方文物》2006 年第 4 期;王张华、陈杰:《全新世海侵对长江口沿海平原新石器遗址分布的影响》,《第四纪研究》2004 年第 5 期;李平日:《华南沿海地理环境变化对人类活动的影响》,载《岭南考古研究》(5),中国评论学术出版社 2006 年版;谭惠忠:《云南保山老虎洞旧石器遗址古地理环境》,载《岭（转下页）

9. 利用考古资料研究中国都市的起源、形成、发展、变迁、规划、形制以及文献资料与发现的对照等问题的研究成果可谓汗牛充栋,反而难以一一引用。介绍和引进国外相关研究的则有宇野隆夫的《中国古代城市的方位概念——以商周时代为中心》①。

10. 近年来也出现了一些"反方向"的发展,即以最新的地理学理论和方法来考察考古学的问题,此类研究不知是否可以冠以"地理考古学"的名称? 试看下面一些论题。齐乌云等的《地理信息系统在考古研究中的应用类型》、梅启斌与熊霞的《地理信息系统在考古研究中的应用研究》、杨林的《基于GIS数据库的田野考古地层剖面空间数据挖掘:以陕西临潼姜寨遗址为例》、张海的《Arc View地理信息系统在中原地区聚落考古研究中的应用》、肖彬等的《GIS支持的考古信息管理系统——以长江三角洲地区为例》、乔玉的《伊洛地区裴李岗至二里头文化时期复杂社会的演变——地理信息系统基础上的人口和农业可耕地分析》等。② 最新的有《考古》2011年第1期所载王青《豫西北地区龙山

(接上页)南考古研究》(7),中国评论学术出版社2008年版;高星、袁宝印、裴树文等:《水洞沟遗址沉积——地貌演化与古人类生存环境》,《科学通报》2008年第10期;李容全:《环境考古研究中地学调查纲要》,《中国历史博物馆馆刊》1995年第1期。

① [日]宇野隆夫:《城市的方位——以商周时代为中心》,王震中译,《考古与文物》2005年第1期。

② 齐乌云、周成虎、王榕勋:《地理信息系统在考古研究中的应用类型》,《华夏考古》2005年第2期;梅启斌、熊霞:《地理信息系统在考古学中的应用研究》,《浙江万里学院学报》2005年第2期;杨林:《基于GIS数据库的田野考古地层剖面空间数据挖掘:以陕西临潼姜寨遗址为例》,《地理与地理信息科学》2005年第2期;张海:《Arc View地理信息系统在中原地区聚落考古研究中的应用》,《华夏考古》2004年第1期;肖彬、谢志仁、间国年等:《GIS支持的考古信息管理系统——以长江三角洲地区为例》,《南京师大学报(社会科学版)》1999年第3期;乔玉:《伊洛地区裴李岗至二里头文化时期复杂社会的演变——地理信息系统基础上的人口和农业可耕地分析》,《考古学报》2010年第4期。

文化聚落的控制网络与模式》,此文以"控制网络与模式"这种类电脑科学方式(用语、角度)来考察龙山文化时期某一个区域聚落的等级、资源占有平衡方式及聚落间的相互依存(控制)度、分布格局等"控制网络与模式",不仅令人耳目一新,而且能够感受到学科间交流或渗透的力度。①

上述分类可能不尽合理,数量上更是挂一漏万,但大体能看出近年来考古地理学发展的一个概观。上述分类之外,有清晰意识、有计划地推动考古地理学学科发展的,是高蒙河的一系列著作和论文。②

三、推动学科更全面更完善的发展

上面总结了考古地理学在中国从无到有的发展,有理由说颇有成就。

不必讳言,考古地理学学科自身以及和地理学、考古学之间的关系,特别是和考古学之间,还有不少问题尚待解决或改进。笔者以为,大体可以从这样一些方面来探讨。

该学科研究的对象依赖于考古发现所提供的资料,而通常虽然所有的田野考古调查或发掘报告都提供有遗迹、遗存的地理和环境方面的信息,但事实上却并不是考古学家们的主要关心所在,因而田野考古调查、发掘过程中以及相关的文字报告中的地理学要素(现象)的捕捉和报道,通常并不那么被重视,或者说不时还被无意疏忽,致使研究资料(特别指田野考古调查、发掘资料)的积累过程中有不少重要的地理要素不知不觉被"遗失"。因

---

① 王青:《豫西北地区龙山文化聚落的控制网络与模式》,《考古》2011 年第 1 期。
② 高蒙河:《长江下游考古地理》,复旦大学出版社 2005 年版。

而有必要呼吁考古学家,特别是田野考古工作者重视与遗迹、遗存相关的地理学要素(现象)的捕捉、发现和报道,以使田野考古工作的成果能得到更广泛的应用,更具学术价值。

田野考古工作本身有对物质史料(器物)相对重视,而对非器物物质的现象(如地理环境)等相对轻视的倾向,再加上对现象的描述还可能有缺乏规范或规范不足的情况,致使一部分涉及地理学现象的重要发掘资料无法为地理学家所用。比如台地、阶地、岗丘、高地等概念的不统一,遗址(聚落)位置经常没有标高,地表水与遗址(聚落)间的关系表达模糊或不太被关心,所附地图对遗址(聚落)及环境功能表达不足,有时甚至无比例尺,对地理环境的描述也略缺乏"复原"意识,详细描述相对意义不大的今天的人文地理现象(某村、某车站、某学校),等等。就考古学界而言,这可能和通常认为考古学是"以物质史料为主要研究对象的学科"的定义有关。这个定义本身应该说是非常明确的,没有什么问题,但问题在于"物质史料"怎么理解,包含了哪些内涵。遗物和遗址并非架空的,有其存在和形成的背景,该背景即是当时的地理空间(广义的包括地理学所涉及的全部内涵)。而这个地理空间自古至今是流动着的、变化着的(因时因地程度大小不一),考察当时和今天所见的地理空间之间是怎样一种关系,以此推测(推断?)古时人类的居住地理环境以及受此地理环境制约的人类行为,或由考古所见的人类行为反推古地理、古环境,应该也是考古学课题范围内的应有之义,也恰恰是之所以要记录地理环境的最大意义所在。如果有了这样的理解和认识,则在田野考古的实践中和编写相关报告时,具体到描述考古地理学所关心的与考古遗存(遗址、遗迹)相关的地理环境时,上文所述的可能是无意的疏漏或缺失的情况,就有可能减少或不再发生。

笔者曾经有过机会向考古学界特别是田野工作者提到这些

问题,并作过很具体的建议。① 例如,建议遗存(遗迹、遗址)所在的地理环境表述应着重于自然地理而非(今天的)人文地理,并建议地形地貌的报告能够越全面、越详尽越好。除了山地、平原、丘陵、沙漠、盆地、河流、海岸等大环境的地形地貌之外,遗址所在的小范围地貌某种程度上更有意义,更便于观察当时聚落选址倾向以及古今的对比。比如水源距离、山地的阳坡抑或阴坡、水阴抑或水阳,今天为沙漠地貌的话,则更容易引起对最初聚落所在具体地貌环境以及古今对照的关心。平原上的史前聚落位于岗丘的较多,比如黄淮海平原上的史前聚落遗址,并且随着年代的推移逐渐向低海拔地区伸展。但进入有史期以来,黄河泛滥仍然经常发生,其泛滥淤积状况与人类活动之间的关系如何,史前的岗丘聚落所在地以及今天所见就是很重要的参考对象。另外聚落(遗址)所在的地理环境不同程度地影响到聚落的规模、存续年限和内部结构,反过来,聚落(遗址)的规模和内部结构也反映了聚落存在时的地理环境。笔者也建议过希望在编写考古报告时对所见环境的描写越细致越好,甚至应当不厌其详,这样可以帮助使用资料者作出正确判断,更提议田野考古工作应该一切都"考",发表的资料应该最大限度地报告全部"所见",并强调应该包括最大限度地报告全部"地理环境所见"。②

笔者建议地理学界,特别是历史地理学界和考古学界间能够建立起经常性的沟通和互动。从地理学的立场出发,是希望田野考古工作者都能有过地理学,特别是地貌地形学的训练,建议大

---

① 王妙发:《考古地理学研究之回顾与前瞻》,载张忠培、许倬云主编:《中国考古学跨世纪的回顾与前瞻——1999年西陵国际学术研讨会文集)》,科学出版社2000年版。本书亦收录此文。
② 王妙发:《理想的考古报告——不厌其详的"全信息报告"》,《中国文物报》2001年9月7日。本书亦收录此文。

学的考古学专业在可能的情况下设置地理学相关的课程。当然反过来，地理学家也存在普遍不太会使用考古资料的问题，同样也希望有更多的地理学家能有考古学方面的训练，因而也建议大学的地理学系在可能的情况下设置考古学基础的相关课程。还有很重要的是希望地理学界能建立起自觉运用考古学资料的风气，以及积极推进考古地理学学科的建设和发展。现在有些大学的系或研究所已经开始了这方面的工作，如复旦大学历史地理研究所和文物与博物馆学系，各大学以考古地理学为研究方向的研究生也在逐渐增多，但是从全国来看还是不多，希望这个趋势能够不断发展，而能使更多的人来自觉地从事这个方向的研究。前面提到过考古地理学的学科性质应该是属于地理学的，因而该学科的发展当然是有助于整个地理学的繁荣的。

地理学是人类最古老的科学之一。在中国，地理学的一个独特之处是有一门附属于传统史学的舆地之学，今天的中国历史地理学就是在这门舆地之学的基础上，结合现代地理学理论而发展起来的。而今天的中国考古学也有类似之处，即是在传统史学基础上引入现代地质学和现代考古学理论而发展起来的，如果说存在不同之处，那么就是中国考古学发展初期引入的成分较多。这两门学科在中国的发展都不到一个世纪，发展至今天，两者都可以认为已经获得了巨大的成就，这当然和中国具有历史地理学和考古学研究所需的巨大资源有关，同时也与积极地引进新学科、新方法、新思维、新概念有关。现在论述的考古地理学也是一门相对较新的学科，从引进（被介绍到中国）至今也已经有了十多年的时间。远较该学科更为成熟的中国历史地理学，在 20 世纪 80 年代时还有过作为一门完整的学科是否已经建立的疑问，今天大概已经不再有这个角度的争论，可以认为颇为坚实地建立起来了。因此，作为其分支学科的考古地理学，我们可能已经有理由说它不仅已经起步,而且已经颇有成绩。

考古地理学的学科概念是由日本学者因应学术发展的需要而首先提出来的,它山之石可以为我所用,在这个问题上,我们完全不必让国外同行"专美",不管是他们的理论成果还是实践经验,只要是于学术发展有利的,我们都不妨拿来参考和利用,以推动我们自己的学科建设和发展。就"考古地理学"学科而言,我们可以坦然承认是相对的后来者(可能较欧美刚开始使用此学科概念还略早了些),但也可以毫不犹豫地声称我们的目标是要实现超越。以中国多年积累下来的浩繁的考古资料,该学科的研究在中国实际上具有极大的、坚实的发展空间。学术是前进的,学科是发展的,笔者希望通过中国学者自觉的努力,不管在理论探索上还是在研究实践(成果)上,有一天我们会走到世界前列。

(原刊发于《舆地、考古与史学新说——李孝聪教授荣休纪念论文集》,中华书局2012年版)

长江中下游史前城址考察

一、前言

本文的史前以商代为下限。

长江中游史前城址从 20 世纪后半叶开始发现。最早是盘龙城,此后陆续有所发现,特别是在江汉平原及其周边一带,至 20 世纪 90 年代有多处发现披露,进入 21 世纪之后又有一连串的新发现,略呈井喷状态。

相比较而言,下游的史前城址发现数量不是很多,但是却有如吴城和良渚那样的重大发现。

本文拟从下面几个角度考察:(1)分布特点、(2)选址环境、(3)规模、(4)人口估测、(5)聚落机能(聚落分类)。考察对象有中游 21 处,下游 5 处,共 26 处。

有关本文的人口估测方法有必要在文首交代。这是参考了一些实例后再作适当调整后的方法。实例主要来自巩启明、严文明两位先生的《从姜寨早期村落布局探讨其居民的社会组织结构》一文。[①] 考察对象凡有明确居住区范围的,按平均每平方米

---

① 巩启明、严文明:《从姜寨早期村落布局探讨其居民的社会组织结构》,《考古与文物》1981 年第 1 期。

0.025人～0.034人估算;无明确居住区范围的,以0.008人～0.01人估算。达到和超过15万平方米时,将面积数据缩减1/4以后,再与上述"指数"相乘,即为该聚落可能的人口数,亦以有无明确居住区范围分为两类。

本文多为有城墙围绕的城址聚落,范围较清晰,因而多以有明确居住区范围来考察。较特殊处如石家河以及良渚另作注释。关于人口表示单位,不足1000人时以10为单位,超过1000人时以100为单位表示。

有必要强调,这个方法虽然已经在若干研究论文中使用过,但笔者绝不认为该方法已经成熟,事实上不仅不成熟,甚至并不准确,更谈不上精确。而且不同年代、不同地域的实际情况肯定也不完全相同,对此笔者持有清醒的意识,即不过是在没有更好的新方法之前姑且一用的方法。更应该坦言,该方法问题很多,比方说是否"明确居住区范围"就颇难界定,特别是聚落面积愈大,该方法的问题愈益显露,因为聚落可能(可包容)的人口数并非随着面积的增大而同比例递增的。然而如何修正也是一个颇为棘手的问题,并无实例可作参考,暂时还找不出比较有普遍意义的修正方法,必须坦承这是一个尚待解决的难题,期待学术界的共同努力以有新的突破。

有关聚落功能的推定(分类)也有必要作一个交代。

大分类有三项:(1)都市(city);(2)似都聚落(也叫似城聚落,city-like settlement);(3)村落(village),主要指农业、牧业、渔业等季节性产业聚落。

聚落分类中的"都市"判断基准表述如下:

非季节性的定居人口占居民的绝大多数,并具有两种以上非季节性机能,其中包括一种中地机能的人群聚落。所谓中地机能是指并非仅服务于本聚落的、对周围包括远程聚落有影响力的聚落机能。

该"判断基准"或可称"王氏暂定基准",是笔者根据自身的研究经验而自定的。因为至今为止还没有被普遍接受的"都市"的统一定义,或者在相当多的需对"都市"进行定义的场合还可能被刻意回避,比如相当一部分的专业词典没有"都市"(城市)条目。而笔者在历年的研究中因为无法回避此概念,出于某种不得已,而对此问题进行了若干探讨,姑且形成了可以在研究工作中实际运用的"定义",包括与此概念紧密相关的似都聚落的定义。① 当然应该承认,要完整、清晰地表述"都市"的定义是困难的,笔者并不认为上述定义已是应该被普遍接受的理想定义,只是认为比较地接近实际,并且可以作为一种具实用意义的判断方法而运用于研究中。想强调的是,都市从根本上说应该是一个地理学的概念,都市的界定,应该从人口构成和聚落机能分析的角度来进行考察,这样才有可能得到比较符合事实的结论。

顺便要提到,本文以城址为研究对象,"城址"的最大特点即是有城墙。而笔者想强调的恰恰是,笔者并不认为城墙本身对上述都市定义有任何影响。长期以来,在不少研究者的笔下,有无城墙是判断都市的重要标志,甚至唯一标志。流行过很长时间的一个模式是,城墙、城市(都市)、文明、国家还有阶级等概念之间几乎是被画了等号的,笔者坦承对此(模式或观点)颇不以为然。如果说城墙的主要功能是防御的话,那么就和都市(城市)也罢,阶级分化也罢,国家和文明的出现也罢全无关系,因为人类在最原始的聚落产生的同时就有防御的需要,包括防御野兽以及防御其他人类集团。至于防御设施的形式,比如壕沟或围墙,本质上实在是没有什么不同的。然而在不少探讨早期都市(城市)问题

---

① 王妙发:《略论似城聚落》,《地理科学》1992年第1期。本书亦收录此文。

的论著中,史前聚落中经常可以看到的壕沟却是基本上被无视的。事实上,城墙不过只是壕沟的延长,有时不过只是壕沟的副产品,关于这一点,长江中游的澧县八十垱和门板湾两个城址是很好的例证。当然,笔者不否认城墙(围墙)是史前聚落发展进程中的一个重要参照指标,理由是城墙(围墙)的建造需要大量的劳动力,以及有可能由此引导专业分工,并刺激聚落机能的多样化,而逐渐向地理学意义上的都市定义接近。

二、长江中游史前城址

已经发现并公布的长江中游的史前城址共 21 处。

1. 走马岭

该城址平面呈不规则椭圆形,城墙为地面直接夯筑,至今有近 5 米高出地面,清晰可见。从城内建筑设置等看得出有较明显分工,特别是大规模建筑群颇为引人瞩目,或以为表现某种权力,则可能具有某种非季节功能。该城址规模(面积)有两个数据,一个是比较直接的 8 万平方米,另一为"周围 1 200 米"[①],暂且按圆形计,则面积约为 11 万平方米。该城址可能具多种功能,当然尚难作判断,存疑。

2. 马家垸

该城址位于江汉平原西北部荆山山脉向平原过渡地带的岗地,城墙留存较完整,环城壕沟留存完好,至今可看出全貌,宽 30 米～50 米,深 4 米～6 米,一部分利用了自然水道,城内外以水门相连,城内有高台地,推测为防御用。规模(面积)数据亦有两个,

---

[①] 陈官涛:《湖北石首市走马岭新石器时代遗址发掘简报》,《考古》1998 年第 4 期;张绪球:《屈家岭古城的发现和初步研究》,《考古》1994 年第 7 期。

一为约 20 万平方米，另一为约 24 万平方米。① 整个城址可看出建造当初颇有规划。很可能具多种聚落功能，但不作判断，存疑。

3. 阴湘城

该城址南距荆江大堤仅 200 米，周围为低洼湖沼地，平均海拔约 38 米，城址所在地略高，为 41 米～42 米。清《江陵县志》尚记载城墙保存基本完好。该城址面积数据有三个。一为《江汉考古》报告的 12 万平方米。载有同样面积数据的为张绪球论文，东西 500 米，南北 240 米，外壕宽 20 米，面积应为 12 万平方米。二为荆州博物馆和日本福冈教育委员会的发掘简报，称城址为平面圆角方形，面积约 20.3 万平方米，城墙高低落差 6.5 米，墙宽 10 米～25 米，东城墙最宽处达 46 米，一期城墙高达 8 米，顶宽 6.5 米，底部宽约 30 米，外环壕沟宽 30 米～40 米。此外，城内东部高平，有大量红烧土文化层，厚达 3 米，疑为集中居住区，西部又隆起，估计亦为居住区。城址中部低洼，可能有稻作痕迹，西南部则可能为墓葬区。三为冈村秀典和张绪球论文《湖北阴湘城遗址研究》，称平面略呈豌豆形或变形六角形②，城址内面积为 17 万平方米。城址内部区域分工较明确，规模不小，但各种机能皆集中在城址范围内，包括稻作耕田也在城内。有两种可能，即城内

---

① 张绪球：《屈家岭古城的发现和初步研究》，《考古》1994 年第 7 期；湖北省荆门市博物馆：《荆门马家垸屈家岭文化城址调查》，《文物》1997 年第 7 期；[日]冈村秀典、张绪球：《湖北阴湘城遗址研究——1995 年日中联合考古发掘报告》，日本《东方学报》1996 年第 69 册。

② 杨明洪：《江陵阴湘城的调查与探索》，《江汉考古》1986 年第 1 期；[日]冈村秀典、张绪球：《湖北阴湘城遗址研究——1995 年日中联合考古发掘报告》，日本《东方学报》1996 年第 69 册；张绪球：《屈家岭古城的发现和初步研究》，《考古》1994 年第 7 期；荆州博物馆、福冈教育委员会：《湖北荆州市阴湘城遗址东城墙发掘简报》，《考古》1997 年第 5 期；贾汉清：《湖北荆州市阴湘城遗址 1995 年发掘简报》，《考古》1998 年第 1 期；贾汉清、张正发：《阴湘城发掘又获重大成果》，《中国文物报》1998 年 7 月 1 日。

稻田耕作仅为聚落机能的一部分,另有各种其他机能,此类例子很多,如战国齐都临淄城内有大面积较少发现遗迹、遗物的空地,推测为当时的农田①。当然也可能该聚落仅为纯农耕聚落。该城址不排除有可能为多机能都市,暂不作判断,存疑。

4. 石家河

石家河为重要城址,屈家岭文化时期建造,延续使用至石家河文化时期。平面近长方形,城内地形东北高西南低,外侧护城河至今尚可确认,城墙最高处高出城内地面约 5 米,高出城外地面 7 米~8 米,墙宽约 30 米。建筑物集中在东北处高地,发现有目前所知最早的土瓦。该城址面积亦有三个数据,即 120 万平方米(《文物》1994 年第 4 期)、100 万平方米、180 万平方米。② 此外有报告称,城外环壕宽达 80 米~100 米,周长约 4 800 米。③

该城址规模庞大,如按明确居住区估算,则可能人口数达 2.2 万~3 万人(120 万平方米)、1.8 万~2.5 万人(100 万平方米)或 3.38 万~4.59 万人(180 万平方米)。若以非明确居住区估算,则为 7 200 人~9 000 人(120 万平方米)、6 000 人~7 500 人(100 万平方米)、10 800 人~13 500 人(180 万平方米)。

该城址规模巨大,城墙极厚,壕沟极宽,需大量时间和人工才有可能完成,故有必要考虑是否已经有了专业的建筑人员。城内各区域有机能分工现象,且城外有相当数量的同时期遗址(聚落),似已可理解为聚落群。很难想象该聚落仅为单一机能的季节性聚落,为具多种机能的都市的可能性很大。但据以判断的资

---

① 山东省文物管理处:《山东临淄齐故城试掘简报》,《考古》1961 年第 6 期。
② 张绪球:《屈家岭古城的发现和初步研究》,《考古》1994 年第 7 期;卢可可:《中国史前城址的区域与类型研究》,《中国历史地理论丛》1998 年第 3 期。
③ [日]中村慎一:《石家河遗址和中国都市文明之起源》,载藤本强主编:《住之考古学》,日本同成社 1997 年版。

料明显不足,暂不作判断。对该城址今后的进一步发掘以及资料的披露应持很高的关心度。

5. 鸡鸣城

该城址位于江汉平原和洞庭湖平原交接的水网地带。城墙不少留存地表,上部存厚约 15 米,底宽约 30 米。东城墙有明显堆筑痕迹,达 7 层。城址内中部有 1 米高台地,面积约 4 万平方米,发现大量红烧土文化层,厚达 2 米,可能为居住区。全聚落布局有序,但缺乏多聚落机能的遗迹、遗物证据,推测为普通季节性聚落。①

6. 八十垱

该城址位于澧水下游冲积平原上的古河道边。城址年代古老,规模不大,仅 3 万平方米。发现有中国最早的稻谷(属彭头山文化时期)。该城址最具意义的发现是将挖环壕所出泥土就近向城内堆筑为城墙这一事实,亦即城墙的建造(出现)其实非常自然,甚至非常"随意"。也就是说,城墙不过是与壕沟一样的聚落防御(保护)设施,两者间并无本质的区别。由此可知,将城墙看得过于重要,视其具划时代意义,甚至和城市(都市)、文明、国家还有阶级分化等概念视为等同的观点是如何的谬误了。该城址机能单一,为普通农业聚落。②

7. 城头山

城址位于洞庭湖西北岸澧阳平原中心区域和江汉平原接壤地带的岗地上。城址平面略呈圆形,外形保存完好。据报告,数千米外另有城墙发现。城址面积数据亦有两个。一为 8 万平方米,外墙直径 325 米,存高 5 米,墙底部存厚 28 米(原厚 31 米),环壕宽约 35 米,深 4 米。报告明确直接称该城址为"城市(都

---

① 贾汉清:《湖北公安鸡鸣城遗址的调查》,《文物》1998 年第 6 期。
② 裴安平:《澧县八十垱遗址出土大量珍贵文物》,《中国文物报》1998 年 2 月 8 日。

市)"①。另一数据为城址面积7.5万平方米,墙体前后翻造过四次,曾长期使用,并被指为"中国最古老城墙"。城址四周有水门,城内有高台,中心建筑、居住区、手工业区、墓葬区等聚落布局明确,并发现有东、西两组祭坛。此外,该城址内还发现有较城址年代更古老的完整稻田。② 该城址规模不太大,然而布局明确,从各类遗迹、遗物看,很可能多种聚落机能并存,即不排除被认定为地理学意义上的都市的可能性。如果此后相关资料充裕,能证实该聚落(城址)为都市的话,不仅于该城址本身,于长江流域史前聚落和早期都市形成等研究,以及于整个中国的史前聚落和早期都市形成的研究而言都具有重要意义。

8. 门板湾

该城址平面略呈正方形。西墙露出地表3米～5米,南墙露出1米～1.8米,城墙底部厚约40米。城内东北和西北部各有大面积台地,护城河最深处3.5米。城外可能为居住区的高台。西城墙内发现有大型长方形多室房屋,分为四间,房屋墙壁残存最高处2.1米,房外并有围墙(回廊?)遗迹。该城址有可能具有多种聚落机能,不排除可能为都市。但暂不作判断,存疑。③

---

① 单先进、曹传松、何介均:《澧县城头山屈家岭文化城址调查与试掘》,《文物》1993年第12期;张绪球:《屈家岭古城的发现和初步研究》,《考古》1994年第7期;《考古学家在京论证确认城头山为中国已知时代最早城址》,《中国文物报》1997年8月10日;《城头山古城考古又获新成果》,《中国文物报》1999年3月3日;中日"日中共同长江文明学术调查团"报告,《朝日新闻》2001年11月3日,《中国文物报》2002年2月22日。

② 《考古学家在京论证确认城头山为中国已知时代最早城址》,《中国文物报》1997年8月10日。

③ 陈树祥、李桃元:《应城门板湾遗址发掘获重要成果》,《中国文物报》1999年4月4日;王红星:《史前城壕的防洪功能——应城门板湾城壕聚落发掘的启示》,《中国文物报》2002年8月30日。

9. 龙嘴

该城址尚无正式报告,规模不大,遗物有陶、石、玉器,相关资料不多,多机能可能性不大,被认定为都市的可能性很小。①

10. 鸡叫城

该城址规模颇大,但尚无多种聚落机能相关资料,暂不作判断,存疑。②

11. 笑城

该城址城墙为堆筑而成,底墙宽 20 米~22 米,露出地表 2.5 米~4.6 米。平面曲尺形,总面积约 9.8 万平方米,"城内面积 6.3 万平方米",城北有护城河,其他三面为湖。发现有稻作和渔猎相关遗物,周围 25 平方千米范围内发现有四处新石器时代城址。聚落机能不作判断,但为都市的可能性低,存疑。③

12. 陶家湖

位于泗龙河、陶家河合流处,周围地形为丘陵。墙底宽 25 米~50 米,外有宽 20 米~45 米的护城河。城内南部有台地,规模较大,有可能具多种聚落机能,暂不作结论,存疑。④

13. 王古溜

该城址位于弯挡河北岸二级台地,较周围高 4 米~5 米,城外护城河至今尚存为养鱼池。城内东北及西北部有大规模台地,有近万平方米的红烧土残留,应为居住区。规模较大,有具多种聚落机能的可能性,但判断资料不足,存疑。⑤

---

① 《天门发现湖北最早城址》,《长江日报》2005 年 5 月 28 日。
② 湖南省文物考古研究所:《澧县鸡叫城古城址试掘简报》,《文物》2002 年第 5 期。
③ 湖北省文物考古研究所、天门市博物馆:《湖北天门笑城城址发掘报告》,《考古学报》2007 年第 4 期。
④ 李桃元、夏丰:《湖北应城陶家湖古城址调查》,《文物》2001 年第 4 期。
⑤ 刘辉:《长江中游新石器时代城址聚落的新发现与新思考》,载中国社会科学院考古研究所、郑州市文物考古研究院编:《中国聚落考古的理论与实践(第 1(转下页)

14. 城河

该城址位于倾斜高地上,东北部即借高地直接为城墙,其他部分城墙为人工修筑,周围有护城河。平面为不规则椭圆形,包括护城河总面积为 70 万平方米,规模仅次于石家河。该城址可能具多种聚落机能,尚无正式报告,判断资料不足,存疑。①

15. 青河

该城址亦位于高台地,平面呈圆角梯形。仅有地面调查,尚未经正式发掘,判断资料不足,存疑。②

16. 叶家庙

面积数据有两个,一个为约 30.8 万平方米,为"特大规模新石器时代城址",另一为约 15 万平方米。该城址规模大,布局有明显规划,很可能具多种聚落机能,有待正式报告出版,暂不作结论。③

17. 张西湾

该城址尚无正式报告或简报。论述略。④

(接上页)辑》——纪念新砦遗址发掘 30 周年学术研讨会论文集》,科学出版社 2010 年版。

① 荆门市文物考古研究所:《湖北荆门市后港城河城址调查报告》,《江汉考古》2008 年第 2 期。

② 贾汉清、杨开勇:《湖北公安、石首三座古城勘查报告》,载北京大学中国考古学研究中心、北京大学震旦古代文明研究中心编:《古代文明》(第 4 卷),文物出版社 2005 年版。

③ 刘辉:《江汉平原东北发现两座新石器时代城址》,《江汉考古》2009 年第 1 期;刘辉:《长江中游新石器时代城址聚落的新发现与新思考》,载中国社会科学院考古研究所、郑州市文物考古研究院编:《中国聚落考古的理论与实践(第 1 辑)——纪念新砦遗址发掘 30 周年学术研讨会论文集》;刘辉:《叶家庙遗址发掘工作汇报》,湖北省文物考古研究所 PPT 资料,刘辉提供。

④ 刘辉:《江汉平原东北发现两座新石器时代城址》,《江汉考古》2009 年第 1 期;刘辉:《长江中游新石器时代城址聚落的新发现与新思考》,载中国社会科学院考古研究所、郑州市文物考古研究院编:《中国聚落考古的理论与实践(第 1 辑)——纪念新砦遗址发掘 30 周年学术研讨会论文集》;刘辉:《叶家庙遗址发掘工作汇报》,湖北省文物考古研究所 PPT 资料,刘辉提供。

18. 土城

该城址尚无正式报告或简报。论述略。①

19. 屯子山

该城址与走马岭、蛇子岭等城址紧临,可能共为三姊妹城?有推测认为其面积与走马岭城相同,应为8万平方米。因资料间接,论述略。②

20. 蛇子岭

与走马岭、屯子山共为三姊妹城?资料过于简略,论述略。③

21. 盘龙城

该城址为长江中游发现的唯一一座商代城址。距中原商王朝中心区域虽远,但文化面貌大体一致,可能为商王朝之"方国"。城址位于深入盘龙湖的小半岛上,全聚落规模庞大,东西1 100米,南北1 100米,于丘陵地带范围内分布有多种遗迹,发现多种遗物,总面积达110万平方米。城墙位于大体中心部位(宫城?),面积7.5万平方米,城内东北部大规模建筑物密集,估计为宫殿区。出土大量铜器,包括冶炼工具"将军盔",亦即铜器为本地制造。④

中心的宫城和周围遗址的居民构成应不同。出土青铜器包含刀、凿、斧、锯等手工业用具,石器有斧、铲、刀、匙等生产生活用品,与农业相关的镰刀类却无发现。另发现有大量玉器装饰品以

---

① 刘辉:《长江中游新石器时代城址聚落的新发现与新思考》,载中国社会科学院考古研究所、郑州市文物考古研究院编:《中国聚落考古的理论与实践(第1辑)——纪念新砦遗址发掘30周年学术研讨会论文集》。
② 贾汉清、杨开勇:《湖北公安、石首三座古城勘查报告》,载北京大学中国考古学研究中心、北京大学震旦古代文明研究中心编:《古代文明》(第4卷)。
③ 贾汉清、杨开勇:《湖北公安、石首三座古城勘查报告》,载北京大学中国考古学研究中心、北京大学震旦古代文明研究中心编:《古代文明》(第4卷)。
④ 《盘龙城1974年度田野考古纪要》,《文物》1976年第2期。

及大量陶器等。大量青铜器中祭祀用品占相当比例,而生产用铜器如刀、镰等却无发现,可知该地农业所占比重不高。全聚落(群?)范围内的居民数量应相当可观,相当一部分居民应该从事各类非季节性职业,方国说如能成立,则应有大量行政机构人员,并应该有军队等常驻。如作为方国所在地的行政机能、专门手工业机能、行政机构人员以及军队等"两种以上非季节性机能"的存在没有问题,那么以该城址为中心的整个盘龙城聚落,应该有理由被认定为地理学意义上的都市。

三、长江下游史前城址

长江下游的史前城址已经发现并公布的共 5 处。

22. 垓下

该城址位于河岸阶地,呈不规则椭圆形,一部分城墙露出地表,底宽 22.5 米～24.7 米,外有护城河。城内发现有多居室房屋址。规模不小,不排除具多种聚落机能,但判断资料不足,存疑。①

23. 孙家城

该城址地理位置介于长江流域和黄河流域之间。平面呈长方形,面积数据不一。聚落机能分析有待正式报告出版,暂不作判断。②

24. 良渚

良渚城址相关资料丰富,极为引人瞩目③,此处不必详尽论

---

① 安徽省文物考古研究所:《安徽固镇县垓下发现大汶口文化晚期城址》,《中国文物报》2010 年 2 月 5 日。
② 见《安徽市场报》2008 年 1 月 23 日,新华网 2008 年 1 月 24 日登载。
③ 何天行编:《杭县良渚镇之石器与黑陶》,上海吴越史地研究会,1937 年;(转下页)

述,仅作聚落机能分析。30平方千米范围内有大量同时期遗存,无疑为一可观的聚落群。中心部位瑶山祭坛7号墓、12号墓同反山遗址12号墓、20号墓一样皆为王陵级别。莫角山中心高地达30万平方米,并有大型建筑物柱穴等,被认为是最高统治者的居住地。整个良渚遗址(聚落)作为"王都"应该没有疑义。因此,该聚落具备王都行政机能、"巫政一体"的宗教中心机能、大量作坊之类的手工业机能、建造极大规模城址所需的劳动力及所需的专业技能队伍,以及保卫"王都"所需的军事机能等,毫无疑问,应已远远超过了两种非季节性机能。虽然尚待研究的问题还有很多,但良渚城址以及周围聚落群作为地理学意义上的都市,应该完全没有问题。

关于人口估算数需要解释。此处省略了30平方千米范围的人口估算,1 000万平方米外城按非明确居住区估算,则人口数为60 000～75 000。290万平方米中心城若按明确居住区估算,则为54 400人～74 000人,若按非明确居住区估算,则为17 400人～21 800人。此处再次强调,此方法并不理想,只是为保持全文研究方法一致而颇为不得已的"估算"。

25. 吴城

吴城为长江下游发现的为数不多的商代城址(另一为佥城)。规模巨大,全遗址范围达4平方千米。平面略呈五边形(梯形?),城墙为土筑,底宽15米～28米。整个遗址(聚落群)布局规划明

(接上页)施昕更:《良渚(杭县第二区黑陶文化遗址初步报告)》,浙江省教育厅,1938年6月;车广锦:《良渚文化古城古国研究》,《东南文化》1994年第5期;杨楠、赵晔:《余杭莫角山清理大型建筑基址》,《中国文物报》1993年10月10日;赵晔:《余杭莫角山良渚文化遗址》,《中国考古学年鉴1994》,文物出版社1997年版;蒋卫东:《余杭良渚遗址群内的良渚文化古城》,《中国文物报》1999年4月28日;浙江省文物考古研究所:《杭州余杭区良渚古城遗址2006—2007的发掘》,《考古》2008年第7期。

确,居住区、祭祀区、陶器作坊区、铜器作坊区、墓地等皆有规范。该城址及周围共经过10次大规模发掘,出土大量石器、陶器、铜器及铸铜器具以及玉器等,从生活用品到兵器均有,并发现有原始瓷器,其上有刻画文字。文化面貌同中原商王朝中心区域相似,也略具本地特色,推测为商王朝的方国文明中心。[①] 该聚落无疑具多种非季节性机能,如坚固城墙本身的建造所需劳动力以及可能出现了的专业技能群体、各类制品的手工业机能、"方国文明中心"的行政机能以及与此相关的防御军事机能等,该聚落无疑应该被认定为地理学意义上的都市。

26. 佘城

佘城为长江下游目前发现的两座商代城址之一。[②] 相关资料不多,发现有干栏式建筑为较重要的信息。因资料过于简略,其他论述从略。

四、结语

关于上述长江中游和下游的史前城址分别总结如下。

(一) 中游

资料较少又分属于不同年代、不同考古文化,因而还难以阐述规律性的认识。

1. 分布特点

根据历年来考察,发现(推测)分布有这样一些规律。一种认

[①] 江西省文物考古研究所、樟树市博物馆编著:《吴城 1973—2002 年考古发掘报告》,科学出版社 2005 年版。
[②] 《江阴佘城遗址试掘简报》,《东南文化》2001 年第 9 期;刁文伟、邬红梅:《江苏江阴佘城、花山遗址第二次发掘取得重要收获》,《中国文物报》2004 年 4 月 7 日。

为"在聚落分布密集,海拔 30～50 米水资源丰富的区域还有发现城址聚落的可能",更具体指出"湖北松滋东南、枝江东部、京山南部、钟祥南部、宜城汉水两岸、安陆东南"发现新的史前城址的可能性很大①;另一种推测江汉平原及其周边史前城址数量"应该在 30 座左右"②,如此则尚剩 1/3 有待发现。

刘辉的"集中在长江北岸以及呈半月形分布"的观察是较为敏锐、颇有意义的③,即分布在(1)海拔 30 米～45 米丘陵平原过渡带、(2)月牙形分布带。

无论从哪个角度看,相对集中是客观事实。刘辉的解释是"(上述)月牙外以山地丘陵为主,月牙内则为低洼的水网沼泽地貌",即因后者的"居住条件"相对适宜而被选择。④ 当然,这种解释尚难被认为是结论。

2. 选址环境(布局、规划)

据刘辉考察,史前城址选址有三种微地形,即(1)低岗、(2)台地、(3)丘陵。其实同文还提到另有三个与选址相关的特点,即(4)多集中于小河流、湖泊附近,大型湖泊、大河岸边很少或者无;(5)巧妙而谨慎地利用了自然水系;(6)不少城址聚落由环壕聚落演变而来,如八十垱、城头山等城址。

---

① 刘辉:《长江中游新石器时代城址聚落的新发现与新思考》,载中国社会科学院考古研究所、郑州市文物考古研究院编:《中国聚落考古的理论与实践(第 1 辑)——纪念新砦遗址发掘 30 周年学术研讨会论文集》。
② 贾汉清、杨开勇:《湖北公安、石首三座古城勘查报告》,载北京大学中国考古学研究中心、北京大学震旦古代文明研究中心编:《古代文明》(第 4 卷)。
③ 见刘辉:《长江中游新石器时代城址聚落的新发现与新思考》图 7,载中国社会科学院考古研究所、郑州市文物考古研究院编:《中国聚落考古的理论与实践(第 1 辑)——纪念新砦遗址发掘 30 周年学术研讨会论文集》。
④ 刘辉:《长江中游新石器时代城址聚落的新发现与新思考》,载中国社会科学院考古研究所、郑州市文物考古研究院编:《中国聚落考古的理论与实践(第 1 辑)——纪念新砦遗址发掘 30 周年学术研讨会论文集》。

据笔者对中游史前城址的考察,选址环境、布局、规划等另有如下特点:(1)城址所在地势普遍较周围高,或自然取势,或人工加筑,如走马岭、马家垸、八十垱、城头山等城址,城内有高台建筑的有门板湾、陶家湖、王古溜等城址。(2)大体布局规划明确,聚落成熟度高,如阴湘城的东、西部居住区,中部稻作区,西南部墓地的布局;石家河中心地区谭家岭为居住区,西北部邓家湾为祭祀区;城头山居住-祭祀-作坊-墓葬-稻田等布局规整明确;叶家庙东南部为居住区,西部为墓地等。至商代,城址的布局规划更为成熟。盘龙城城内东北高地有大规模建筑群,应为宫殿区。基础台地上另有铜器作坊等多种机能区域。(3)出现聚落群。新石器时代一部分城址外分布有若干从属性的同时期遗址,如门板湾;城外中小遗址密集构成聚落群的,有如石家河附近有同时期遗址50余处,马家垸城外中、小遗址密集等。商代盘龙城则为中心宫城和全聚落范围两者一体,无疑亦为聚落群。

3. 规模

根据所报告的城址面积数据来分析,通常史前聚落的面积报告数据多不精确,但本文考察的"城址"范围相对明确,因而面积(规模)数据亦可认为大体准确,有些可称精确。

(1) 新石器时代

最大的城址为石家河,有120万平方米、100万平方米和180万平方米三个数据,但无疑都是目前所知长江中游最大规模的城址数据。最小的城址为八十垱,为3.7万平方米。代表规模范围为8万~20万平方米,共11处,占全部该时期20处城址中的55%。

(2) 商代

仅1处,即盘龙城,110万平方米,其中宫城为7.5万平方米。

4. 人口估算

主要根据规模（面积）计算。估算方法文首已有交代。

（1）石器时代

估算人口最多的为石家河城址，面积数据不一致，即便以最小的 100 万平方米并以非明确居住区估算，人口数亦达 6 000～7 500，若以明确居住区估算，则为 1.8 万～2.5 万人。估算人口最少的为八十垱城址，3.7 万平方米的可能人口数为 750～1 000。大部分城址的估算人口都超过了 1 000，借用前述城址代表规模范围（8 万平方米～20 万平方米），则估算人口的范围为 2 000～5 100。

（2）商代

仅 1 处，盘龙城整个遗址范围为 110 万平方米，估算人口数为 6 500～8 200。其中宫城面积 7.5 万平方米，估算人口数为 1 900～2 500。

5. 聚落功能（聚落分类）

以前述都市定义（判断基准）对长江中游城址作如下判定。

（1）都市 1 处：即商代的盘龙城。新石器时代城址则无认定为都市者。

（2）尚难确认但材料充足后有被认定为都市的可能性或者可能性很大的城址 5 处：城头山、马家垸、阴湘城、石家河、门板湾。较为引人瞩目的是城头山城址，发现有最古稻田和最古城墙，且城墙经四次翻造，长期使用，规模虽然不大，但年代久远，若今后资料证据充足后被确认为都市的话，则影响及意义非常大。

（3）存疑或被认定为都市的可能性较小的 14 处（举例略）。

（4）通常的季节性产业机能聚落 1 处：即八十垱，为农业聚落（鸡鸣城推测为普通季节性聚落。未确定，仍归入存疑类）。

（二）下游

长江下游史前城址资料较少，又分属于不同年代、不同考古文化，因而难以阐述规律性的认识。

1. 分布特点

很难说有规律性的认识。良渚和佘城确实在长江下游，吴城、垓下和孙家城位于长江中下游交界处或者长江流域和黄河流域以及淮河流域的交界处。

已经发现的城址数量不多，然而如良渚这样规模的城址仅此一处的可能性应该很小，加上垓下城址和孙家城城址也不过三处，有理由认为并可以期待应该还有相当数量的新石器时代城址在今后的田野工作中会陆续被发现。

2. 选址环境、布局、规划

吴城、良渚和佘城的自然环境类似中游，位于水网地带。

垓下城所在虽然并非水网地带，但"沱河经西侧绕北侧东流"，则邻近中、小河流而非大河岸边或利用了自然水系这一点，也类似于中游。

布局有规划这点在良渚和吴城城址有明确表现，并且已经非常成熟。特别是良渚，大范围内各类遗址有130余处，核心区城址墙厚40米～50米，面积达290万平方米，中心区域和全聚落（群）范围内各种不同的聚落机能在不同区域均有体现，已经是相当成熟的"王都"的可能性非常大，甚至已经可以确认。

吴城也同样，在并不太大的城址内，居住区、祭祀区、制陶区、冶铸区、墓葬区等布局规划非常明确。

3. 规模

"城址"范围相对明确，因而面积（规模）数据亦可认为大体准确，有些可称精确。

（1）石器时代

有 3 处,即垓下城址、良渚城址和孙家城城址。

其中良渚城址特别大,有三个相关的面积数据。中心城范围明确,规模已经非常庞大,再加上尚未确定但不排除可能性的外城(1 000 万平方米)以及 30 平方千米的全遗址范围,就"规模"而言可谓极其令人瞩目。

（2）商代

有 2 处。其中吴城 61.3 万平方米,佘城则有"18 万平方米"和"30 万平方米"两个数据,目前仅可作参考。

4. 人口估算

（1）石器时代

平心而论,人口估算数据的意义不大。"明确居住区范围"或"非明确居住区范围"的假设无疑已经遇到瓶颈,特别是在巨大规模聚落(遗址)的人口估算上。前言中已表示过,必须坦承这是一个尚待解决的难题,暂时还找不出比较有普遍意义的修正方法,是"姑且一试"的方法。期待学术界的共同努力使该难题的探索有新的突破。

（2）商代

比较有意义的是吴城。至于佘城,资料太零碎,规模数据也并不准确,无从论起。

5. 聚落机能(聚落分类)

（1）石器时代

都市 1 处,即良渚。

（2）商代

都市 1 处,即吴城。其他皆为存疑。

笔者特别想强调的是,上述聚落机能分类是比较谨慎的,特别是对"都市"的判定,被排除在"都市"之外的城址远多于被认定的。换一个角度说,则被认定了的都市应该是相对比较可靠的。

再就是城头山城址的规模不大,然而被认定为都市的可能性却存在,即随着研究资料的充实,有可能被认定为地理学意义上的都市。如果出现这个结果的话,应该是意义非常大的。其意义不仅限于城头山城址本身,也不仅限于长江流域,而是对整个中国史前考古学、考古地理学、史前史、都市史以及文明起源等领域的研究都会产生某种影响,有可能引起更多的人对中国最早都市的出现时期这个课题的关心和思考,共同来探讨和深化对该课题的认识,以推动整个学术的繁荣。

(原刊发于《中国考古学会第十四次年会论文集》,文物出版社2012年版)

中国史前城墙聚落研究的若干问题

一、中国史前城墙聚落概况

本文的"史前"以商代为下限。

根据至今公布的资料,中国史前有城墙的遗址(下文皆称"城址")分布区域和数量如下,其中一小部分并没有城墙,但因无法无视(如殷墟)或者其他因素(如凉城园子沟)而保留。

1. 黄河流域共 44 座,同处尚有若干不同年代叠压的,共 51 座(见附表 1)。有必要强调,其中殷墟无城墙,而二里头仅有宫墙。此两处皆为无法无视的重要遗址,而且不排除有城墙,不过还没有被发现。另外笔者虽然不否认城墙在聚落发展史上的重要性,但从来不认为城墙本身决定聚落性质(如都市与否)。①

2. 长江流域共 35 座(见附表 2、3、4),分别为上游、中游和下游的城址。

3. 内蒙古中南部河套一带共有 16 座。②

---

① 王妙发、郁越祖:《关于"都市(城市)"概念的地理学定义考察》,载《历史地理》第 10 辑。本书亦收录此文。王妙发:《略论似城聚落》,《地理科学》1992 年第 1 期。本书亦收录此文。
② 该 16 座城址未作附表,为节约篇幅亦不在此处罗列。资料取自各公开出版物,详论请参见王妙发:《中国先史聚落的考古地理学研究》,大阪大学出版会 2012 年版,第 10 章。

4. 其中凉城园子沟其实没有城墙,但通常都被归入此类。报告者的一个说法其实颇含深意,因为地形险峻,所以没有必要筑城墙了。换个角度说,即是笔者强调多次的"有无城墙并不决定聚落性质"。①

5. 内蒙古东南部和辽西接壤区域即西辽河流域(西拉木伦河、阴河、英金河、大凌河),发现有大量位于中等高度山顶的有城墙的聚落,数量应该超过 100 座。公开发表了的有 70 余座,其中 7 座略为详细,另有 67 座为集中发表。②

6. 其他区域指青海高原,根据《中国文物地图集·青海分册》的资料,有如下 4 座属于卡约文化或唐汪文化的城墙聚落,即湟中下石城、海晏月落石、刚察沙柳河、刚察扎卡瓦拉。③ 之所以将此 4 座规模很小、通常并不引人注意的小聚落(城址)也列出来,仅仅只是因为此 4 处聚落是有(石)城墙的。笔者的本意是想强调,城墙虽然重要,但不必视其为判断都市的唯一条件,城墙不过是诸多防御工事形式的一种,和壕沟类似,有时甚至只是壕沟的副产品而已。湖南八十垱遗址就是一个例证。④

---

① 田广金:《内蒙古长城地带石城聚落址及相关诸问题》,载张学海主编:《纪念城子崖遗址发掘 60 周年国际学术讨论会文集》;田广金:《内蒙古中南部龙山时代遗存研究》,载内蒙古文物考古研究所编:《内蒙古中南部原始文化研究文集》,海洋出版社 1991 年版;王妙发、郁越祖:《关于"都市(城市)"概念的地理学定义考察》,载《历史地理》第 10 辑;王妙发:《略论似城聚落》,《地理科学》1992 年第 1 期。
② 城址未作附表,数量颇多,为节约篇幅亦不在此处罗列。资料取自各公开出版物,详论请参见王妙发:《中国先史聚落的考古地理学研究》,第 10 章。集中发表的 67 座聚落信息见王惠德、薛志强、吉迪等:《阴河下游石城的调查与研究》,《昭乌达蒙族师专学报》1989 年第 4 期。
③ 国家文物局:《中国文物地图集·青海分册》,第 33 页,文物单位简介。
④ 裴安平:《澧县八十垱遗址出土大量珍贵文物》,《中国文物报》1998 年 2 月 8 日。

二、分布和选址特点

(一) 黄河流域

1. 主要分布在中下游。所在地自然地理环境主要为平原和低海拔山地。微地形则是岗丘或高台地较多,包括平原上的岗丘或高地。如平粮台为平原,其余二里头、偃师商城、郑州商城、殷墟、洹北商城全部都位于山麓地带平原边缘,附近有地表水(河流)。

2. 选址多具长久使用意义。如城子崖,龙山文化时期、岳石文化时期、周代都在同地建城,不同年代城址同地叠压。另外如五莲丹土,大汶口文化时期以及龙山文化早期都在同地建城。此外,滕州薛故城也是龙山文化时期和春秋时期的城墙叠压。蒲城店为龙山文化时期和二里头文化时期的城墙叠压。

3. 选址区域集中。上述平原和低海拔山地(丘陵)区域广泛,但城址却相对集中于山东、河南和山西南部。陕西,特别是关中很少,少量发现的有此前的李家崖,最近有神木石峁,很受瞩目,都在陕北。接近内蒙古高原或者应该归属于河套的地区,也是比较集中分布的一个区域。

(二) 长江流域

1. 上游

(1) 集中分布在岷山山脉东麓的四川盆地。微环境为平原,几乎全部城址都有城墙程度不等地暴露在地表。

(2) 二重城墙颇受瞩目,有芒城、双河、紫竹 3 处。至于二重城墙的功能,有防洪说和军事防御说,尚无定论。

(3) 宝墩的城墙为晚期建造,颇受瞩目。此处发现了该聚落由小到大,城墙从无到有的发展过程,是由最普通的村落逐步发展成为大规模中心都市的比较典型、特殊且很珍奇的例子。

2. 中游

(1)集中分布在海拔30米~45米的丘陵平原过渡地带。有三种微地形,即低岗、台地、丘陵。

(2)选址靠近水源的情况极为普遍,但多靠近小河流、湖泊,大河岸边很少或者无。如盘龙城,位于丘陵地带面湖的岛屿上。有的巧妙而谨慎地利用了自然水系,如走马岭,利用水系而减少了筑城工程量。①

(3)城址所在地势普遍较周围高,或依自然势,或人工加筑,如走马岭、马家垸、八十垱、城头山等城址。城内有高台建筑的如门板湾、陶家湖、王古溜等城址。

(4)不少城址聚落由环壕聚落演变而来,如八十垱、城头山等城址。

(5)大体布局规划明确,聚落成熟度高。如阴湘城呈东、西部为居住区,中部为稻作区,西南部为墓地的布局;石家河中心地区以谭家岭为居住区,西北部以邓家湾为祭祀区;城头山的居住、祭祀、作坊、墓葬、稻田等布局规整明确;叶家庙呈东南部为居住区,西部为墓地的布局等。石家河城墙有的部位厚度达80米~100米②(良渚为40米~50米),被称为"史前城墙最厚"。

至商代,聚落布局规划更为成熟。盘龙城城内东北高地有大规模建筑群,应为宫殿区。另有铜器作坊等多种机能区域。选址安全考量明显,位于面湖丘陵岛屿,岛上最高处建宫城,被推测为殷商王朝的"方国",可能周围为未开化土著居民。

---

① 陈官涛:《湖北石首市走马岭新石器时代遗址发掘简报》,《考古》1998年第4期。
② 卢可可:《中国史前城址的区域与类型研究》,《中国历史地理论丛》1998年第3期。

3. 下游

共有 5 处或仅有 5 处（垓下、孙家城、良渚、吴城、佘城），选址特点有共通之处，皆为台地或丘陵，周围为水网地带。

年代跨度非常大，难以互作比较，目前还看不出其他规律性。

（三）内蒙古中南部河套以及内蒙古东南部西辽河流域

两地城址年代不同，河套一带以龙山文化为主，而西辽河流域主要为夏家店下层文化城址。但两地的聚落选址有共通之处，即多为海拔不高的山地山顶，距地表相对高度都在数十米上下。微环境为陡峭孤山，山下都有水源（但也有可能用山泉）。

也有少量城址不在山顶而在平地，此时的城墙也非石砌而是土城了，赤峰二道井子和建平水泉是两个例子。①

（四）其他地域

即青海高原 4 处，分布于湟中、海晏、刚察三个不同的县内，相距并不远，都有一圈石墙，此外并无更多需强调之处。

三、仰韶、龙山、二里头、商各时期城址之关系

（一）文化年代

仰韶文化晚期已经有城，如郑州西山，大汶口文化晚期也已经有城，如五莲丹土、滕州西康留、固镇垓下。这些城墙都不是最原始的，也就是说，几乎可以断定还有可能发现年代比这更早的城。

---

① 辽宁省博物馆、朝阳市博物馆：《建平水泉遗址发掘简报》，《辽海文物学刊》1986年第 2 期。

龙山文化时期涌现大量城墙,数量近 30 座(主要集中在河南、山东和山西南部)。

二里头(夏?)文化时期的城墙不多,或者反过来说数量在减少,包括二里头的宫城,总数不到 10 座。大体同时期的东部的岳石文化城墙也不多,城子崖比较确定,包括并不确切的丁公也就是 2 座。

商灭夏以后,商代城墙数量多且高度发达。

从仰韶晚期到商代,城墙工艺一直在进步发展,这很好理解,但是从绝对数量看,就会发现有一个极大的起伏。特别是从龙山时期的高度繁盛,到二里头文化(包括岳石文化)时期的衰落,再到商代的再度繁盛,这样一个颇为激烈的(数量)起伏应该如何理解?

在夏代城墙基本还未被发现时,笔者曾经有过一个推测,即夏人是否没有建城的传统?[①] 现在夏代城墙被发现了一些,这个推测当然是被推翻了。但是夏代的城墙不管同此前的龙山时代比,还是同此后的商代比,数量比较少是事实。再加上二里头遗址至今没有发现(外)城墙,或许不排除二里头文化先民虽然并非如此前推测的那样没有建城传统,但对建城这件事并不那么积极(非不得已时能不建就不建)。二里头有宫城而无外城的原因,是否在于以夏王朝之强大之天下无敌,保卫皇室(以御内敌?)的宫城被认为有必要,而主要用于防御外敌的外城就可能被认为无必要?当然这仍只是推测,但也可能是观察夏时期城墙不多现象的一个角度。这个观察角度也并非无本之木,比如也可以解释周人(周族)或许也并不热衷于建城,丰京和镐京(宗周)就没有城墙。

---

① 王妙发:《中国史前城址分布与规模之研究》,《新世纪的考古学——文化·区位·生态的多元互动》,紫禁城出版社 2006 年版。

(二) 地域

自仰韶文化晚期和大汶口文化晚期一直到商代,城墙所在地主要集中在河南、山东及山西南部,安徽(固镇垓下)和江苏(连云港藤花落)有少量发现,大体是在后代"中原"概念的地域范围内。一个颇为有趣的现象是,陕西北部发现有清涧李家崖商代城墙以及最近很受瞩目的神木石峁(龙山至夏)的城墙,就自然地理"地域"而言,该地区其实已经接近内蒙古高原,文化上也很可能和草原系统关系更深。① 这里想强调的是,关中平原以及沿渭河溯流向西,再一直向西到河西走廊,甚至再向西到曾经的马家窑文化区域,这沿途也都没有发现与仰韶至商代同时期的城墙。当然,山西北中部以及河北也一直没有发现同时期的城墙。

也就是说,就文化年代也罢,就地域也罢,有城墙和没有城墙绝非偶然现象,而是有规律在内。

商灭夏,商人在原来夏人(夏朝)的地域上建筑了大量高度发达的城(墙)。前面说过夏人(夏朝)可能并不热衷于建城,即商人的高度建城技术未必传承自被其所灭的夏,而是自有所承。

就本文所关心的城墙,留下一个问题:商人高度发达的建城技术来自何处?下面将试图作答。

四、龙山期以后城址和夏、商、周三个大部族的消长关系

整个黄河流域的"大仰韶文化时期"(从马家窑文化到大汶口文化),除了甘肃和青海一带的发展相对滞后一点(如彩陶以及所代表的略古老的文化延续较久),黄河流域中下游各地的发展阶

---

① 郭静云:《透过亚洲草原看石峁城址》,《中国文物报》2014 年 1 月 17 日。

段大体同步,或所谓具同时性。

前面说过,仰韶文化晚期城墙(如郑州西山)和大汶口文化城墙(如五莲丹土、滕州西康留)的建造技术已经相当成熟,亦即在黄河中游和下游有可能发现更早的城墙聚落,数量也不会太少。问题是新的发现是会仅限于黄河流域东部(中下游),还是有可能"全面开花",即分布于整个黄河流域,包括上游或整个中国北方?

在笔者看来,"全面开花"的可能性很小,即新的更早年代城墙的发现,估计基本仍限于黄河流域偏东部。

如果上述推测成立,并以成熟的城墙为较先进生产力的标识之一(肯定不是全部标识),则是否可以这样认为,即后来夏、商、周三大部族间的纷争消长以及其背后的发展不平衡,在仰韶时代晚期就已经可以看到端倪?甚至是否可能上溯到比仰韶文化晚期和大汶口文化更早的年代?如是,则黄河流域中下游(东部)领先于上游(西部)一事,开始得很早。此现象一直持续到西部周族兴起,走入中原,跨入有史时代。

(一) 夏族起源

虽然至今没有文字证明,但视二里头文化为夏文化大体不差。起源豫西晋南说比较有力,该地有城墙,但不发达(笔者曾认为"无建城传统")。相关文献记载虽仍扑朔迷离,但所指地域大体可以确定。

> 自洛汭延于伊汭,居阳无固,其有夏之居。我南望过于三涂,我北望过于岳丕,顾瞻过于河,宛瞻于伊雒,无远天室。(《逸周书·度邑解》)

> 夏桀之国,左天门之阴,而右天谿之阳,庐睪在其北,伊洛出其南。(《战国策·魏策一》)

夏桀之居，左河济，右泰华，伊阙在其南，羊肠在其北。（《史记·孙子吴起列传》）

禹受封为夏伯，在豫州外方之南，今河南阳翟是也。（《史记·夏本纪》正义《帝王世纪》引文）

夏居河南，初在阳城，后居阳翟。（《史记·周本纪》集解引徐广说）

阳翟县本夏禹所都。（《元和郡县志》五卷"河南府阳翟条注"）

夏禹……又都平阳，或在安邑，或在晋阳。（《史记·封禅书》正义引文）

安邑禹都也。（《水经·涑水注》）

《古本竹书纪年》记载有夏七王、地名七，列举如下：（1）禹都阳城；（2）太康居斟寻；（3）帝相处商丘；（4）相居斟灌；（5）帝宁（杼）居原，自原迁于老丘；（6）胤甲居西河；（7）桀居斟寻。

这些王名以及地名和已经发现的夏代城址之间，是何种对应关系呢？

（二）商族起源

商族起源说诸多，"起源东方"近年来逐渐成为"共识"。但"东"到何处？虽然城墙高度发达，但起源相关文献记载比夏族好像更无所从。

"天命玄鸟，降而生商，宅殷土芒芒"（《诗经·商颂·玄鸟》），但具体何处不详。

有关商起源的西方说、东方说、北方说、东北说、晋南说、中原说、夏商周三族同源说等，很有点纷繁或纷乱。其中西方说和东方说比较有代表性。

1. 西方说

《史记·六国表序》言:"东方物所始生,西方物之成孰,夫作事者必于东南,收功实者常于西北。故禹兴于西羌,汤起于亳,周之王也,以丰镐伐殷。"认为夏、商、周皆以西北为发祥地。

《史记·殷本纪》中说商汤"始居亳,从先王居"。许慎《说文》:"亳,京兆杜陵亭也。"《史记·六国表》"集解"引徐广说,"京兆杜县有亳亭",将"亳"定在西方。

2. 东方说

王国维考为河南商丘和山东曹县(《观堂集林》卷十二)。

丁山考为永定河与滱河之间(《商周史料考证》)。

徐中舒、傅斯年、王玉哲等人亦持此说。

3. 北方(东北?)说

邹衡说较有力,认为随着先商文化遗址的不断发现,先商文化的分布排列,明显地呈现出由北而南,北早而南晚的发展势头。① 这与商族南下入主中原,灭夏建商的发展方向一致。

还有很具体地认为商先人活动于幽燕一带的记载,说明(推测)商族当起源于京津唐地区、燕山以南的渤海湾一带,并逐步形成了商族发源地的"冀东北说"②。

另有如《左传·昭公九年》,周王使大夫詹桓伯辞于晋曰:"及武王克商……肃慎、燕亳,吾北土也。"

商人迁徙频繁,有"前八后五"说。《古本竹书纪年》记有十五王,相涉地名六,如下:(1)外丙胜居亳;(2)仲壬居亳;(3)沃丁绚居亳;(4)小庚辩居亳;(5)小甲高居亳;(6)雍己(伷)居亳;(7)仲丁自迁于嚣(隞,一音之转);(8)外壬居嚣;(9)河亶甲自嚣迁于

---

① 邹衡:《试论夏文化》,载《夏商周考古学论文集》,文物出版社1980年版。
② 李洪发:《商族发源地"冀东北说"略述》,载刘向权主编:《滦河文化研究文选》,中国文联出版社2011年版。

相;(10)祖乙滕居庇;(11)帝开甲踰居庇;(12)祖丁居庇;(13)南庚更自庇迁于奄;(14)阳甲居奄;(15)盘庚旬自奄迁于北蒙,曰殷。

上述地名可以论定的其实仅有殷(墟)。当然,今天已经发现了的众多商代城墙遗址应该和上述这些地名有关,期待未来有这方面的突破。

笔者推测,可能商人是从山东向河南"发展"的,即山东龙山文化的居民可能就是商人的先人。这或许也可以解释山东地区商时期无墙或少墙的现象,因为技术和人员全迁移去了河南。当然此推测目前还完全没有地层和器物依据。

(三) 周族起源

周族起源于西方颇少争论。可能周族从来无建城传统,前面谈到的宗周(丰京和镐京)无城即是证据之一,再加上陕西境内、关中向西城墙几乎全部空白,无建城传统说或可以成立。

五、北方农业-游牧业相交地区石城功能新解

关于内蒙古中南部和西辽河流域不高的山地山顶上的石城聚落的功能,为防御工事基本上是共识。至于防御对象,笔者此前曾提出过是北方的游牧民族[①],因为这两处地域正好是农业-游牧业相交地区,又与历史时期的长城位置略合,历史上有过无数次南北间(游牧-农业)争斗的记录。笔者推测,这些防御工事说明了这种南北间(游牧-农业间)的争斗消长在史前就应该已经

---

① Wang Miaofa, "Prehistoric Wall Settlements in Central Inner-Mongolia", Internationnal Conference of Munkhtenger Studies, Ulanbator, Aug. 2006.

开始了。

最近看到郭静云《透过亚洲草原看石峁城址》一文①对这一带的石城现象提出了颇为新鲜的见解。简单地说,这些石城的拥有者并非防御者,而是掠夺者,而且并不一定总是代表"北方",很可能主要代表了该纬度地带东西向的广泛区域间的流动。

其实还有一个长江流域城址分布不均衡的问题,已经在其他论文中仔细讨论过了②,此处不再赘述。

(原刊发于《庆祝张忠培先生八十岁论文集》,科学出版社2014年版)

---

① 见《中国文物报》2014 年 1 月 17 日。
② 王妙发:《长江中下游史前城址考察》,载中国考古学会编:《中国考古学会第十四次年会论文集》,文物出版社 2012 年版。本书亦收录此文。

附表 1　黄河流域史前城址表

城址（遗迹）名称	位置	面积（平方米）	推测人口（人）	聚落分类	年代（文化）等
平粮台	河南淮阳大朱庄	聚落 5 万，城内 3.4 万	850～1 200	都市	龙山晚期
后岗	河南安阳高楼庄正北	聚落 10 万	800～1 000	农业	龙山时代
王城岗（一）	河南登封告城镇西	8 000	200～270	农业（准都市？）	龙山晚期
王城岗（二）		50 万	?	都市？	龙山晚期
边线王城	山东寿光边线王村	1 万（内城时代）5.7 万（外城时代）	250～340 1 400～1 900	存疑	龙山中期略晚期
城子崖岳石文化	山东章丘龙山镇	17.55 万	3 300～4 400	农业聚落	岳石
二里头	河南偃师二里头村	总面积 375 万	22 500～28 000	都市	二里头
郑州商城	河南郑州	城内 317 万 全聚落 2 500 万	59 000～80 000 150 000～180 000	都市	商代早期
偃师商城	河南偃师尸乡沟	190 万	35 000～48 000	都市	商代早期
殷墟	河南安阳小屯村	2 亿 4 000 万	140 000～180 000	都市	商代晚期
郑州西山	河南郑州北郊外	3.45 万	860～1 200	都市可能性大	仰韶晚期
郾城郝家台	河南郾城东	3.285 6 万	820～1 100	非都市	龙山文化

续 表

城址（遗迹）名称	位置	面积（平方米）	推测人口（人）	聚落分类	年代（文化）等
辉县孟庄	河南辉县孟庄	16万	3 000～4 080	存疑	龙山中期
阳谷景阳岗	山东阳谷景阳岗村	35万	6 500～8 900	都市	龙山中期
阳谷皇姑塚	山东阳谷皇姑塚	6万	1 500～2 000	存疑	龙山时期
阳谷王家庄	山东阳谷王家庄	4万	1 000～1 300	都市可能性小	龙山时期
茌平教场铺	山东茌平教场铺村	39.6万	8 200～11 200	都市	龙山时代
茌平尚庄	山东茌平尚庄村	3万	750～1 000	都市可能性小	龙山时期
茌平大尉	山东茌平大尉村	3万	750～1 000	都市可能性小	龙山时期
东阿王集	山东东阿王集村	3.7万	920～1 200	都市可能性小	龙山时期
茌平乐平铺	山东茌平乐平铺村	3.4万	850～1 100	都市可能性小	龙山时期
邹平丁公	山东邹平丁公村	10万	2 500～3 400	都市可能性大	龙山中期—晚期
淄博田旺村	山东淄博田旺村	15万 20万	2 800～3 800 3 700～5 100	都市可能性大	龙山时期
滕州薛故城	山东滕州张旺镇	2.5万	620～850	都市可能性小	龙山时期

续 表

城址(遗迹)名称	位置	面积(平方米)	推测人口(人)	聚落分类	年代(文化)等
五莲丹土(一)	山东五莲丹土	25万(?)	4700~6400	都市	龙山时期
五莲丹土(二)		9.5万	?	?	大汶口文化
五莲丹土(三)		(11万? 18万?)	?	?	龙山早期,龙山中期
滕州西康留	山东滕州	20万(3.5万)	3700~5100 (880~1190)	存疑	大汶口文化?
城子崖龙山城	山东章丘龙山镇	20万	3700~5100	都市可能性大	龙山文化
东阿孟尝君	山东东阿孟尝君村	?	?	?	龙山时期
茌平台子高	山东茌平台子高	?	?	?	龙山时期
垣曲商城	山西垣曲古城镇	13万	3200~4400	都市	商前期
李家崖	陕西清涧李家崖村	城内6.7万	1600~2200	都市可能性小	商前期—中期
东下冯	山西夏县东下冯村北	11.56万	2800~3900	准都市聚落?	商前期
府城	河南焦作府城邑	9.3	2300~3100	准都市聚落?	商前期
洹北商城	河南安阳洹河北岸	400万	75000~102000	都市	较殷墟略早
古城寨	河南新密古城寨	17.65	3300~4500	都市可能性大	龙山晚期

续 表

城址(遗迹)名称	位置	面积(平方米)	推测人口(人)	聚落分类	年代(文化)等
藤花落	江苏连云港	14万	3 500~4 800	农业聚落	龙山时期
陶寺(一)	山西襄汾陶寺村	56万	?	存疑	龙山早期
陶寺(二)	山西襄汾陶寺村	280万	52 500~71 400	存疑	龙山中期
陶寺(三)	山西襄汾陶寺村	"小城"	?	存疑	龙山中期
大师姑村	河南郑州大师姑村	51万	9 600~13 000	?	二里头中期—晚期
蒲城店(一)	河南平顶山蒲城店	残4.1万	?	?	龙山晚期
蒲城店(二)	河南平顶山蒲城店	5.2万	1 300~1 800	?	二里头文化
新砦	河南新密新砦村	100万(?)	?	?	龙山晚期—二里头早期
徐堡古城	河南温县徐堡村	40万(?)	?	?	龙山时代
望京楼(一)	?	?	?	?	二里头
望京楼(二)	河南新郑新村镇	37万	?	?	商前期(二里岗)
石峁	陕西神木高家堡	425万	?	?	龙山晚期至夏

附表 2　长江上游史前城址表

城址名称	位置・选址・布局	面积（平方米）	推测人口（人）	聚落机能・分类	年代（文化）等
宝墩	四川新津宝墩村	25万	4700~6300	存疑	宝墩文化
鱼凫村	四川温江北	32万	1800~1900	存疑	相当于龙山时代
郫县古城	四川郫县城北	32万	6000~8100	存疑	龙山时代
芒城	四川都江堰芒城村	7.8万	1900~2600	准都市？	相当于龙山时代
双河	四川崇州	10万 15万	2500~3400 2800~3800	准都市？	宝墩文化
紫竹	四川崇州	17.8万	4400~6000	存疑	宝墩文化
盐店	四川大邑盐店村	30万？	？	？	宝墩文化
高山	四川大邑高山村	？	？		宝墩文化
广汉三星堆	四川广汉三星堆村	36万（？）	（6700~9100？）	都市可能性大	商代地方类型

附表 3　长江中游史前城址表

城址名称	位置·选址·布局	面积（平方米）	推测人口（人）	聚落机能·分类	年代（文化）等
走马岭	湖北石首东升镇。城址地势较周围高，西南近湖，城内东北部有居住区，西南部有大规模建筑物群（?），城外环壕西南有水门通城外湖。	8 万（11 万）	2 000～2 700（2 700～3 700）	可能多机能存疑	屈家岭文化。100 平方米大房内分 8 平方米～50 平方米多间。建城应有规划，大规模建筑群或为权力象征？
马家垸	湖北荆门显灵村。城址为较平坦岗地，较四周高 2 米～3 米，四边缺河为自然河连接。城内东北部有南北向长 250 米夯土台基，城外中小遗址密集，或为聚落群。	20 万 24 万	3 700～5 100 4 500～6 100	多机能都市可能性大	屈家岭文化。防御用高台，水门，合成环壕等，建城应有全面规划，规模大
阴湘城	湖北荆州马山镇。为荆山余脉八岭山岗丘，湖、河连接地带。城内东高西低，四周为城门。东—西居住区中部为稻作区，西南部为墓地。南距荆江大堤 200 米	12 万 20.3 万 17 万	3 000～4 000 3 800～5 100 3 100～4 300	多机能都市可能性大	屈家岭—石家河文化。房屋集中，文化层厚，遗物丰富，应为长期使用。居住区，稻作区，墓地等规划，有大型分间房屋

续 表

城址名称	位置·选址·布局	面积（平方米）	推测人口（人）	聚落机能·分类	年代（文化）等
石家河	湖北天门石河镇。城内东北高西南低，环壕至今可确认宽60米～100米，深4米～6米。中心谭家岭为居住区，西北部为邓家湾祭祀区(?)。附近50余处遗址构成聚落群	120万 100万 180万	7200～9000 6000～7500 10800～13500	多机能 都市可能性大	屈家岭—石家河文化。城墙极厚，应需大量劳力或有专业建筑者，城内分不同机能区域，应有规划。有大量动物雕塑，刻划符铜块
鸡鸣城	湖北公安清河村。泥水河北堤和松滋河西堤相围成的"合顺大垸"南小平原。环壕宽50米～70米。城内中央有高1米，面积4万平方米的台地，见大量红烧土，为主要居住区	15万	2800～3800	无多种机能 都市可能性小	屈家岭文化。南垣外有2万平方米小遗址
八十垱	湖南澧县梦溪乡。古河道边为小高地，挖壕沟泥堆为城墙	3.7万	750～1000	农业聚落	彭头山文化。城、壕为防自然灾害(?)。发现最古稻粒

续表

城址名称	位置·选址·布局	面积(平方米)	推测人口(人)	聚落机能·分类	年代(文化)等
城头山	湖南澧县车溪乡。环壕为自然河道和人工河道结合。城内地面较城外高,中心部分更高,有大型建筑、砺石铺路、内外水路相通,易排水,居住、祭祀、作坊、墓葬、稻田等布局规划明确	7.5万 8万	1800~2500 2000~2700	多机能都市可能性不大(?)	大溪-屈家岭-石家河文化。最古稻田,最古城墙,城墙四次翻造,长期使用。规模不大。年代早。若确认为都市影响意义大(?)
门板湾	湖北应城星光村。大洪山余脉地带,东、南、北三面古河道(城壕),城内西侧为岗地,东北、西北各有高台建筑。城外分布若干半从属城址之同时遗址	20万	3700~5100	多机能都市可能性大	屈家岭文化。115.5平方米大型房屋内分四室,外有走廊,四周围墙450平方米大院落
龙嘴	湖北天门吴刘村。城东、西、南三面环湖,北为人工壕沟,城墙依地势较周围高1米~2米	6万 8.2万	1500~2000 2000~2700	都市可能性低	大溪文化中-后期。资料尚少,不作判断
鸡叫城	湖南澧县涔南乡复兴村。岗地,东、西、南三面为自然河道,北为人工护城河	"总面积约22万"	1300~1700	存疑	屈家岭文化早中期延至石家河时期

续表

城址名称	位置·选址·布局	面积（平方米）	推测人口（人）	聚落机能·分类	年代（文化）等
笑城	湖北天门皂市镇。山地向平原过渡，丘陵岗地东、南，西地势低，平面为曲尺形。姚家河自西向东从城址南侧流绕，除城北有壕外，余三面为湖	6.3万（9.8万）	1600~2100	无多种机能都市可能性小	屈家岭文化晚—石家河文化早期。稻田经济与渔猎经济（?）。方圆25平方千米内发现新石器古城4座
陶家湖	湖北应城汤池镇。城垣外有护城河环绕，城内南部有大面积台地	42.5万（总面积67万）	8000~10800	可能多机能存疑	屈家岭文化晚期至石家河早期
王古溜	湖北安陆李畈镇。弯塝河北岸二级台地，城址东西扁长，高周围4米~5米。东、西垣利用自然岗，北垣修筑，垣外壕沟今为鱼塘。东北、西北大型台地似为居址	70万（城址24万）	(4500~8200)	可能多机能存疑	屈家岭文化—石家河文化早中期。大型台地数万平方米，有大量红烧土
城河	湖北沙洋后港镇。城垣·环壕保存完整	50万（总面积70万）	9300~12700	存疑	屈家岭文化晚期—石家河文化。规模大，"仅次于石家河城址"

续表

城址名称	位置·选址·布局	面积（平方米）	推测人口（人）	聚落机能·分类	年代（文化）等
青河	湖北公安甘厂镇。周围地势低，附近有湖	6	1500~2000	存疑	屈家岭文化晚期—石家河文化
叶家庙	湖北孝感朋兴乡。城址西和西北为环水故道，东及东南部地表可见环壕水系，东南为居住区，地势高，西城垣处为墓地	15万 30.8万	2800~3800 5700~7800	可能多机能 存疑	屈家岭文化晚期—石家河文化早中期。城址方圆5平方千米内有11处同时期遗址。可能为叶家庙中心聚落群
张西湾	武汉黄陂区祈家湾镇。北、东、西三面城垣，外有壕沟，南无城垣，城内布局尚未探明	9.8万	2400~3300	存疑	石家河文化中期
土城	湖北大悟三里镇	7万	1800~2400	存疑	石家河文化早中期
屯子山	湖北石首东升镇。地势较周围高，走马岭南150米处，与走马岭、蛇子岭共为三姊妹城（?）	8万（?）	2000~ 2700(?)	存疑	大溪文化晚期—屈家岭文化时期。"与走马岭相当"

续表

城址名称	位置·选址·布局	面积（平方米）	推测人口（人）	聚落机能·分类	年代（文化）等
蛇子岭	湖北石首东升镇。东西向，略呈弧形土岗，有城门。与走马岭、屯子山共为三姊妹城（?）	?			屈家岭文化时期。"较走马岭（屯子山）略晚"
盘龙城	湖北武汉黄陂叶店村。城址位于中深入盘龙湖小半岛上。城内东北心部，外有宽10米壕沟，应为宫殿区。高地有大规模建筑群，城内东北东北角高地有平整夯筑痕迹。基础台地上有大规模宫殿、有铜器作坊等多种机能区域	110万（宫城7.5万）	6500～8200 (1900～2500)	多机能都市	商代。青铜器玉器等大量多种类。"方国"?

附表 4　长江下游史前城址表

城址名称	位置·选址·局	面积（平方米）	推测人口（人）	聚落机能·分类	年代（文化）等
垓下	安徽固镇濠城镇。台地，沱河经西侧绕北侧东流。壕沟排房台基。淮河流域	15 万	2800～3800	存疑 可能为都市（？）	大汶口文化晚期
孙家城	安徽怀宁马厂镇	18 万（总 25 万） 20 万 30 万	3400～4600	存疑 可能为都市（？）	龙山时代（本地张四墩类型）
良渚	浙江杭州余杭莫角山。天目山余脉大遮山丘陵，苕溪流过。睢状土垣绵延数千米或为外壕达 1000 万平方米，墙外有宽 20 米壕沟若干，高土台疑为军用。大范围内各类遗址 130 余处。核心区城址墙厚 40 米～50 米，面积 290 万平方米，中心的反山高台为祭坛贵族墓地（王陵？）。全体的范围是 3380 万平方米（33.8 平方千米）	范围 3000 万 外城 1000 万 中心城 290 万	略 60000～75000 17400～21800	行政·祭祀·军事中心，"巫政一体王都"等多机能，多等级居民。大都市	良渚文化。大量玉礼器有玉权杖、木石陶漆牙等各类器物大量、大型建筑物柱穴等。繁盛"王都"应无疑。莫角山中心高地 30 万平方米

续 表

城址名称	位置·选址·局	面积（平方米）	推测人口（人）	聚落机能·分类	年代（文化）等
吴城	江西樟树。城内四处山丘连绵，其间池沼水洼，东南有水门。城内居住区、祭祀区、制陶区、冶铸区、墓葬区等分工明确	61.3万	11 500～15 600	"方国文明中心""军事防御"等多机能明确。都市	商代。大量石、陶、青铜、玉器牙雕等器器。陶文原始瓷铸铜工具等。受中原文化强烈影响，又具鲜明地方特色
佘城	江苏江阴云亭镇。三角洲平原上高地	"18万?" "30万?"		存疑	商代

* 皆以非明确居住区估算。

齐家文化聚落规模试探

一

本文所用资料全部来源于《中国文物地图集·甘肃分册》（以下略称《甘肃》）①。

根据《甘肃》下册的"文物单位简介"，全省的齐家文化各类遗存共有2714处。这些遗址可以分为两个部分（类型），即不同年代的文化层多重叠压共存的1089处，以及并无其他年代文化层共存、单纯齐家文化遗存的1625处，其中包含齐家文化墓葬12处，窑1座。②

本文探讨"齐家文化聚落规模"，但不同年代多重文化层叠压的遗存中难以单独分辨出齐家文化规模相关的内容（如面积），因而于齐家文化的研究而言，这一类文化层多重叠压共存的遗址最大的意义大体在于研究该文化的分布范围。因而本文集中探讨所谓"单纯的"齐家文化遗址（1625处），希望对齐家文化的聚落规模有所认识。

---

① 国家文物局编：《中国文物地图集·甘肃分册》，测绘出版社2011年版。
② 本文原有附表"甘肃省单纯齐家文化遗存表"，因本书篇幅原因无法收录，可另参《2015·中国广河齐家文化与华夏文明国际研讨会论文集》，文物出版社2016年版。

探讨对象主要是遗址面积和文化层厚度这两项数据,前者与聚落规模相关,后者与聚落使用年限相关。当然,对这两项数据有必要持有理性的认识。

这些数据(面积和文化层厚度)除了少量是经过较正式发掘获取的,绝大部分主要是通过若干次文物普查得到的。出于种种原因,大部分遗址都只停留于地表勘察和部分钻探,得到的认识(数据)可能有局限。因而我们所面对的这些面积和文化层的数据可能并不都是很准确的,更谈不上精确。但是,无论从任何角度,我们都没有理由说"这些数据(都)是错误的"。普查过程中会不时发生不同类型的错失,然而毕竟是根据规范(规程)进行的普查工作,基础无疑是坚牢的。如此大量的遗址和如此庞大的数据,于学科研究而言是一个巨大的宝库。我们有理由认为,从这些数据中可以寻找出颇为客观的内在规律,有可能从不同角度获得不同的成果。本文是一种试探,希望能在聚落(遗址)相关的数据中得出有关齐家文化聚落规模的某种规律。

二

以下为根据《甘肃》资料归纳统计的数据。

(一) 规模(面积)

除去12处墓葬和1处窑址,以下对1612处单纯的齐家文化遗存的面积做了统计和分类:

1. 特大规模 遗址面积达到和超过100万平方米的,有3处,即甘谷县雒家庄遗址100万平方米、武山县砚峰遗址150万平方米以及临夏县崔家庄遗址100万平方米,该3处在全部1612处遗址中占不足0.2%。

2. 大规模 遗址面积达到 10 万平方米以及以上但不足 100 万平方米的,共有 232 处,在全部 1612 处中约占 14%。

3. 中等规模 遗址面积达到 1 万平方米以上但不足 10 万平方米的,共有 875 处,在全部 1612 处中约占 54%,为最大比例。

4. 小规模 遗址面积不足 1 万平方米的,有 504 处,在全部 1612 处中约占 31.2%。其中最小的为 300 平方米,有 2 处,即庄浪县野棉花湾遗址(文化层厚度约 3 米)以及漳县潘家坪遗址(文化层厚度无记载)。

另有少量"面积不详"或无记载的,共 3 处,如积石山保安族东乡族撒拉族自治县鲁坪遗址。

(二) 文化层(厚度)

考察文化层厚度的"意义"更为相对和间接。简单地说,聚落使用时间越长,遗留下来的文化层就应该越厚。文化层厚度和聚落(遗址)规模也应该有某种关联,规模越大,文化层也应该越厚。比较遗憾的是目前还无法量化聚落使用时长,即还没有办法以若干厚度表示若干年,暂时只能反映同类遗址中相对(可能)存续年限的长短,将来或许能在不同区域、不同文化之间作比较研究。

以下对 1612 处单纯的齐家文化遗存的文化层厚度做统计和分类:

1. 文化层厚度最厚处达到和超过 3 米的,共有 107 处,在全部 1612 处中约占 6.7%。最厚的为秦安县革山遗址,文化层厚达 5 米～7 米。

2. 文化层厚度最厚处 1 米以上、不到 3 米的,有 1079 处,在全部 1612 处中约占 67%,比例最高。

3. 文化层厚度最厚处不足 1 米的,有 413 处,在全部 1612

处中约占 26%。

另有少量文化层厚度"无记载"的（15 处），如秦安县安湾遗址。

（三）墓葬（墓群）

数量不多，共有 12 处墓地。超过 1 万平方米的有 4 处，面积最大的为临潭县磨沟墓群，达 24 万平方米。面积最小的为兰州市白虎山墓群，1 000 平方米。

（四）窑址

仅 1 处，为华池县干阳岘窑。东西长 4 米，南北宽 3 米，拱顶进深 2.5 米，"厚度 0.3 厘米"的报告资料略不可解，可能指拱顶内进深 2.5 米部位的厚度（深度）。

三

通过对上述统计数据的分析，可以得到以下一些认识，颇有特色。和黄河流域其他区域的同文化年代遗址作比较研究，更可以得到一些颇具规律性的认识。

（一）规模（面积）考察比较

甘肃境内齐家文化聚落规模最大的达 150 万平方米，最小的为 300 平方米。超过 100 万平方米的特大规模聚落所占比例为 0.2%，10 万平方米以上、不足 100 万平方米的大规模聚落所占比例为 14%，1 万至 10 万平方米的中等规模聚落所占比例约为 54%，不足 1 万平方米的小规模聚落所占比例约为 31.2%。

其中最具代表性的中等规模聚落约占 54%。1 万至 10 万平方米的聚落之中还可以细分,比如1万至5万平方米和5万平方米以上至10万平方米两部分,本文没有再作细分。

如果将上述统计结果和黄河流域其他区域的研究结果比较起来看的话,颇具意义。

笔者曾对全黄河流域以及河南、青海等略小区域的史前聚落分别作过研究。发展阶段和齐家文化大体相近,同为新石器时代晚期的龙山文化,其聚落规模研究结果如下。

先看全黄河流域龙山文化时期。① 10万平方米以上的大型、特大型聚落所占比例为15.1%(甘肃为14.2%);1万至10万平方米的中等规模聚落所占比例为48%(甘肃为54%);1万平方米以下的小规模聚落所占比例为31.3%(甘肃为31.2%)。

再看相对略小区域的河南境内龙山文化时期。② 10万平方米以上的大型、特大型聚落所占比例为9.8%(甘肃为14.2%);1万至10万平方米的中等规模聚落所占比例为52.5%(甘肃为54%);1万平方米以下的小规模聚落所占比例为37.7%(甘肃为31.2%)。

青海省内齐家文化聚落相关数据很少,暂时还无法横向比较。③

从上述数据比较可以看到,各地的大型与特大型规模聚落、中等规模聚落、小规模聚落在比例上比较接近。特别是1万至10万平方米的中等规模聚落,不仅所占比例都是最多,而且具体数据也非常相近。

---

① 王妙发:《黄河流域的史前聚落》,载《历史地理》第6辑,上海人民出版社1988年版。本书亦收录此文。另见王妙发《中国先史聚落的考古地理学研究》。
② 王妙发:《黄河流域史前聚落之再检讨——以河南省为例》,载《历史地理》第14辑,上海人民出版社1998年版;另见王妙发《中国先史聚落的考古地理学研究》。
③ 王妙发:《青海高原新石器时代的聚落与墓地的研究》,《研究年报》(和歌山大学经济学部)2010年第14辑;另见王妙发《中国先史聚落的考古地理学研究》。

这仅仅是偶然的数据接近,还是有某种规律在内？笔者倾向于认为是有规律在内。也就是说,整个黄河流域的上、中、下游,在社会发展阶段进入新石器时代晚期时(绝对年代各地略有差池),各地区的"文化面貌"会有所不同或者有很大不同,但是聚落的规模大小很可能是遵循着某种同步或同质性规律在发展。

上述对黄河流域三个不同规模区域聚落规模进行的研究所得到的"规律"性认识是否具有普遍意义,目前还不敢断定,本文所做的也仅限于齐家文化和龙山文化间的比较,与其他各文化年代间的比较样本还不够多。但无论如何,这是一个有必要引起注意的考察角度或方向,希望今后有更多类似的课题研究来作验证。

(二) 文化层厚度考察比较

可能和上述规模相关,各聚落(遗址)留存下来的文化层厚度数据中,所占比例最高的是最厚处 1 米以上、不到 3 米的,占 67%,可能为齐家文化聚落文化层堆积的代表性厚度。文化层厚度超过 3 米的和不足 1 米的都不多,比例分别为 6.7% 和 26%。

也来比较一下甘肃齐家文化和黄河全流域以及河南、青海同文化时代的聚落(遗址)文化层厚度。

全黄河流域龙山文化时期的聚落文化层厚度如下[①]：厚度达到 4 米以上的,所占比例为 6.8%(甘肃超过 3 米的为 6.7%)；1 米以上、4 米以下的,所占比例为 56.4%(甘肃 1 米以上、不到 3 米的为 67%)；不足 1 米的,所占比例为 36.8%(甘肃不足 1 米的为 26%)。

[①] 见王妙发《黄河流域的史前聚落》(载《历史地理》第 6 辑)、《中国先史聚落的考古地理学研究》。

河南境内龙山文化时期的聚落文化层厚度如下①：厚度达到 3 米以上的，所占比例为 7%（甘肃超过 3 米的为 6.7%）；1 米以上、3 米以下的，所占比例为 89.1%（甘肃 1 米以上、不到 3 米的为 67%）；不足 1 米的，所占比例为 4.1%（甘肃不足 1 米的为 26%）。

青海省内齐家文化聚落文化层厚度相关数据很少，暂时还无法横向比较。②

从上述数据比较可以看到，文化层厚度达到 3 米或 4 米以上的普遍不多，所占比例接近，都在 6%～7%。

文化层厚度 1 米以上、3 米或 4 米以下的普遍占最大比例，然而数据并不相近，以河南的比例为最高。与此相关，文化层厚度不足 1 米的比例各区域也很不一致。特别是河南境内龙山文化时期文化层厚度不足 1 米的比例很低，仅占 4.1%。

对这一现象笔者曾作过推测。③ 简单地说，文化层厚度和聚落居住年限呈正比，即居住年限越长久，遗留下来的文化层就应该越厚。反之，文化层薄则表示居住年限短，这个比例大的话，即表示聚落的迁徙为经常性的。和黄河流域其他区域比，河南境内从前仰韶期到仰韶期再到龙山期，各个时期的文化层略厚的数据都比整个黄河流域的同数据要多，反过来文化层薄的比例很低。现在又有甘肃齐家文化的同样倾向的例子，说明河南地域很可能在整个新石器时代气候适宜，植被良好，自然灾难相对较少，比较

---

① 见王妙发《黄河流域史前聚落之再检讨——以河南省为例》（载《历史地理》第 14 辑）、《中国先史聚落的考古地理学研究》。
② 见王妙发《青海高原新石器时代的聚落与墓地的研究》（《研究年报（和歌山大学经济学部）》2010 年第 14 辑）、《中国先史聚落的考古地理学研究》。
③ 见王妙发《黄河流域史前聚落之再检讨——以河南省为例》（载《历史地理》第 14 辑）、《中国先史聚落的考古地理学研究》。

适合人类较长时间的定居，因而遗留下来的文化层厚度较整个黄河流域其他地区要厚，反之文化层薄的遗址（例子）少，亦即聚落迁徙频率比同时期其他地区要低。

（三）其他

20世纪20年代广河齐家坪遗址被发现、齐家文化被命名时，并没有"多重文化叠压"的认识，直到夏鼐在齐家文化墓葬填土中发现仰韶文化陶片，才确立了齐家文化的相对年代。之所以提到这一点，是想说明我们现在面对的数据很可能是不太准确、更不精确的，落实到本文，对"纯齐家文化遗址"的认识也有必要留下再认识的余地。

墓地数量非常少，和遗址的大量发现不成比例。理论上遗址附近应该有墓葬，这是人类群体生活不可或缺的。但各地的普查统计都有这个倾向（现象），很可能存在着一个普遍的盲点有待改善。可能"遗址"范围内即包含着墓葬，全面揭露时会被发现。

窑址仅有1处，也是颇为难解的问题。笔者以为，这可能是受普查时有"窑址"这个立项的影响。和上述墓葬的情况相同，通常"遗址"内就应该包含有"窑址"，也许全面揭露遗址时，窑址和种种其他遗迹才会被发现。

墓葬和窑址本来和遗址应该是一个有机体，从这个角度来看，目前墓地和窑址数量如此之少的现象或许就比较容易理解了。

（原刊发于《2015·中国广河齐家文化与华夏文明国际研讨会论文集》，文物出版社2016年版）

都市与文明定义小议

一

本文的"都市"即通常所说的"城市",英文为"city"。文明则无须说明,即通常所谓的"文明",英文为"civilization"。

题目比较"虚",但目的是希望能够表达得比较平实,能落到实处。"都市(城市)"概念略小,或许还较容易"界定","文明"概念则很大,"界定"也难。

这两个概念或两个单词使用频率很高,比如这次会议的题目就叫"城市(都市)与文明"。但是坦率地说,这两个概念或单词的定义或内涵是否很明确、很清晰呢?可能还是很有一点可议之处的。有不少学者参与了文明探源工程,我的理解是这"探索源头"的过程同时也就是"探索定义"、寻找"界定时点"的过程。其实会议的讨论也不同程度地涉及了与此相关的概念或定义的不明确的问题。

二

先说都市或城市(city)。在中国历史上,"城市""都市"都用过,但古代时两者的使用频率都不高,近代以来,先是"都市"使用普遍,20世纪50年代之后,"都市"基本被"城市"取代。

笔者多年前曾提倡弃用"城市"而改用"都市"[①]，理由是"城市"一词比较容易引导（误导）研究者（包括本人）将注意力较多地集中到那一圈"（城）墙"上去，而"都市"比较强调人群"集中"聚居、多种聚落功能聚集，比较接近社会生活中枢的"都会"的意味。

比如当年河南登封王城岗发现了一圈（加半圈）龙山晚期城墙[②]，引起议论甚至轰动，许多研究者就认为这是"中国最早的城市"。当然还有一个原因，根据文献，这里可能是"禹都阳城"。但事实上，该遗址除了那一圈（一圈半）城墙外，文化面貌和同时期的其他遗址没有什么不同，即便确实被证明此地是"禹都阳城"，是否就可以认定其为"中国最早的城市"？理由仅仅是那一圈（一圈半）城墙而已？本人对此当然是持否定态度的。

城墙很令人瞩目，然而仅以城墙作为判定都市的标准肯定是行不通的。当然，否定单以城墙为都市的判断标志，同时需要确定概念，即以什么为标准来判断都市。

通常而言，"都市（城市）"一词使用频率很高，模模糊糊的概念似乎也是有的。但是在需要严格界定内涵的学术范畴内，就不容易表达了。部分地理学专门词典就没有或者是刻意回避了该词条。比如颇为权威的日本地志研究所编《地理学辞典》1972 年初版就没有"都市"（即城市），到 1989 年改订版时才加上。

来看一下各类词典是怎样表述"都市（城市）"的。

上海辞书出版社 1983 年版《地理学词典》有"城市"条目——"城市（City）：具有一定规模的工业、交通运输业、商业聚集的以非农业人口为主的居民点。它是在历史上手工业和农业分离，阶级和国家出现时产生的。现代城市，是现代大工业、科学技术和

[①] 王妙发、郁越祖：《关于"都市（城市）"概念的地理学定义考察》，载《历史地理》第 10 辑。本书亦收录此文。

[②] 安金槐、李京华：《登封王城岗遗址的发掘》，《文物》1983 年第 3 期。

文化教育事业的集中地,一般是国家或地区范围内政治、经济和文化中心。"

这个表述很"现代",并非"一般定义",即不具普遍意义,于历史学特别是考古学探究早期都市(城市)形成(产生)的课题并无标尺或定义作用。

《辞海》无"城市"而有"都市"条目,但并非着眼于定义,引《汉书·食货志上》:"商贾大者积贮倍息,小者坐列贩卖,操其奇赢,日游都市藏蓄。"

汉语大词典出版社1994年版《汉语大词典》无"都市"而有"城市"条目:"人口集中,工商业发达,居民以非农业人口为主的地区,通常是周围地区的政治、经济、文化中心。"

1989年版的《地理学辞典》有"都市"条目,其根据时代、国别,对于"都市"给出不同标准,主要强调了三个要点(标准):(1)人口集中;(2)产业结构为以第二、三产业为主;(3)中地机能。

该表述地理学色彩明显,笔者以为较具普遍意义,然而对于从历史学或考古学角度探究早期都市课题仍作用不大。

笔者翻检了学术上颇为存疑的目前网络上的一些解释,仍不能解决我们面临的缺少历史学或考古学角度"定义"的问题。如"百度百科"的"城市"有多重角度的定义,如经济学的、社会学的、城市规划学的(行政意义上的)以及地理学的。其中地理学"城市"的定义为:"城市是以非农业产业和非农业人口集聚形成的较大居民点。"其实这里倒是涉及了笔者希望强调的"非季节性定居人口",即非农产业(广义的包括林、牧、渔业)人口。

关于"都市","百度百科"也有解释,但却是一连串标准。其中"形态与分类"有古代形态和现代形态之分,因为涉及历史学或考古学,且看一下其所谓的"古代形态":"从都市的发展看,它有两种形态……古代形态都市通常有城墙和护城河护卫,只有几个城门出入。如欧洲中世纪的诸多城邦和中国古代的都城,都属于这一形态。现代形态的都市无须靠城墙或护城河来护卫,它在一定程度上虽然还保存要塞的制度与秩序,但对外界基本上是开放的。居民的聚居主要靠都市自身的功能优势……两种形态的都市虽存在较大的差异,但二者的制度内容和基本功能却大体相同。"

不得不说,上述这些"定义"颇有点让人无所适从,特别是在早期都市研究领域。

笔者从硕士论文开始研究史前聚落和早期都市,因为无法回避如何界定"都市"概念的问题,于是下了一点工夫,马马虎虎形成了自己的都市的定义。

下面谈一下笔者的标准。

有关聚落功能的推定(分类),大体分为三类:都市(city),似都聚落(也叫似城聚落,city-like settlement),村落(主要指农业、牧业、渔业等季节性产业聚落,village)。

聚落分类中的"都市"判断基准如下:"非季节性的定居人口占居民的绝大多数,并具有两种以上非季节性机能,其中包括一种中地机能的人群聚落。"达不到"两种以上非季节性机能"的,则为似都聚落。

所谓中地机能,前面也有涉及,是指并非仅服务于本聚落的、对周围包括远程聚落有影响力的聚落机能。该"判断基准"或可称为"王氏暂定基准",是根据自身的研究经验而自定的。因为至今为止还没有被普遍接受的"都市"的统一定义,而本人在历年研究中因无法回避此概念,出于某种不得已而对此问题进行了若干探讨,姑且形成了可以在研究工作中实际运用的"定义",包括与此概念紧密相关的似都聚落的定义。[①]

---

① 王妙发:《略论似城聚落》,《地理科学》1992年第1期。本书亦收录此文。

当然应该承认，要完整、清晰地表述"都市"的定义是困难的，我并不认为上述定义已是应该被普遍接受的理想定义，只是认为其比较接近实际，并且可以作为一种具实用意义的判断方法而运用于研究中。

笔者想强调的是，都市（城市）从根本上说应该是一个地理学的概念，都市的界定，应该从人口构成和聚落机能分析的角度来进行考察，才有可能得到比较符合事实的结论。

顺便要提到，研究早期"都市"，"城址"或者"城墙"是无法回避的，而本人想强调的恰恰是，本人并不认为城墙本身对上述都市定义有任何影响。长期以来，在不少研究者的笔下，城墙是判断都市的重要标志，甚至唯一标志，比如上面提及的登封王城岗城址在发现后被认为是"中国最早的城市"造成的耸动。流行过很长时间的一个模式是，城墙、城市（都市）、文明、国家、阶级等概念几乎被画了等号。本人坦承对此（模式或观点）颇不以为然。如果说城墙的主要功能是防御的话，那么就和都市（城市）、阶级分化、国家和文明的出现全无关系，因为人类在最原始的聚落产生的同时就有防御的需要，包括防御野兽以及其他人类集团。至于防御设施的形式是壕沟还是围墙，本质上实在没有什么不同。然而在不少探讨早期都市（城市）问题的论著中，史前聚落中经常可以看到的壕沟却基本上被无视。事实上，城墙不过只是壕沟的延长，或只是壕沟的副产品而已，长江中游的澧县八十垱和应城门板湾两个城址就是很好的例证。①

当然，笔者不否认城墙（围墙）是史前聚落发展进程中的一个

---

① 裴安平：《澧县八十垱遗址出土大量珍贵文物》，《中国文物报》1998 年 2 月 8 日；陈树祥、李桃元：《应城门板湾遗址发掘获重要成果》，《中国文物报》1999 年 4 月 4 日；王红星：《史前城壕的防洪功能——应城门板湾城壕聚落发掘的启示》，《中国文物报》2002 年 8 月 30 日。

重要参照指标,理由是城墙(围墙)的建造需要大量的劳动力,以及有可能由此引导专业分工,并由此引出聚落机能的多样化,而逐渐向地理学意义上的都市定义接近。

三

下面谈"文明"。

目前有一个大规模的文明探源工程,据了解,历史学家和考古学家之间有争论,或者说争论还很激烈。笔者以为,在诸种争论中,恐怕"文明"的定义很有必要厘清,究竟达到了何种标准这"文明"才算是"探"到了呢?

"文明"的定义其实很不清晰,笔者也并没有形成"自身的定义"。

《汉语大词典》中有八种解释,较接近者为第三种"文治教化"、第四种"文教昌明"、第六种"社会发展水平较高,有文化的状态"。

《辞海》则有两种解释:(1)犹言文化,如物质文明、精神文明;(2)指人类的进步状态,与"野蛮"相对。

再来看看"百度百科"的"文明"解释(部分):"是历史以来沉淀下来的、有益于增强人类对客观世界的适应和认知、符合人类精神追求、能被绝大多数人认可和接受的人文精神、发明创造以及公序良俗的总和。"

"百度百科"还引用了李学勤的说法:"考察一种古文化看其是不是属于文明,国际公认有几个标准:1.这个时代应该有城市;2.应该有文字;3.应该有大型礼仪性建筑;4.应该有金属器的存在,即有发达的冶金术。"还有一些不尽相同的说法,总之大家都希望有定义并且在探索定义。

还是回到历史学或考古学以及本次会议所关心的"文明"的定义范畴来讨论,不用说,至今为止还没有比较清晰的定义。本次会议的讨论不同程度地涉及了与此相关的概念或定义的不明确的问题,发言中都不同程度地涉及了与"文明"相关的若干定义的不明确:"文明(化)"是否等同于复杂(化)? 酋邦是否等同于古国? 文明和国家是否有同步关系?"物化、证据、标准、要素"如何界定?"复杂化"标准难以确定,人们对同一标准有不同看法。

有学者提到苏秉琦先生所说的"不要局限于定义",可知定义之难。事实上,学者们是从各自领域(考古学或历史学)的角度在对"文明"作理论上的解释、作"判断",并有意或无意地遵循各不相同的文明判断标准。换句话说,即事实上并没有公认的统一的"标准"。

前面提到过,笔者也并没有形成关于"文明"的所谓"自身的定义"。然而笔者想指出的是,不少学者不时引用了如下所谓"经典作家"的有关文明和都市的论述或者"标准",如恩格斯《家庭、私有制和国家起源》:"在新的设防城市的周围屹立着高峻的墙壁并非无故:它们的壕沟深陷为氏族制度的墓穴,而它们的城楼已经耸入文明时代了。"[①]这里都市(城市)和文明都涉及了,而且是强调两者同步的学者的根据。问题是上述论述是否符合实际、是否具普遍意义呢?

也来引述一下为"经典作家"所推崇的、或者说也被视为"经典作家"的摩尔根的论述(《古代社会》):"到了高级野蛮社会,在人类经验中,首次出现以垣壕围绕的城市,最后则围绕以整齐叠砌石块的城郭。……这种城市使社会状况发生变化,从而对政治艺术产生了新的要求。人们逐渐感到需要行政长官和法官,需要

---

① 《马克思恩格斯选集》第4卷,人民出版社1972年,第88页。

大大小小的文武官吏,还要有一套措施来征募军队和维持兵役,那就需要向公众征收赋税。"①

一句话,先有都市(城市),后有国家(政府、文明)。也就是说,"经典作家"并不认为都市(城市)的产生和国家的出现是一种互为标志的同步关系。而这一点,正是持"同步""同义语"观点的学者们不时引用"经典作家"的论述想要证明的。

四

上面小议了都市(城市)和文明的定义问题。关于都市(城市),除了讨论以外,提出了暂定的"王氏标准";关于"文明",就只是讨论探索,笔者并没有自己的定义。只是希望此类讨论能够帮助我们更为接近这两个概念的核心,更希望逐渐形成比较能被接受的具普遍意义的"定义"。

(原刊发于《"城市与文明"学术研讨会论文集》,上海古籍出版社 2016 年版)

---

① [美]路易斯·亨利·摩尔根:《古代社会》,商务印书馆 1977 年,第 114 页。

陶寺早期都市的认定以及相关的早期文明问题

一、陶寺龙山文化聚落的"都市"定位问题

陶寺龙山文化聚落,作为中国最早期的都市之一,今天讲应该没有问题。

这句话看起来很简单,许多学者都这么认为、这么说了的,但是在笔者这里,这个"认定"是有一个过程的。

此次会议的题目叫"早期都邑文明的发现、研究与保护传承",可能组织者在决定会议名称时是通盘考虑过的,没有用"城市(都市)"而是用了"都邑"。

何为"都邑"?《说文》言:"都,有先君之旧宗庙曰都。"现在已经明确知道,除了规模巨大的外(郭)城以外,陶寺是有宫城的,则"筑城以卫君,造郭以守民"(《吴越春秋》),城郭之制可能不只是雏形,而是已经接近于成熟了。大概"王"级别的大人物居住在这里应该没有问题,则为"有先君之旧宗庙"的"都"同样也应该没有问题。

邑呢?同《说文》:"邑,国也。"那么国是什么呢?同书:"国,邦也。"再查:"邦,国也。"所谓邦国互训,则邑也就是国或邦,应是权力中心所在地。

陶寺还有巨大的城(墙),《说文》:"城,以盛民也。"是的,如此

规模的城墙内外,无疑应该有相当数量的居民,而且是从事各不相同职业的居民。

因而说会议组织者特意用"都邑",或许是有过深思熟虑的,意指此地为王都,为王室或政权所在地,并进入了文明阶段。

面对如此大型并可能是王都的聚落,笔者的问题是抽象的地理学意义上的,即是否就可以将其定位为地理学意义上的"都市"? 当然,这立刻就涉及了何为"都市"的定义问题了,判断依据是什么呢? 可能需要略展开谈。

此处的"都市"即通常所说的"城市",英文为"city"。这个单词使用频率很高,但是坦率地说,这个概念或单词的定义或内涵可能是未必很明确、很清晰的。笔者研究史前聚落和早期都市多年,因为无法回避如何界定"都市"概念的问题,于是下了一点工夫,马马虎虎形成了自己的都市的判断基准(定义),并应用在研究实践中,或可称"王氏暂定基准"。探索过程此处从略,"定义"表述如下。

> 非季节性的定居人口占居民的绝大多数,并具有两种以上非季节性机能,其中包括一种中地机能的人群聚落。

所谓中地机能,是指并非仅服务于本聚落的、对周围聚落包括远程聚落有影响力的聚落机能。

这里可能有必要强调用"都市"而非通常用的"城市"的理由。理由之一是"城市"一词比较容易引导(误导)研究者(包括笔者)将注意力较多地集中到那一圈"(城)墙"上去。比如当年河南登封王城岗发现了一圈(加半圈)龙山晚期城墙①,引起议论甚至轰动,许多研究者就认为这是"中国最早的城市"。当然还有一个原因是根据文献,这里可能是"禹都阳城"。但事实上,该遗址除了那一圈(一圈半)城墙外,文化面貌和同时期其他遗址没有什么不同,即便确实被证明此地是"禹都阳城",是否就可以认定其为"中国最早城市"?理由仅仅是那一圈(加半圈)城墙而已?笔者对此当然是持否定态度的。同样的问题其实在陶寺也有,陶寺在发现了巨大城墙之后,就有"最大城市"甚至"当时古代世界最大的城市"的说法。笔者意识到城墙备受瞩目,但是不认为城墙是判断都市的主要甚至唯一标志,因而建议避用"城市"而用"都市"表述。"都市"比较强调人群"集中"聚居、多种聚落功能聚集,比较接近社会生活中枢的"都会"的意味。②

笔者的博士论文是研究了陶寺遗址的,当时也检讨了该遗址是否"都市"的问题,但是没有结论。一直到2012年博士论文正式出版时,笔者对是否认定陶寺为都市仍然持"暂时保留"态度。理由很简单,认为判断依据不足。

当时大体是这样判断陶寺是否都市的:

首先推定了人口,按中期大城280万平方米为明确居住区推算,可能的人口数在5.25万~7.14万人的范围内(推测方法从略)。其次作了聚落机能的推测。如此巨大并且可能是"王都"的聚落,其作为集聚多种(两种以上)聚落机能的大规模的地理学意义上的"都市"的可能性应该非常之大。然而虽经大规模发掘,正式发掘报告尚未发表,所能够获得的数据信息还比较零星,因而是否推断其为都市,暂作保留。等待公布更多发掘资料并且关注

---

① 安金槐、李京华:《登封王城岗遗址的发掘》,《文物》1983年第3期。
② 王妙发、郁越祖:《关于"都市(城市)"概念的地理学定义考察》,载《历史地理》第10辑。本书亦收录此文。

到更多的关联研究,再作判断。

其实可以说当时差不多就已经要认定陶寺为都市了,只差"临门一脚",只是感觉支撑的资料还略缺,而比较谨慎地持保留态度。(或许算是题外话,以此很谨慎的方法对若干史前遗址所作的都市的认定,应该是可信的。)

事实上,20世纪90年代是有过"考古学专刊丁种第五十五号《陶寺发掘报告》"的出版计划的,但是很遗憾并没有出版。

2015年正式出版了四大本的《襄汾陶寺——1978—1985年发掘报告》,非常详尽地提供了陶寺遗址的发掘和研究成果。然而美中不足的是,1985年以后的正式发掘报告还需要等待。

当然,陶寺不时有新的发现。这期间最重大的收获无疑是陶寺宫城的发现,即最为核心的聚落功能区的被确认。特别是于笔者而言,这明确了一个聚落机能,即作为王都的行政中心机能,对于认定陶寺为地理学意义上的都市无疑有临门一脚或者更高的效用。

近年来的发掘成果包括:(1)最早的测日影天文观测系统;(2)到遗址发掘为止最早的文字;(3)中国最古老的乐器;(4)中原地区最早的龙图腾;(5)到遗址发掘为止世界上最早的建筑材料——板瓦;(6)黄河中游史前最大的墓。

下面笔者将根据上述资料作聚落地理学的综合分析,并判断陶寺是否地理学意义上的都市。

人口推测没有变化,为5.25万～7.14万人。加上四周,总人口应该比这个数字更多。

这个数量的人口集中居住在一个虽然庞大但毕竟有限的空间内,居民都从事什么职业呢?首先可以排除这些人全部都是农林牧业等季节性职业劳动者,即便在今天,也很难想象这么大的围有城墙的"村落",有这么多的人汇聚在一起集中从事农林牧等季节性产业。因而毫无疑问,这里有大量人员是从事非季节性职业的。证据很多,包括城-郭结构、宫殿区、手工业区、仓储区、居住区、墓地、天文观测系统等。

虽然陶寺是否为"尧都"还不能最后确定,然而是否"王都"这一问题,即便是此前持谨慎态度的笔者,在13万平方米规模的宫城被发现后,也认为已经不必怀疑了。即便不是王都,也应该是类似的最高等级的综合性聚落。

就聚落机能而言,一个重要功能得到了强化或证实,即作为"王都"的"行政中心"机能。当然,作为"王都"的其他各种非季节性的聚落机能,如各种产业中心机能、军事中心机能、交换(商业?)中心机能、文化中心机能、教育中心机能,等等,都是应该存在的。

面对这样的陶寺,已经可以得到以下结论:

非季节性的定居人口占居民的绝大多数——符合;

具有两种以上非季节性机能——符合;

其中包括一种中地机能——符合或者远远超过"一种"。

因此陶寺是一个综合性多机能的地理学意义上的中心都市。

二、相关的早期"文明"问题

陶寺龙山文化时代聚落是否进入了文明阶段?可能大多数人的回答是肯定的,笔者也倾向于肯定。但是,这里有一个问题颇难回答,即我们说陶寺已经进入了文明阶段是用什么标尺在衡量的呢?

"文明"一词类似"文化",使用频率非常高,但是"定义"却是不那么明确的。比方说《汉语大词典》中有八种解释,其中包括"谓文治教化""文教昌明""社会发展水平较高,有文化的状态";

《辞海》有两种解释,分别是"犹言文化。如物质文明,精神文明","指人类进步状态,与'野蛮'相对"。还有一些相关的表述或用语,也很难明确把握。比如"文明(化)"是否就是所谓"复杂(化)"?"酋邦"是否就是"古国"?还有文明和国家是否同步?等等。坦率地说,这些表述本身就很有点"复杂化",当然也就是说"文明"的内涵本身不好把握。

笔者看到过一个报道,在良渚遗址,有中国学者问来访的国外学者,这里(良渚)是否进入了文明阶段?某国外学者的回答是,当然,良渚怎么还不是!根据笔者的理解,这不是在具体探讨良渚,实际是中外学者在探讨或者"对接""文明"的概念。

李学勤先生有一个说法或许比较平实:"考察一种古文化看其是不是属于文明,国际公认有几个标准:1.这个时代应该有城市;2.应该有文字;3.应该有大型礼仪性建筑;4.应该有金属器的存在,即有发达的冶金术。"[①]这几个"标准"当然可以讨论,更难说这就是具普遍意义的国际公认标准。笔者关心的是,这个说法对已经结项的文明探源工程是否有过直接或间接的影响?现在"中国五千多年文明史"差不多已经成了口头禅,不知道是否都是在明确了"文明"的定义以后的判断呢?

当然,大家都希望有定义并且在探索定义,但是,"定义"姗姗来迟或者迟迟不来。苏秉琦先生曾说过"不要局限于定义",其实即是承认定义之难。

事实上,学者们是从各自领域不同角度有意或无意地遵循着各不相同的文明判断标准的。换一句话说,即至今为止还没有公认的统一的"标准"。接下来,就是一起继续探索。不知道是不是

---

① 李学勤:《辉煌的中华早期文明》,中国科学与人文论坛演讲,载光明日报网,https://www.gmw.cn/01gmrb/2007-03/08/content_566213.htm(2019年2月27日)。

有一天会探索出大家都能够接受的共同基准。

笔者也并没有形成关于"文明"的所谓"自身的定义"。然而笔者想指出的是，有不少学者在讨论文明问题时会不时引用所谓"经典作家"的有关论述，特别是恩格斯的那段著名论断或者"标准"："在新的设防城市的周围屹立着高峻的墙壁并非无故：它们的壕沟深陷为氏族制度的墓穴，而它们的城楼已经耸入文明时代了。"①

这里都市(城市)-城墙-文明三者都谈到了。有不少学者即以此为"根据"，直截了当地将这三者连在一起，并视为同步。

其实另有一段可能也属"经典作家"的论断是摩尔根的："到了高级野蛮社会，在人类经验中，首次出现以垣壕围绕的城市，最后则围绕以整齐叠砌石块的城郭。……这种城市使社会状况发生变化，从而对政治艺术产生了新的要求。人们逐渐感到需要行政长官和法官，需要大大小小的文武官吏，还要有一套措施来征募军队和维持兵役，那就需要向公众征收赋税。"②

这里没有直接谈到"文明"，而是称需要"行政长官和法官"之类代表公权力的职位，是否可以理解为指的就是"文明现象"呢？如果是，则摩尔根论述的都市(城市)-城墙-文明三者的出现并非同步，而是有明确的先后(因果)关系的，即先有"垣壕围绕"，即防御设施还比较简陋的都市(城市)，随后技术继续进步(整齐叠砌石块的城郭)，才促成了文明(官吏、政府、兵役、税收等)。

上面两段话观点并不一致，而且后面一段不大被引用，甚至不大为人所知。

---

① [德]恩格斯：《家庭、私有制和国家的起源》，载《马克思恩格斯选集》第 4 卷，第 88 页。
② [美]路易斯·亨利·摩尔根：《古代社会》，第 114 页。

流行过很长时间的一个模式是,城墙、城市(都市)、文明、国家还有阶级等概念之间几乎是被画了等号的,近年来这样认为的人可能是少了一些。笔者很多次表示过对此(模式或观点)颇不以为然,并强调如果说城墙的主要功能是防御的话,那么就和都市(城市)也罢,阶级分化也罢,国家和文明的出现也罢全无关系,因为人类在最原始的聚落产生的同时就有防御的需要,包括防御野兽以及防御其他人类集团。至于防御设施的形式,比如壕沟或围墙或"整齐叠砌石块的城郭",在本质上实在是没有什么不同的。然而在不少探讨早期都市(城市)问题的论著中,史前聚落中经常可以看到的壕沟却是基本上被无视的。事实上,城墙不过只是壕沟的延长,有时不过只是壕沟的副产品这一点,长江中游的澧县八十垱[1]和应城门板湾[2]两个史前城址是很好的例证。

　　城墙(围墙)当然是史前聚落发展进程中的一个重要参照指标,理由是城墙(围墙)的建造需要大量的劳动力,以及有可能由此引导专业分工,并由此引出聚落机能的多样化,而逐渐向地理学意义上的都市定义接近,并由此接近"文明"。

三、结语

　　笔者分析了陶寺龙山文化聚落(遗址)是否地理学意义上的都市的问题,并作出了肯定的回答。对于陶寺是否已经进入了文明时代的问题,笔者亦倾向于承认,但仅止于分析,困惑于"文明"

---

[1] 裴安平:《澧县八十垱遗址出土大量珍贵文物》,《中国文物报》1998 年第 10 期。
[2] 陈树祥、李桃元:《应城门板湾遗址发掘获重要成果》,《中国文物报》1999 年 4 月 4 日;王红星:《史前城壕的防洪功能——应城门板湾城壕聚落发掘的启示》,《中国文物报》2002 年 8 月 30 日。

的定义，因而并没有结论。

（原刊发于《光被四表格于上下——早期都邑文明的发现研究与保护传承暨纪念陶寺四十年发掘与研究国际论坛论文集》，科学出版社2021年版）

图书在版编目(CIP)数据

考古地理论集/王妙发著. —上海:复旦大学出版社,2022.3
ISBN 978-7-309-16111-3

Ⅰ.①考… Ⅱ.①王… Ⅲ.①历史地理学-文集 Ⅳ.①K901.9-53

中国版本图书馆 CIP 数据核字(2022)第 018654 号

考古地理论集
王妙发 著
责任编辑/赵楚月

复旦大学出版社有限公司出版发行
上海市国权路 579 号 邮编:200433
网址:fupnet@fudanpress.com http://www.fudanpress.com
门市零售:86-21-65102580 团体订购:86-21-65104505
出版部电话:86-21-65642845
上海崇明裕安印刷厂

开本 890×1240 1/32 印张 12.25 字数 286 千
2022 年 3 月第 1 版第 1 次印刷

ISBN 978-7-309-16111-3/K·777
定价:58.00 元

如有印装质量问题,请向复旦大学出版社有限公司出版部调换。
版权所有 侵权必究